몸젠의 로마사 제3권

이탈리아 통일에서 카르타고 복속까지

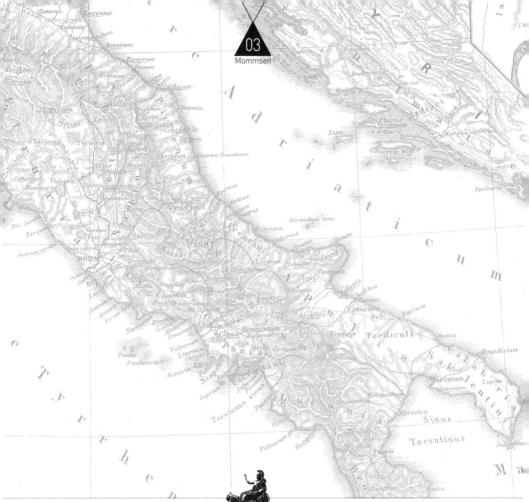

Römische Geschichte

몸젠의 로마사

이탈리아 통일에서 카르타고 복속까지

테오도르 몸젠 지음 / 김남우·김동훈·성중모 옮김

푸른역사

일러두기

1. 이 책은 Theodor Mommsen, *Römische Geschichte*, Bd. 2, Buch 3, Berlin, 1902.의 제1장~
   제7장을 번역한 것이며, 소제목은 Theodor Mommsen, *Roman History*, translated by
   William Purdie Dickson, Richard Bentley Publisher, 1864.을 참고하여 번역자들이 붙였다.

2. 고유명사 표기 시 국립국어원 외래어 표기법을 따르지 않은 것이 있다. 예를 들어 '그리
   스' 대신 '희랍'이라고 적었는바, 이는 '희랍'을 '고대 그리스'를 가리키는 전문용어로 사
   용하고자 함이다.

3. Theodor Mommsen, *Römische Geschichte*, Bd. 2, Buch 3, Berlin, 1902.의 제7장~제14장
   은《몸젠의 로마사 제4권 : 희랍도시국가들의 복속》으로 출간될 예정이다.

4. 《몸젠의 로마사》독일어 원문에는 없지만, 독자의 이해를 돕기 위해 간략한 전투 상황도
   를 본문에 삽입했다.

옮긴이 서문

In medias res. **곧장 사태 한가운데로.** 진작 호메로스처럼 트로이아 전쟁의 한복판으로부터 노래를 시작했어야 했다. 로마의 기원부터 이탈리아 통일까지 다룬 제1권과 제2권에서 토대를 다진 후, 이제 《몸젠의 로마사》는 본류로 접어들었다. 흥미진진한 이야기와 함께 드디어 한니발과 스키피오가 등장하기 시작한다. 로마는 지중해를 아우르는 제국의 출발점에 서 있다.

《몸젠의 로마사》 제3권은 카르타고를 중심으로 성장한 페니키아 인들과 로마 인들의 전쟁을 다룬다. 세 차례에 걸친 카르타고 전쟁을 겪으면서 로마는 이탈리아 반도 밖의 영토를 획득한다. 따라서 국가 체제와 군사 제도의 변경이 불가피했다. 집정관을 대신할 대리자가 해외 영토에 행정관으로 파견되었고, 전쟁 중에 임기가 종료되어 자주 교체되는 집정관직의 불합리를 극복할 군사령관 제도가 도입되었다.

그리고 해군도 창설되었다. 원로원은 현명하며 유능했다. 시대가 요구하는 변화와 혁신을 받아들이기 위해 스스로 변모하고 쇄신했다. 그들은 전례가 없다는 또는 법체계가 흔들린다는 이유를 들면서, 더는 목적대로 기능하지 않는 제도와 장치를 유지하려는 어리석은 일관성을 고수하지 않았다. 초법적인 임시조치였을지라도 시간을 두고 법체계 내에서 그것을 소화해 내는 유능함을 보여주었다.

불세출의 명장 한니발을 맞설 로마 장군은 없었다. 알프스를 넘어 감행한 이탈리아 침공 작전은 한니발의 천재성과 추진력을 증명한다. 노장 파비우스 막시무스의 고집스러운 지연 전술이 로마의 유일한 대처 방법이었다. 한니발은 무력시위를 벌이며 이탈리아 반도를 돌아다녔다. 로마의 무기력함을 보여주면 로마 연방이 스스로 해체될 것이라는 정치적 판단이 있었다. 하지만 전쟁이 장기전 양상을 띠면서 천재 전략가는 고립되었다. 경제적 이득이 보장되기만 하면 투쟁보다 굴종을 택하던 카르타고 인들은 한니발을 지켜보기만 할 뿐이었다.

역자들은 몸젠의 제3책을 제3권(제1장~7장)과 제4권(제8장~14장)으로 나누어 출간하기로 계획했다. 제4권에서는 카르타고 전쟁의 연장선에서 로마가 마케도니아와 갈등을 빚으며 희랍 세계까지 세력권을 확장하는 과정과, 카르타고 전쟁 및 마케도니아 전쟁 과정에서 생겨난 로마의 국가 체제 변화 양상이 종합적으로 서술될 것이다.

《몸젠의 로마사》 제3권과 더불어 몸젠 번역어 사전(www.mommsen.or.kr)에 등재된 단어들이 600여개에 근접했다. 푸른역사 출판사 박혜

숙 대표는 변함없는 지원을 아끼지 않았으며 정호영 과장은 편집에 많은 도움을 주었다. 강독을 위해 필요한 모임 공간을 매주 제공해준 정암학당과 정암학당 후원자들에게 감사한다. 제1권부터 번역 초고를 읽어주고 있는 서승일 선생과 고대 전쟁사 부분에 관해 조언해주신 고려대학교 사학과 김경현 선생님께도 감사드린다.

요즘 나오는 인문학 서적들은 가볍고 부드럽지만, 《몸젠의 로마사》는 이미 모두가 알고 있는 것처럼 딱딱하고 무겁다. 지휘관들의 오판과 어리석음 때문에 전투에서 패하면서도 로마가 전란을 이겨낸 것은 로마 군단의 중무장보병들이 자리를 굳건히 지킨 덕분이었다. 용기를 가진 독자들과 함께 《몸젠의 로마사》를 읽어나갈 수 있다는 사실이 역자들에게 다시금 더 큰 용기를 주고 있음을 밝혀둔다. 독자들에게 감사의 마음을 전한다.

2014년 12월 말
번역자 일동

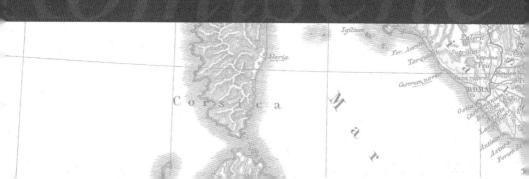

갈리아 트란스알피나

플라켄티아

리구리아

갈리아 키스알피나

게누아

바다 사바티아

루나

모노이쿠스

니카이아

안티폴리스

게누아 만

마리아나

코르시카

알랄리아

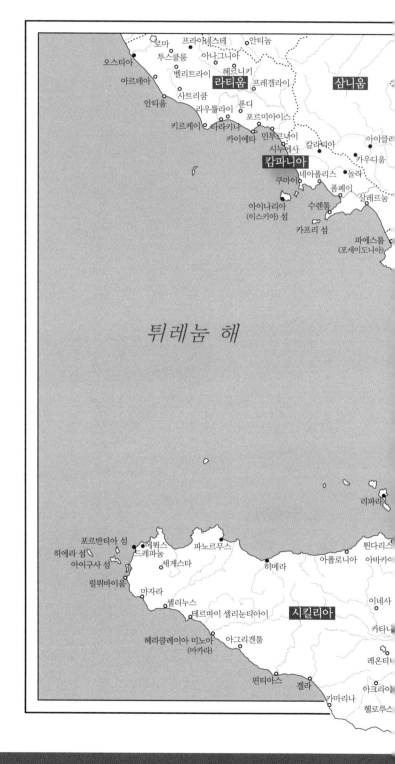

〈지도 2〉
이탈리아 남부

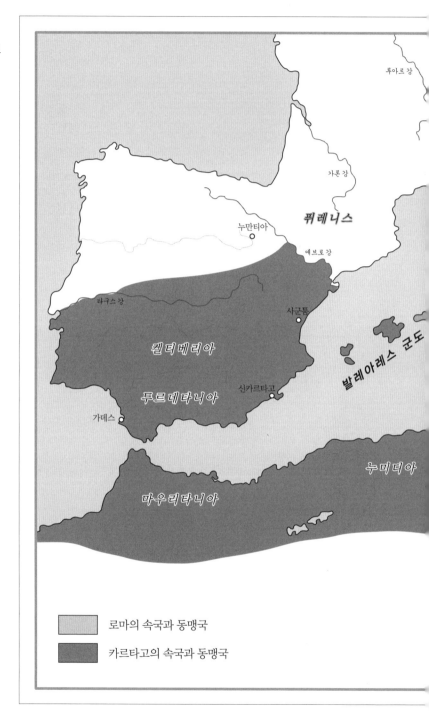

〈지도 3〉
로마와
카르타고

루아르 강

가론 강

퓌레니스

누만티아

에브로 강

라구스 강

사군툼

켈티베리아

발레아레스 군도

투르데타니아

신카르타고

가데스

누미디아

마우리타니아

▨ 로마의 속국과 동맹국

▨ 카르타고의 속국과 동맹국

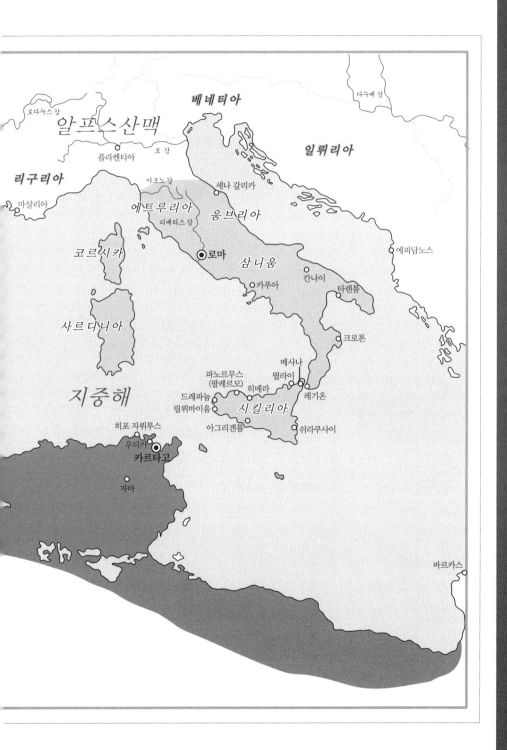

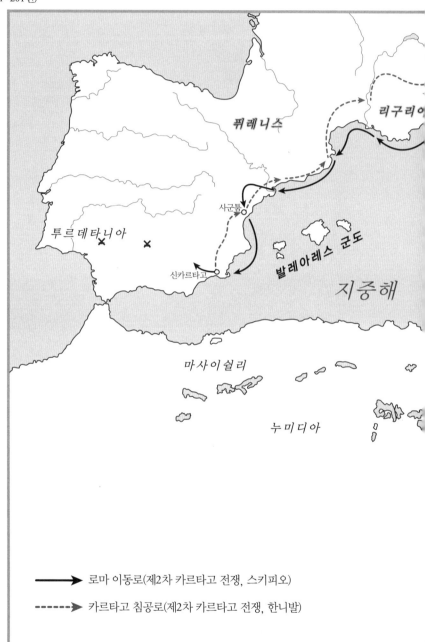

〈지도 4〉
제2차 카르타고 전쟁
(기원전 264~201년)

퓌레니슈

리구리아

사군툼

투르데타니아

신카르타고

발레아레스 군도

지중해

마사이쉴리

누미디아

→ 로마 이동로(제2차 카르타고 전쟁, 스키피오)

┅┅▶ 카르타고 침공로(제2차 카르타고 전쟁, 한니발)

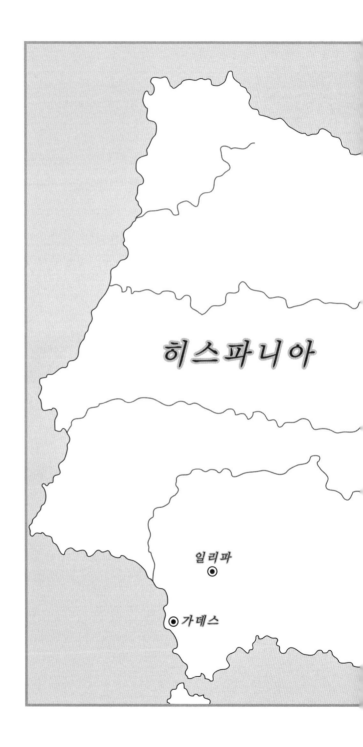

히스파니아

일리파
◉

◉ 가데스

〈지도 6〉
시킬리아

(기원전 254~251년)
파노르무스

(기원전 241년)
아이가테스

(기원전 250년)

에뤽스

솔루스

(기원전 249년)

테르마

드레파눔

세게스타

엘뤼미족

릴뤼바이움
(기원전 250년)

엔텔라

셀리누스

(기원전 409년)

테르마이 셀리눈티아이

할뤼쿠스 강

헤라클레이아 미노아

아그리겐툼

(기원전 262/261년)

코쉬라

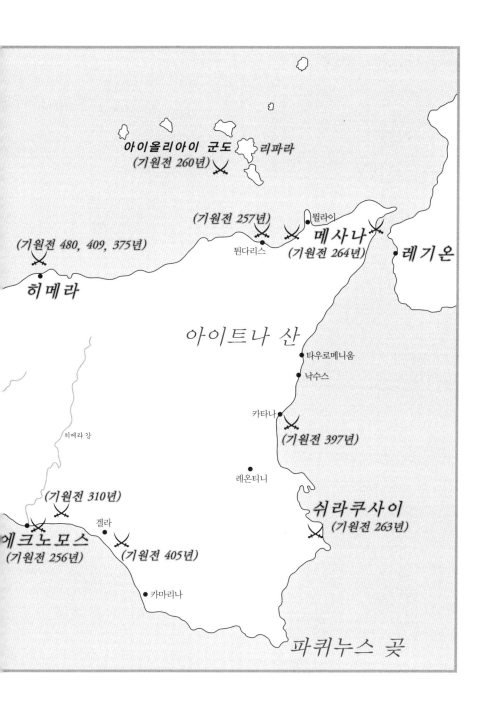

아이올리아이 군도
(기원전 260년)

리파라

(기원전 257년)

뮐라이

메사나
(기원전 264년)

레기온

(기원전 480, 409, 375년)

히메라

뮌다리스

아이트나 산

타우로메니움

낙수스

카타나

(기원전 397년)

히메라 강

레온티니

쉬라쿠사이
(기원전 263년)

(기원전 310년)

젤라

에크노모스
(기원전 256년)

(기원전 405년)

카마리나

파퀴누스 곶

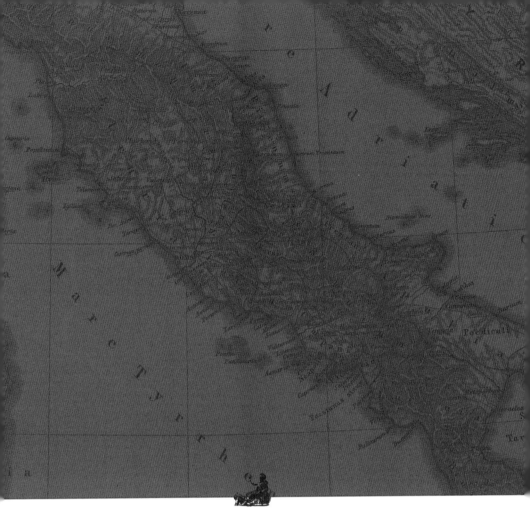

제3권

이탈리아 통일에서 카르타고 복속까지

역사 기술은 험난한 일이다.
— 살루스티우스

제1장
카르타고

페니키아 인

셈족은 고대 세계의 여러 민족과 어울리기는 했지만 낯선 존재들이기도 했다. 셈족의 본거지는 오리엔트였고, 고대 세계 여타 민족의 본거지는 지중해였다. 전쟁이나 민족 이동으로 경계가 움직이고 종족이 서로 섞이기도 했지만 인도게르만족은 쉬리아족, 이스라엘족, 아랍족에 대해 뿌리 깊은 이질감을 늘 갖고 있었다. 그것은 누구보다 멀리 지중해 서쪽으로 진출한 셈족, 즉 페니키아 인에 대해서도 마찬가지였다. 그들의 고향은 소아시아와 쉬리아 고원과 이집트로 둘러싸인 가나안*Ganaan*, 즉 '들판'이란 이름의 길고 좁은 해안 지대였다. 셈족은 오직 '가나안 사람'으로 자칭했다(기독교 시대에도 아프리카 농부들은 스스로를 그렇게 불렀다). 반면 희랍인에게 가나안은 '자주색 땅' 또는

'구릿빛 사람들의 땅'이란 뜻의 '페니키아'라고 불렸다. 이탈리아 인은 가나안 사람들을 '포에니 인'이라고 불렀으며 이들을 우리 유럽인 역시 페니키아 인 또는 포에니 사람들이라고 부른다.

무역

가나안 땅은 농경에도 적합했지만, 훌륭한 항구들과 풍요한 목재 및 금속 때문에 무역에는 더없이 유리했다. 풍요로운 오리엔트가 섬과 항구들이 서쪽으로 펼쳐진 광활한 지중해와 만나는 가나안 땅은 아마도 대규모 무역이 인류 역사상 최초로 시작된 곳이다. 페니키아 인들은 무역과 그에 필요한 항해술, 제품 생산, 식민지 건설 등을 고도로 발전시키고 동서를 연결하기 위해 용기와 지혜, 그리고 열정을 쏟아 부었다. 믿을 수 없을 만큼 이른 시기에 우리는 그들을 퀴프로스와 이집트, 희랍과 시킬리아, 아프리카와 히스파니아에서, 심지어 대서양과 북해에서까지 발견할 수 있다. 그들의 무역 대상 지역은 서쪽으로 시에라리온과 콘월에, 동쪽으로 말라바르에 이른다. 동방의 황금과 진주, 튀로스의 자주빛 염료, 아프리카 내륙의 노예, 상아, 사자 가죽, 표범 가죽, 아라비아의 유향, 이집트의 아마포, 희랍의 도기와 고급 포도주, 퀴프로스의 구리, 히스파니아의 은, 지금의 영국 땅에서 나오는 주석, 엘바 섬의 철이 그들 손을 거쳤다. 페니키아 선원들은 각 민족이 필요로 하거나 구입할 만한 것을 가져갔다. 그들은 세상 모든 곳을 돌아다녔지만, 언제나 마음으로 그리워하던 작은 고향으로 돌아왔다.

페니키아 인들의 재능

페니키아 인들이 희랍 민족, 라티움 민족과 더불어 역사에서 언급되는 것은 당연하다. 고대 세계의 민족들은 어느 한 분야에만 민족적 역량을 집중시켰다는 점이 그들에게서도, 아니 그들에게서 가장 잘 증명된다. 정신적 영역에서 위대하고 영원한 창조물을 만들어낸 민족은 페니키아 인들이 아닌 아람족이었다. 종교와 학문이 어떤 의미에서 아람족에게 무엇보다 가장 고유한 것이라고 할 때, 또한 인도게르만족이 이를 오리엔트로부터 전래받았다고 할 때, 페니키아의 종교·학문·예술은 우리가 아는 한 아람족의 것을 넘어선 독자적인 지위를 획득하지 못했다. 페니키아 인의 종교관은 거칠고 투박하고, 신앙은 육욕과 잔인함을 억누르기보다는 오히려 부추기는 것처럼 보인다. 다른 민족들에 대한 페니키아 종교의 특별한 영향은 적어도 역사 시대에는 발견되지 않는다. 예술의 종주국들은 차치한다 하더라도 심지어 이탈리아 건축이나 조형예술에 필적할 만한 페니키아 건축 또는 조형예술은 없다.

사물을 과학적으로 관찰하고 그 관찰 결과를 실제 활용했던 가장 오래된 지역은 바빌로니아 또는 유프라테스 지역이다. 별들의 궤도를 최초로 좇은 사람들도 이들이었을 것이다. 이곳에서 최초로 음성이 분절되어 기록되었다. 이곳에서 인류는 최초로 시간과 공간, 자연계에서 작동하는 힘들을 사유하기 시작했다. 천문학과 연대학, 문자, 도량형 등의 가장 오래된 자취가 이곳에서 나타난다. 페니키아 인은 정교하고 선진화된 바빌로니아 산업을 자신들의 산업을 위해, 바빌로니아 천문학을 자신들의 항해를 위해, 문자와 도량형을 자신들의 무역을 위해 이용했으며, 이 과정에서 자신들의 상품과 함께 중요한 문명의 맹아를 몇 가지 전파했던 것이다. 문자 등 여타 인간 정신의 독창적 산물들이 페니키아 인의 독자적 성과임을 증명할 증거는 없다. 희랍인에게 페니키아 인은 종교와 과학 사상의 씨앗을 파종한 농부가 아니라 낟알을 물고 온 새였을 뿐이다. 접촉한 민족들의 문명을 수용하고 이에 스스로를 동화시키는 능력, 희랍인과 이탈리아 인조차 가지고 있던 그런 힘을 페니키아 인은 전혀 갖지 못했다. 로마 정복지역에서 로마의 언어 때문에 이베리아 인 및 켈트족의 언어는 사라졌지만, 아프리카의 베르베르 인은 한노와 바르카스 가문이 활약하던 때와 동일한 언어를 여전히 사용하고 있다.

페니키아 인의 정치 의식

무엇보다 페니키아 인이 갖지 못했던 것은 바로—인도게르만족과 다르고 모든 아람족과 흡사한 바—국가 건설의 의지, 자주 독립의 자유를 향한 본능이었다. 시돈과 튀로스를 중심으로 전성기를 누리던 페니키아 땅은 유프라테스 강과 나일 강 유역을 지배하는 열강들에게 영원한 '황금 사과'였고, 따라서 한번은 아쉬리아에, 다음에는 이집트에 복속되곤 했다. 그 절반 정도의 힘만으로도 희랍 도시들은 자주 독립을 이루어냈을 것이다. 겁 많던 시돈 인은 동방 무역로나 이집트 항구가 봉쇄되었을 때의 손해가 납세액보다 훨씬 더 크리라 생각했기에, 예컨대 니느웨나 멤피스에 막대한 세금을 착실히 바쳤고, 어쩔 수 없는 경우 자신들 함선을 왕들의 전쟁에 지원하기까지 했다.

페니키아 인은 제 땅에서 열강들의 억압을 조용히 감수한 것은 물론 해외에서는 정복 정책 대신 상업 정책이라는 평화 노선을 결코 포기하지 않았다. 그들의 식민지는 무역 거점일 뿐이었다. 원격지에서 넓은 영토를 획득하기 위해 더디고 힘겨운 식민지 개척의 노고를 감수하기보다 상품을 원주민들에게 구매하고 판매하는 것이 그들로서는 더욱 중요했다. 그들은 경쟁국들과의 전쟁도 피했다. 이집트, 희랍, 이탈리아, 시킬리아 동부에서 경쟁국에게 쫓겨나면서도 거의 저항하지 않았고, 일찍이 서부 지중해를 두고 발생했던 알랄리아 해전(로마 건국 217년, 기원전 537년)과 쿠마이 해전(로마 건국 280년, 기원전 474년)에서 희랍인에 대항하여 선봉에 섰던 것도 페니키아 인이 아닌 에트루리아 인이었다.

경쟁을 피할 수 없을 경우 페니키아 인은 최선을 다해 타협점을 찾았다. 그들은 카이레와 마살리아를 정복하려는 시도조차 하지 않았다. 천성적으로 침략전쟁은 그들에게 어울리지 않았다. 공격적으로 출전한 적은 아프리카-페니키아 인이 대규모로 시킬리아 원정에 나선 때뿐이었는데 그들은 히메라 인근에서 쉬라쿠사이의 겔론에게 패배했다(로마 건국 274년, 기원전 480년). 이때도 사실 아프리카-페니키아 인은 다만 페르시아 왕의 충직한 복속민으로, 동부 지중해 희랍인과의 전쟁을 피하기 위해 서부 지중해 희랍인을 공격했을 뿐이다. 같은 해에 살라미스에서 쉬리아 - 페니키아 인도 어쩔 수 없이 참전하여 페르시아 군과 함께 패배를 맛보아야 했다(제2권 117쪽).

이것은 그들이 용맹하지 않았기 때문은 아니다. 낯선 바다에서 무장한 함선들을 몰고 항해하는 일에는 용맹이 필요했고 페니키아 인도 그토록 용맹스러웠음은 익히 증명되었다. 민족적 강인함과 특질이 부족했기 때문은 더욱 아니다. 아람족만 보더라도 인도게르만족에게 없는, 우리 유럽인이 보기에 다소간 인간적인 집요함을 갖고 있었던바, 이들은 희랍 문명의 각종 유혹을 물리치고 동서양 전제군주들의 온갖 압제에 굴복하지 않고 정신적 힘과 피로써 민족 정체성을 지켜냈다. 매우 강인한 민족의식과 매우 깊은 애향심이 페니키아 인의 가장 고유한 본질이라고 할 때, 이들에게 부족한 것은 국가의식이었다. 그들은 독립 국가에 끌리지도, 자주 독립에 관심을 가지지도 않았다.《사사기》는 '그들은 시돈 사람들처럼 평온하고 안락하게 부를 누렸다'고 적고 있다.

카르타고

시돈과 튀로스 사람들이 남부 히스파니아 해안과 북부 아프리카 해안에 건설한 식민지가 페니키아 식민들 중 가장 빠르고 착실하게 확장되었다. 이 지역에는 페르시아 왕의 군대도 세력을 미치지 못했고 가장 위험한 경쟁자들인 희랍 뱃사람들도 없었기 때문이다. 이들은 유럽 이주민이 북미 원주민을 만났던 것처럼 적대적 원주민들과 대결했을 뿐이다. 이렇게 이 지역에서 페니키아 도시들이 수도 없이 번창하는 가운데 여타 식민 도시를 압도한 도시는 '신(新)도시'라는 뜻의 카르타다Karthada, 유럽인들이 부르는 방식으로 카르케돈Karchedon 혹은 카르타고Carthago였다. 카르타고는 페니키아 인의 초기 식민지가 아니었다. 애초에는 리뷔아 지역의 페니키아 초기 식민지인 우티카의 피호도시였을 것이다. 하지만 카르타고는 다른 도시들과 비교할 수 없이 뛰어난 지리 조건과 시민들의 열정적 활동을 통해 곧 여타 식민지를 능가했으며 마침내 본국마저도 능가하는 식민 도시가 되었다.

북아프리카의 곡창지대를 관통하는 바그라다 강(오늘날의 메제르다 강)의 (과거) 하구에서 멀지 않은 곳, 여전히 농가들이 조밀하게 거주하고 올리브 나무와 오렌지 나무들이 빼곡히 덮여 있는 비옥한 구릉, 바닷가를 향해 완만하게 흘러 내려가는 평야와 바다 근처에서 곶을 형성한 해안선, 북아프리카의 큰 항구인 튀니스 만의 안쪽, 비교적 대형 선박들이 쉽게 정박할 수 있는 훌륭한 정박지를 갖추고 있으며 해안가에서 식수를 찾을 수 있는 곳, 이런 카르타고는 농업과 무역의 최적지였으며 농산물과 무역상품을 중개하기에 더없이 훌륭한 도시였다. 튀로스 인이 세운 이 식민지는 페니키아 최초의 상업도시가 되었으며, 로마제국시대에 복구되었을 때 곧 제국에서 세 번째 가는 거대도시가 되었다. 예전 같은 여건과 입지는 아님에도 불구하고 여전히 거기에 10만 인구의 도시가 생겨나고 번성하고 있다. 이런 지리 조건과 주민을 거느린 도시가 농업적·상업적·산업적 측면에서 융성하는 것은 당연한 일이다. 그러나 아직도 답을 얻지 못한 문제가 있다. 이 식민지는 여타 페니키아 식민지들이 이루지 못한 자주 독립의 정치적 발전을 어떤 방법으로 성취하게 되었을까 하는 것이다.

카르타고의 패권

페니키아 민족이 카르타고에서도 여전히 정치적 수동성을 극복하지 못했다는 증거들은 없지 않다. 카르타고는 번영기에 이르기까지 카르타고가 차지한 땅에 대한 토지세를 막쉬에스 혹은 막시타니 계통의 원주민인 베르베르족에게 바쳤다. 또한 그들은 바다와 사막을 통해 동부 지중해 열강들의 공격을 충분히 막아낼 수 있었지만, 그럼에도 불구하고 이름밖에 모르던 페르시아 왕의 지배를 인정하고, 튀로스 등 오리엔트와의 무역로를 확보하기 위해 그에게 때때로 조공을 바친 것으로 보인다.

하지만 기꺼이 복종하고 순종하던 페니키아 인들로 하여금 능동적 정책을 채택하도록 만든 주변 여건들이 나타났다. 쉴 새 없이 서부로 쏟아져 들어오는 희랍 식민지의 물결이 페니키아 인을 희랍 땅과 이탈리아에서 밀어내고 마침내 시킬리아와 히스파니아, 심지어 리뷔아에서도 그렇게 하려고 했을 때, 페니키아 인은 이들에 의해 완전히 밀려나지 않으려면 어딘가에 정착하지 않을 수 없었다. 페르시아 왕이 아닌 희랍 상인들과 관련된 문제에 있어서, 옛날 방식으로 무역과 산업을 유지하기 위해서 조세와 조공을 바치는 것만으로 충분하지 않았다. 마살리아와 퀴레네가 이미 건설되었으며 시킬리아 동부 전체가 벌써 희랍인의 손에 들어갔던 것이다. 이제 페니키아 인이 적극적으로 방어할 시간이었다. 이런 과제를 카르타고가 떠맡았다. 카르타고는 길고 지루한 전쟁을 통해 퀴레네 사람들의 전진을 막아냈으며 희랍인은 트리폴리스 너머 서쪽으로는 더 이상 진출하지 못했다. 카르타고의 원조를 받아 시킬리아 서쪽 끝의 페니키아 거주자들은 희랍인을 막아냈으며 기꺼이 자발적으로 같은 민족이 세운 강력한 도시의 피호민이 되었다(제1권 204쪽).

  로마 건국 200년까지 이어진 이런 중요한 성과 덕분에 지중해 남서부 지역은 페니키아 인이 장악할 수 있었고, 성공을 이끈 카르타고는 페니키아 민족을 이끌 패권과, 예전과 다른 정치적 지위를 얻게 되었다. 카르타고는 이제 더 이상 단순한 상업도시가 아니었다. 카르타고는 리뷔아와 지중해 일부를 장악하려는 계획을 갖게 되었다. 그러지 않을 수 없었기 때문이다. 아마도 이러한 성과에 크게 기여한 것은 용병이었다. 용병제도는 희랍 땅에서 대략 로마 건국 4세기 중반에 널리 성행했으며, 오리엔트 지방 특히 카리아 지방에서는 이보다 훨씬 오래전부터 유행했기에 페니키아 인이 창안했을 가능성도 있다. 외국 병사를 고용한 전쟁은 엄청난 비용이 소요되는 일이었지만 이는 페니키아 인의 성향과 딱 들어맞는 제도였다.

카르타고의 아프리카 영토

카르타고가 아프리카 땅을 세내거나 점유를 인정받던 입장에서 토지 매입과 정복으로 선회한 것은 이런 대외적 성공이 가져온 일차적 결과였다. 로마 건국 300년(기원전 450년) 무렵 카르타고 상인들은 이제까지 토착민들에게 지불해야만 했던 토지세 부담을 벗어나게 된 것으로 보인다. 이로써 독자적인 대규모 농업이 가능해졌다. 이때부터 페니키아 인은 자본을 활용하여 토지 소유자로서 대규모 농장을 노예노동 혹은 고용노동을 통해 운영했다. 이는 유대인 대다수가 튀로스의 페니키아 상인들에게 일당을 받고 노동을 제공하던 방식과 유사했다.

이제 카르타고 사람들은 어떤 제약도 받지 않고 리뷔아의 비옥한 대지를 오늘날 대규모 농장처럼 개발할 수 있었다. 사슬에 묶인 노예들이 토지를 경작했는데 우리가 알기로 시민마다 노예를 2,000명까지 소유하고 있었다. 농업에 종사하는 주변 마을들(농업은 매우 일찍이, 그러니까 페니키아 인이 정착하기 훨씬 이전부터 이집트 인에 의해 리뷔아로 도입되었을 것이다)은 무력으로 정복되었으며, 리뷔아의 자유농민들은 예속농민(*fellah*)들로 전락했다. 이들은 토지 생산물 가운데 1/4을 토지세로 카르타고에 바쳤으며 카르타고 군복무를 위해 정기적인 군징집에 따라야 했다.

유목민들(νομάδες)과의 충돌이 국경 지대에서 일어났다. 카르타고는 요새들을 연결하는 방어선을 구축하여 평화지대를 확보했으며 유목민들을 점차 사막과 산악 지대로 내쫓거나 카르타고의 패권에 굴복하여 조공을 바치고 지원 병력을 파병토록 힘을 행사하기도 했다. 제1차 카르타고 전쟁을 즈음하여 유목민들의 주요 도시였던 테베스테(메제르다 강의 수원지 근처, 오늘날의 테베사)가 카르타고에 의해 정복되었다. 이들이 바로 카르타고 조약문에 등장하는 '예속 마을들과 민족들(ἔθνη)이다. 전자는 리뷔아의 예속 마을들을 가리키며 후자는 복속된 유목민들을 가리킨다.

페니키아계 리뷔아

마침내 카르타고 패권은 아프리카의 여타 페니키아 식민지들, 소위 페니키아계 리뷔아 전체에 미치게 되었다. 우선 귀속된 식민지들은 카르타고에 의해 북아프리카 해안 지대와 북서아프리카 해안 지대에 건설된 군소 식민지들이다. 이들을 중시할 수밖에 없는 것이 대서양 연안 지역에만 한때 3만 개의 식민지가 건설되었기 때문이다. 특히 오늘날의 콩스탕틴과 튀니지에 세워진 옛 페니키아 거주지들도 귀속되었는데 히포('레기우스'가 덧붙어 히포 레기우스라고 불렸으며 오늘날은 보나*Bona*), 하드루메툼(오늘날 수사*Susa*), 렙티스 미노르(수사 남쪽에 있는 도시로 아프리카에 세워진 페니키아 식민지들 중 제2의 도시), 탑수스(수사의 남쪽), 렙티스 마그나(트리폴리스 서쪽의 레브다) 등이다. 이 모든 도시가 어떻게 카르타고의 통치를 받게 되었는지, 퀴레네와 누미디아의 침략에 대응한 자기방어책이었는지, 아니면 강압에 의한 것이었는지 오늘날은 확인이 불가능하다.

그러나 분명한 점은 이들 모두 공식 문서에 스스로 카르타고 속국이라 표기했다는 것이며, 도시 성벽을 철거해야 했으며 카르타고의 요구에 따라 세금과 보충병을 제공해야 했다는 것이다. 이들은 징집이나 토지세에 있어 다른 식민지들에 뒤지지 않았으며 일정한 규모의 인력과 돈을 제공했는데 예를 들어 렙티스 미노르는 매년 465탈렌툼 (57만 4,000탈러)의 엄청난 금액을 바쳤다. 오히려 이들은 카르타고 인과 동등한 권리를 누렸으며 혼인 관계를 맺을 수도 있었다.[1] 우티카만은 우티카의 군사력 때문이 아니라 옛 보호자에 대한 카르타고의 호의 덕분에 여타 식민지들과 다른 대우를 받았는바 도시 성벽과 독립을 유지할 수 있었다. 사실 그런 관계에 대하여 희랍인이 하찮게 여긴 것과는 달리 페니키아 인은 놀라울 만큼 깊은 경외심을 갖고 있었다. 대외 관계에서조차 확인하고 약속하는 주체는 '카르타고와 우티카' 단일체였다. 당연하게 실행에 있어서도 훨씬 강대했던 신도시는 우티카를 통해 패권을 행사했다. 이렇게 튀로스 인의 식민지 카르타고는 강력한 북아프리카 제국의 수도가 되었으며, 트리폴리스의 사막에서 대서양까지 뻗어 있었다. 제국의 서부 지역(오늘날의 모로코와 알제리)에서는 해안 가장자리만 차지하는 데 만족했지만, 보다 비옥한 동부

---

[1] 이 중요 도시들에 관한 엄정한 규정은 카르타고 국가기록에 담겨 있는데(폴뤼비오스 7, 9) 이런 도시들은 우티카 인들과도 다르게, 복속된 리뷔아 인들과도 다르게 불렸다. "카르타고 복속도시들은 동일한 권리를 누린다οἱ Καρχηδονίων ὕπαρχοι τοῖς αὐτοῖς νόμοις χρῶνται," 이들은 때로 동맹도시(συμμαχίδες πόλεις, 디오도로스 20, 10)라고, 때로 조공도시(리비우스 34, 62와 유스티누스 22, 7, 3)라고 불리기도 했다. 카르타고 인의 통혼은 디오도로스(20, 55)가 언급하고 있으며, 무역은 "동일한 법"에 따라 이루어졌다. 옛 페니키아 식민지들이 소위 페니키아계 리뷔아에 속한다는 사실은 히포의 명칭에서 증명되는바 '페니키아계 리뷔아 도시'라고 불렸다(리비우스 25, 40). 다른 한편 카르타고가 건설한 식민지들에 관하여 예를 들어 한노의 《뱃길만리》에는 이렇게 기술되어 있다. "카르타고는 결정했다. 한노는 헤라클레스 기둥 너머로 항해하여 페니키아계 리뷔아 도시들을 건설할 것이다." 본질적으로 페니키아계 리뷔아는 카르타고 인에게 민족적 범주가 아니라 법률적 범주였다. 이 명칭은 문법적으로 리뷔아 인의 피가 섞인 페니키아 인을 가리킨다는 설명은 이런 견해를 뒷받침할 수 있다(리비우스 21, 22와 폴뤼비오스의 주해). 사실 적어도 상당히 외부에 노출된 식민지들을 건설할 때 리뷔아 인이 페니키아 인을 왕왕 따라갔다(디오도로스 13, 79와 키케로, 《스카우로스 변론》 42). 명칭과 법률관계에 있어 라티움 인과 로마의 관계는 페니키아계 리뷔아 인과 카르타고의 관계와 분명 유사성을 갖는다.

지역(오늘날의 콩스탕틴과 튀니지)에서는 내륙까지 점령했으며 지속적으로 천천히 남쪽으로 국경을 넓혀 갔다. 카르타고는 고대 역사가가 적절하게 말한 것처럼 이제 더 이상 튀로스 인이 아니라 리뷔아 인이었다. 페니키아 문화는 소아시아와 쉬리아에서 알렉산드로스 대왕 원정 이후 희랍 문화가 그랬듯, 물론 같은 정도는 아니지만, 리뷔아에 널리 퍼졌다. 유목민 지배층에서 페니키아의 말과 글을 사용했으며 문명화된 토착민은 자신들의 언어를 기록하기 위해 페니키아 문자를 도입했다.[2] 하지만 이들 토착민을 완전히 페니키아 식으로 개조하는 것은 토착민 정서상 부합하지 않았으며 카르타고의 정책도 아니었다.

카르타고가 리뷔아의 패권도시로 바뀐 시기를 단정하기는 쉽지 않은데 이는 그런 변화가 분명 단계적으로 진행되었기 때문이다. 앞서 언급된 역사가는 이런 변화를 주도한 사람이 한노라고 말했는데, 그 한노가 제1차 카르타고-로마 전쟁 때의 한노와 동일인이라면, 이 사람은 새로운 국가체제의 완성자일 뿐, 추측컨대 개혁 자체는 로마 건국 4~5세기에 벌써 이루어졌을 것이다.

카르타고의 번영은 고향 페니키아의 대도시들, 시돈과 특히 튀로스의 몰락과 함께 이루어졌다. 번영하던 튀로스는 내적 소요도 있지만

---

[2] 리뷔아 혹은 누미디아 자모는 베르베르족이 자신들의 비(非)셈족어를 기록했으며 현재도 기록하고 있는 자모로서, 아르메니아의 옛 자모로부터 갈라져 나온 수많은 자모들 가운데 하나다. 이것은 형태면에서 페니키아 자모보다는 아르메니아 자모에 가깝다. 하지만 이런 사실이, 리뷔아 인들이 페니키아 인들로부터 문자를 넘겨받지 않고 그보다 옛날 이주자들에게서 배웠다는 주장을 증명하는 것은 아니다. 이탈리아 자모가 형태상 희랍 자모보다 부분적으로 원시 자모에 가깝다고 해서, 이탈리아가 희랍으로부터 자모를 배웠음이 부정되지 않는 것과 마찬가지다. 오히려 페니키아 자모로부터 리뷔아 자모가 유래한 것은, 페니키아 어로 기록되어 우리에게 전해진 기념비가 만들어진 시기보다 오래전에 살던 페니키아 인들에 의해서일 것이다.

외적 압박에 의해 몰락해 버렸다. 첫 번째 살만에셀, 두 번째 나부코드로소르, 세 번째 로마 건국 5세기 알렉산드로스가 그들을 공격했던 것이다. 튀로스의 귀족 세력과 상인들은 정보와 자본 및 전통을 안전하고 부유한 식민 도시 카르타고로 대부분 옮겨놓았다. 페니키아 인들이 로마와 접촉할 무렵 카르타고는 가나안 사람들의 도시들 중 단연 선두에 있었는데 이는 로마가 라티움 공동체들 중에서 그런 것과 마찬가지였다.

카르타고의 해상 패권

리뷔아 통치는 카르타고 전체 패권의 절반에 지나지 않았다. 카르타고의 해상 패권 및 해외 식민지 지배도 이에 못지않게 성장했다.

히스파니아

히스파니아에서 페니키아 인의 거점은 튀로스 인의 가장 오래된 정착지 가데스(*Cadiz*)였는데, 페니키아 인들은 거기서 동서쪽에는 공장을, 내륙에는 은광을 소유함으로써 대략 오늘날의 안달루시아와 그라나다, 아니 적어도 그 해안 지대를 점령했다. 이들은 호전적인 원주민들로부터 내륙을 뺏으려는 노력을 전혀 하지 않았다. 단지 광산, 무역 거점 및 어업과 수산물 채취를 위한 장소 확보에 만족했고 이곳에서 인접 부족들에 맞서 스스로를 지키려는 노력만 했다. 실제 이 거점들은 카르타고 인들이 아니라 튀로스 인들이 건설한 것이었으며, 더욱이 가데스는 카르타고에 조공의무를 진 피호 도시에 속하지 않았다. 하지만 서부 지중해의 모든 페니키아 도시들을 포함하여 가데스도 사실상 카르타고 패권 아래 있었다. 가데스가 원주민들과의 대결에서 카르타고의 지원을 받았으며, 가데스 서쪽으로 카르타고 무역 거점들이 설치되었다는 사실은 이를 증명한다. 반면 좀 더 이른 시기에 에부수스 섬과 발레아레스 군도를 카르타고가 직접 확보했는데, 한편으로 어업 활동을 위해, 다른 한편으로 마살리아 주민들과 치열한 전투가 일어났던 곳에 카르타고 전초기지를 세울 필요가 있었기 때문이다.

사르디니아

카르타고 인들은 이미 로마 건국 2세기 말에 사르디니아에 정착했으며 리뷔아에서처럼 개척을 진행하고 있었다. 아프리카의 누미디아 인들이 사막 변경으로 쫓겨난 것처럼 사르디니아 주민들도 농노로 전락하지 않기 위해 섬의 내륙 산악 지대로 밀려났다. 카르타고 인들은 카랄리스(오늘날의 칼리아리)와 여타 중요 도시들에 페니키아 식민지를 건설했으며 리뷔아 농부들을 데려와 비옥한 해안 지대의 농업에 투입했다.

시킬리아

마지막으로 시킬리아에서 희랍인들은 메사나 해협과 시킬리아 동부 대부분을 일찍이 자신들의 세력 하에 놓았다. 따라서 페니키아 인들은 카르타고의 지원을 받으며 아이가테스, 멜리타, 가울로스, 코쉬라(멜리타 정착지가 특히 부유하고 번영을 누렸다) 등 인근 섬들과, 시킬리아 서부와 북서부 해안에 정착했다. 이곳에서 이들은 모튀아를 통해, 그리고 나중에는 릴뤼바이움을 통해 아프리카–페니키아 인들과 연락을 취했으며, 파노르무스와 솔룬툼을 통해 사르디니아의 페니키아 인들과 관계를 유지했다. 시킬리아 내륙은 원주민들인 엘뤼미족, 시카니족, 시켈리족 등이 차지했다. 희랍인들의 진출은 계속 확대되었지만 시킬리아는 비교적 평화로운 상태를 유지했다. 페르시아 인들 때문에 카르타고 해군이 시킬리아의 희랍인들을 상대로 원정을 감행했음에도 불구하고(로마 건국 274년, 기원전 480년) 이런 평화는 깨지지 않았다. 전반적으로 이런 상태는 아테네의 시킬리아 원정이 있을 때까지(로마 건국 339~341년, 기원전 415~413년) 지속되었다. 경쟁 관계에 있던 두 민족은 서로 관용을 보이며 각자 자신의 지역을 대체로 넘어서지 않았다.

해상 패권

이 모든 정착과 점령은 그 자체로 충분히 중요한 성과였다. 하지만 이런 거점들은 카르타고 해상 패권을 떠받치는 기둥이 되었다는 점에서 훨씬 더 큰 의미를 갖는다. 희랍의 식민지 확장을 저지하는 일과 관련하여 히스파니아 남부, 발레아레스, 사르디니아, 시킬리아 서부, 멜리타를 차지함으로써, 북아프리카의 맹주는 히스파니아 동부 해안과 코르시카와 쉬르티스 일대에서 자신만의 해상 왕국을 만들어 지중해의 서쪽 해협을 독점했다. 페니키아 인은 튀레눔 해와 갈리아 해의 경우 다른 민족들과 공유해야 했는바, 이 지역에서 에트루리아 인과 희랍인의 세력 균형이 유지되는 한, 이를 경우에 따라 용인했다. 물론 희랍에 맞서기 위해 카르타고에게 덜 위험한 경쟁자인 에트루리아와 동맹을 맺기도 했다. 하지만 에트루리아 세력이 몰락하면서—카르타고는 모든 힘을 경주하여 이들의 몰락을 막으려고 노력했다—그리고 알키비아데스의 원대한 계획이 좌초되면서, 이후 쉬라쿠사이는 희랍 최고의 해군력을 갖게 되었고, 따라서 당연하게도 쉬라쿠사이의 통치자들은 시킬리아와 남부 이탈리아 및 튀레눔 해와 아드리아 해에서 패권을 쥐기 시작했다. 이에 카르타고 인들도 적극적인 정책을 취하지 않을 수 없었다.

쉬라쿠사이와의 경쟁

카르타고 인들과 맞수인 악명 높은 쉬라쿠사이의 디오뉘시오스(로마건국 348~389년, 기원전 406~365년) 사이에 오랫동안 지속되었던 전쟁의 직접적인 결과는 시킬리아 중소 도시들의 멸망 혹은 약화였으며,

결국 시킬리아 섬은 쉬라쿠사이와 카르타고에 의해 분할되었는바 이는 두 경쟁자 모두에게 이익이 되었다. 셀리누스, 히메라, 아그리겐툼, 겔라, 메시나 등 가장 번창했던 도시들은 끔찍한 전쟁 속에서 카르타고 인들에 의해 철저히 파괴되었다. 디오뉘시오스는 이 도시들의 희랍 문화가 파멸되는 것을 지켜만 보았으며, 대신 이탈리아와 갈리아와 히스파니아에서 들여온 용병으로써 폐허가 되거나 군사기지로 뒤덮인 산하를 더욱 안전하게 지키고자 했다. 로마 건국 371년(기원전 383년) 카르타고 장군 마고가 그로니온 전투에서 승리를 거둔 후 강화 조약으로, 카르타고 인들에게 희랍 도시들, 그러니까 테르마이(한때 히메라), 에게스타, 헤라클레이아 미노아, 셀리누스, 그리고 아크라가스에서 할리쿠스 강에 이르는 지역이 양도되었다. 하지만 이것은 섬 전체를 차지하기 위해 다투던 두 세력이 맺은 잠정적 합의였을 뿐이다. 양측 경쟁자들은 상대를 몰아내려고 새로운 시도를 계속했다.

로마 건국 360년(기원전 394년) 노(老)디오뉘시오스 당대에, 로마 건국 410년(기원전 344년) 티몰레온 당대에, 로마 건국 445년(기원전 309년) 아가토클레스 당대에, 로마 건국 476년(기원전 278년) 퓌로스 당대에, 이렇게 네 차례에 걸쳐 카르타고 인들은 시킬리아 전체의 주인이었지만 쉬라쿠사이까지는 아니었는바 그 견고한 성벽 아래 좌절을 겪었다. 또 종종 쉬라쿠사이 인들도 노디오뉘시오스, 아가토클레스, 퓌로스 등 유능한 지도자의 인솔 하에 이웃한 아프리카 인들을 섬에서 거의 몰아낼 뻔했다. 하지만 저울은 카르타고 쪽으로 점차 기울었다. 카르타고는 계속해서 공세를 폈으며, 비록 로마처럼 목표를 부단히 추구한 것은 아니지만, 지치고 분열된 이 희랍 도시가 방어해낼 수 없을 만큼 치밀하게 열정적으로 공격을 지속했다. 페니키아 인은 역병이나 용병 탓에 뜻을 매번 접어서는 안 된다고 생각했고, 적어도 바다에서는 잠정적으로 승부가 이미 결정되었다. 마지막으로 퓌로스가 쉬라쿠사이 해군을 복구하려 했지만 이 시도가 수포로 돌아간 이래, 카르타고 해군은 경쟁자 하나 없이 서부 지중해 전체를 주도했던 것이다.

쉬라쿠사이, 레기온, 타렌툼을 점령하려는 시도를 통해 우리는 카르타고가 지향했던 바를 알 수 있다. 그들은 경쟁국 및 속국들을 몰아내고 이 지역 해상 교역의 독점권을 강화하려 했던 것이다. 무엇보다 카르타고 인은 목표를 눈앞에 두고 잔혹행위를 주저할 사람들이 아니었다. 카르타고 전쟁 시대를 살았던 지리학의 아버지 에라토스테네스 (로마 건국 479~560년, 기원전 275~194년)는, 사르디니아와 가데스로 항해하는 외국 배들이 카르타고 인들에게 붙잡히는 족족 모두 바다에 수장되었다고 적었다. 이런 보고는 카르타고가 로마 건국 406년(기원전 348년)의 조약에 따라 히스파니아, 사르디니아, 리뷔아의 항구들을 로마 상선에게 개방했지만(제2권 263쪽), 반면 로마 건국 448년(기원전 306년)의 조약에서는 카르타고의 항구를 제외한 이 모든 항구를 로마 상선에 대해 완전히 봉쇄했다는 것과 일치한다.

카르타고의 국체 : 원로회의와 관리들

제1차 카르타고 전쟁 발발 약 50년 전에 사망한 아리스토텔레스는,

두 가지 명칭을 사용하여, 카르타고의 국가체제가 군주정에서 변화된 귀족정 혹은 과두정에 가까운 민주정이라고 보았다. 일상적 국사는 — 스파르타의 원로회의(게루시아)처럼 — 우선 시민이 매년 선출하는 왕 2명과, 마찬가지로 시민이 매년 임명하는 원로 28명에 의해 구성되는 원로회의가 담당했다. 예컨대 전쟁 대처, 징세와 징병 등 국사를 처리했고, 군사령관을 임명했으며 군사령관을 도울 일정 수의 원로를 선발했다(이들 중 부사령관이 선출되는 것이 통례였다). 각지에서 보내는 긴급 보고는 원로회의에 전달되었다. 이런 소규모 원로회의 외에 대규모 원로회의가 별도로 있었는지는 확실치 않다. 소규모 원로회의 자체도 그리 중요하지는 않았다.

　왕의 권력 역시 특별하지는 않았던 것 같다. 왕들은 주로 고등 판관의 역할을 했을 뿐이고 실제 '판관'(*praetores*, 법무관)이라고만 불리기 일쑤였다. 반면 군사령관의 세력은 훨씬 막강했다. 아리스토텔레스와 동시대인이면서 연장자였던 이소크라테스는 카르타고 인들이 평상시에는 과두정 체제를, 전장에서는 군주정 체제를 유지한다고 말했다. 카르타고 군사령관의 권력을 휘하 배속된 원로들이 사실상 제한했고 — 이는 로마에서는 낯선 관행이지만 — 임기 중 활동에 대한 회계 감사를 사직 시 받아야 했을지라도, 로마 역사가들이 카르타고의 전시 정체를 독재정이라고 평가한 것은 적확하다. 군사령관 임기로 확정된 시간 제약은 없었다. 그리하여 그는 1년 임기의 왕과는 명백히 구별되었고, 아리스토텔레스도 그 둘을 명시적으로 구별한 바 있다. 여러 관직을 한 사람이 겸임하는 일은 카르타고에서 흔했거니와, 한 사람이 군사령관이자 판관인 것도 전혀 놀라운 일이 아니었다.

판관단

원로회의와 관리들 위에서 104인(우수리를 떼어 100인이라고 약칭하기도 한다)의 판관단이 카르타고 과두정의 보루로서 기능했다. 판관단은 애초 카르타고 국가체제에 속하는 구성요소가 아니었고, 다만 연원을 따져보면 스파르타의 에포로스(민선 감독관)처럼 국체의 군주정적 요소들을 반대하거나 견제하는 귀족 당파였다. 매관매직이 가능함과 최고 관직의 수가 한정적임을 기화로, 재산과 전공(戰功)에 있어 독보적이던 유일무이의 마고 가문이 전쟁 시에는 물론 평화 시에도 통치와 사법권까지 독차지하려 하자(제2권 114쪽), 카르타고는 로마의 십인관 시기에 국가체제를 개혁함과 동시에 판관단이라는 새로운 관청을 창설했다. 재무관직을 역임하고 나서야 판관직에 들어올 수 있는 자격이 주어지지만, 후보자들은 자체적으로 충원되던 5인 선출 위원회의 결정을 거쳐야 했다. 더 나아가 판관은 매년 새로 선출되는 것이 법이었지만, 실제로는 이보다 오래, 경우에 따라 평생 판관직을 유지했으며 그리하여 로마 인과 희랍인은 그들을 통상 원로원 의원이라 불렀다. 세세한 부분은 불분명하지만, 판관단이라는 관청의 본질이 귀족만으로 충원되는 과두정적인 것으로 보인다. 이와 관련해 단편적이지만 분명한 흔적은 카르타고에 시민용 일반 목욕탕 외에 판관만의 목욕탕이 별개로 존재했다는 사실이다.

판관단은 정치적 심판단으로서 우선 기능하는 것이 본래의 설립 취지였다. 즉 그들은 군사령관에게, 경우에 따라서는 판관과 원로들에게까지 사직 시 책임질 일을 따져, 때로는 무자비하고 잔혹한 극형을 자의적으로 내리기도 했다. 하나의 행정관청을 상위 기관이 통제하는 여느 곳에서처럼, 이곳에서도 권력 중심이 통제받는 관청에서 통제하는 관청 쪽으로 이동했다. 그리하여 후자가 도처의 행정을 실제로 담당함으로써, 예컨대 원로회의가 주요 보고를 판관들에게 먼저 하고 이어 국민에게 함으로써, 또한 정기적인 성과 측정에 두려워함으로써 카르타고의 정치가와 군사령관들이 소극적으로 생각하고 행동했으리라고 쉽게 짐작할 수 있다.

시민

카르타고 시민은 스파르타 시민처럼 명시적으로 국사에서 수동적인 보조 역할에 국한되지는 않았지만, 실제 행사하는 영향력은 매우 적었다. 원로회의 선거에서는 공공연한 매수가 일상적이었다. 군사령관 임명에 있어서도 시민의 의견을 묻기는 했지만 원로회의의 제청에 의하여 임명이 사실상 이루어지고 난 후에야 물었다. 그리고 원로회의에서 필요하다고 보거나 자체적인 합의가 안 되는 경우에만 시민들에게 의견을 구했다. 시민 법정이 카르타고에는 없었다. 시민들의 이런 무력함은 본질적으로 국가조직에 기인한 것이다. 이 맥락에서 언급될 만한 카르타고의 시민 식탁공동체도―스파르타의 페이디티아와 비교가 가능하다―과두정을 이끄는 귀족 모임에 불과했을 것이다. 심지어 '시민'과 '노동자'의 차별이 언급되는데, 이로써 후자의 지위는 매우 낮은 데다 권리라고는 전혀 없었음을 추론할 수 있다.

정부의 성격

여러 개별 사항을 종합해 보면 카르타고의 국가체제는 시민 공동체 내에 살림이 넉넉한 중간 계층은 전혀 없이 하루 벌어 하루 사는 도시 무산자들과, 다른 한편 대상인 및 대규모 농장 소유주와 상류층 중간 관리인들로 양분된 자본가 정체였다. 예속민을 희생물로 삼아 부패한 귀족들이 재산을 축적하며, 예속 공동체에 세금 징수자나 감시자로 중간관리인들을 파견하는 등 부패한 과두정의 명백한 징표들이 카르타고에도 없지 않았다. 아리스토텔레스는 이를 카르타고 국가체제가 지속할 수 있는 주된 이유라고 설명했다. 그가 살던 시대까지 카르타고에서 위로부터나 아래로부터나 언급할 만한 혁명은 일어나지 않았다. 민중을 이끌 참된 지도자가 없었던 것인데, 야심찬 혹은 곤궁한 귀족들이 과두정 체제로써 물질적 이익을 충분히 보장받았기 때문이고, 나아가 민중도 부정선거 혹은 여타의 형태로 상류층 식탁에서 떨어지는 빵부스러기에 만족했기 때문이다.

물론 이러한 정체에 민주정을 지지하는 반대 당파가 없지는 않았다. 그러나 그 세력은 제1차 카르타고 전쟁이 일어날 때까지도 완전히 무력했다. 이후 패전한 탓도 어느 정도 있었지만 반대 당파의 정치적 영향력은 같은 시기 로마에서 유사한 성향의 당파보다 훨씬 빠르게 상승했다. 시민 집회가 정치 문제를 최종적으로 결정하기 시작했고 카르타고 과두정의 전권이 혁파되었다. 한니발 전쟁 종료 후에는 한니발의 제안으로 심지어 100인 판관단직을 2년 연임하지 못함에 따라 완전한 민주정이 도입되었다. 여건상 민주정만이—완전히 늦지는 않았다고 한다면─카르타고를 구할 수 있는 유일한 방식이었음은 물론이다. 이들 반대 당파에게는 애국적이며 개혁적인 열정이 충만했다. 하지만 이 반대 당파가 얼마나 더럽고 부패한 토대에 기반하고 있었는지도 간과해서는 안 된다. 박식한 희랍인은 알렉산드리아 시민과 카르타고 시민을 비교하여, 후자의 도덕성이 타락하여 시민 정치세력이 쇠약한 것은 당연한 일이라고 생각했다. 게다가 카르타고의 혁명처럼 악한들이 참여한 경우 그 결과가 과연 좋겠냐며 회의적인 질문을 던지기도 했다.

카르타고의 자본력

국가재정 측면에서 카르타고는 고대 세계 국가들 중 단연 으뜸이었다. 펠로폰네소스 전쟁 당시에 이 페니키아 도시는, 희랍 최초 역사가의 증언에 따르면, 모든 희랍 국가를 재정 측면에서 압도했으며 페르시아와 재정수입 측면에서 맞먹었다. 폴뤼비오스는 카르타고를 세계 최고의 부국이라고 불렀다. 나중의 로마와 같이 카르타고 장군과 정치가들은 농업을 과학적으로 경영하고 농업기술을 보급하는 데 게을리 하지 않았는바, 카르타고 농업기술은 카르타고의 마고가 저술한 농업서에서 입증된다. 이 책은 나중에 희랍 및 로마 농민에게 합리적인 농장 경영의 기본서로 인정받았으며, 희랍어로 번역된 것은 물론 로마 원로원의 명령에 따라 라티움 어로도 다듬어져 관의 주도 하에 이탈리아의 자영농에 보급되었다.

카르타고 농업의 특징은 상업자본과 밀접하게 연계되어 있었다는 점이다. 페니키아 농업경제가 금과옥조로 삼는 원칙은, 집약적으로 경영할 수 있는 규모 이상의 토지는 구입하지 않는다는 것이다. 폴뤼비오스의 증언에 따르면 유목 경제 덕분에 당시 세계의 어떤 나라보다 풍부한 말과 소와 양과 염소 등의 가축 사육도 카르타고에 유리한 조건이었다. 카르타고는 농지 활용에 있어 로마의 스승이었으며 예속민 착취에 있어서도 그러했다. 이 덕분에 '유럽 최고 농지'에서 거두어들인 토지세, 예를 들어 뷔자키티스와 쉬르티스 등 비옥하고 축복받은 북아프리카 농지에서 거두어들인 토지세가 카르타고로 유입되었다. 카르타고가 일찍이 명예로운 직업으로 여기던 무역 사업과, 무역과 함께 번성한 해운업 및 공업은 자연스러운 흐름에 따라 카르타고 주민들에게 매년 풍성한 수입을 가져다주었다. 앞서 이미 설명했는바 확장과 독점화를 통해 서부 지중해의 대외무역은 물론 내수 시장, 동서의 모든 중개무역까지 카르타고 항구 하나로 집중되었다.

　나중의 로마에서처럼 카르타고도 희랍의 영향력을 결정적으로 받았지만 나름의 과학과 예술이 무시당할 정도는 아니었다. 상당한 수준의 페니키아 문학이 존재했으며, 카르타고 개척 시점에 (카르타고에서 만들어진 것은 물론 아니고 시킬리아의 신전에서 빼앗아온) 풍부한 예술품들과 상당 수준의 도서관이 존재했었다. 하지만 이 부문에서도 정신보다 자본을 우선시했다. 크게 돋보이는 문학작품은 무엇보다도 농학서와 지리서였다. 하나는 앞서 언급된 마고의 서적이며, 다른 하나는 한노가 서부 아프리카 해안을 항해하며 기록한 견문록이다. 후자는 카르타고의 신전에 공개적으로 전시되어 있었으며 오늘날까지 번역으로 전해진다. 특정 분야의 지식, 특히 외국어 지식[3]의 전반적 확산은(당시 카르타고의 외국어 지식수준은 제정기 로마에 버금갈 정도였다), 카르타고가 희랍 문화의 영향을 전적으로 실용성의 방향으로 발전시켰다는 사실을 말해준다. 고대 세계의 런던이라 할 카르타고로 흘러든 자본의 규모를 짐작하기 어렵지만, 공적 영역의 국가 수입만큼은 어느 정도 파악 가능하다. 카르타고는 군대를 조직하는 데 상당한 비용을 지불하고 있었음에도 불구하고, 또 국유재산의 관리가 부실하고 엉망이었음에도 불구하고 예속민의 납세와 무역관세 수입으로 국가지출을 충분히 감당했으며, 카르타고 시민들로부터는 세금을 걷지 않아도 될 정도의 국가 수입을 유지했다. 심지어 제2차 카르타고 전쟁이 끝나고 국가 권력이 붕괴된 후마저, 계속되는 국가지출과 매년 로마에 지불하는 전쟁배상금 34만 탈러를 어느 정도 유지되던 국가 수입만으로 충분히 감당할 수 있었기에 시민들에게는 세금을 부과하지 않았다. 더욱이 휴전 14년 만에 이후 36년 동안 분할 지급했어야 할 전쟁배상금을 일시에 지불해 버렸다.

카르타고 국가 경제의 현저한 우수성을 말해주는 것이 수입 총액의 규모만은 아니다. 훨씬 발전한 후대에나 나타날 법한 경제 원리들이 고대 세계의 모든 강대국 중 카르타고에서만 발견된다. 우선 외국에 제공한 차관을 들 수 있다. 또 통화제도에서 금화 및 은화와 함께 사

---

[3] 농장 관리인은 노예 신분일지라도, 카르타고 농업 전문가인 마고의 가르침에 따라(바로, *Rust.* 1, 17) 글을 읽을 수 있었으며 일정한 교육을 받은 사람이었다. 플라우투스의 〈페니키아 인들〉도 입부에는 주인공에 대해 이렇게 적혀 있다. "그는 모든 언어들을 알고 있다. 하지만 그는 짐짓 아무것도 모르는 것처럼 행동한다. 맞다. 그는 페니키아 인이다. 더 이상 말해 무엇하겠는가?"

용된, 소재 자체로는 가치가 전혀 없는 명목화폐를 들 수 있는데 이것은 그 밖의 고대 세계에서는 찾을 수 없는 것이었다. 국가의 소임을 투자 사업이라고 한다면 카르타고만큼 이런 소임에 충실했던 나라는 없을 것이다.

로마와 카르타고의 비교

국가 역량을 놓고 카르타고와 로마를 비교해 보자. 둘의 주요 산업은 상업과 농업이었다. 다른 것은 없었다. 예술과 학문을 완전히 부차적인 것으로 여기고 실용적인 수준에서만 이를 도모했다는 점은 두 나라의 공통점인바, 차이점은 카르타고가 로마보다 더했다는 것이다. 카르타고는 농업경제보다 자본 경제를 중요시했으며, 당시 로마에서는 자본 경제보다 농업경제를 우선시했다. 카르타고 농민들은 대개 대농장 및 노예 소유자였는데, 당시 로마에서는 대다수 시민이 자영농이었다. 로마의 인구 대부분이 토지 소유자였고 보수적이었던 반면, 카르타고의 인구 대부분은 무산자였기에 부자들의 돈은 물론 민중 선동가들의 개혁에도 관심을 기울였다. 여러 대규모 상업도시들이 공통적으로 보여주듯 카르타고에서는 사치가 지배적이었으며, 로마의 풍속과 생활에는 적어도 표면적으로는 조상전래의 도덕적 엄격함과 검소함이 지배적이었다. 카르타고 사신들이 로마에서 돌아와 전한 바에 따르면 로마 원로원 의원들의 친밀함은 상상을 초월하는데, 은 접시 하나를 모든 원로원 의원들이 돌려가며 사용했으며 원로원 의원들의 집을 방문할 때마다 같은 접시를 보았다고 한다. 이런 농담에서 두 나라의 경제적 수준이 잘 드러난다고 하겠다.

국가체제

로마와 카르타고 양자의 국가체제는 귀족정이었다. 로마에서는 원로원이, 카르타고에서는 판관이 통치했다. 양자 모두가 국가 기율체계에 기초하고 있었다. 카르타고 정부가 각 관리들을 통제하던 엄격한 상명하복 체계나 시민들에게 희랍어 학습을 엄금하고 공식 통역을 두고 희랍인과 교역하게 한 명령 등은 로마 정부조직과 동일한 발상에서 유래한 듯하다. 물론 카르타고 정부의 관리감독 체계에 보이는 가혹한 엄격성과 비타협적 무조건성에 비해, 로마 정부의 벌금이나 견책은 온건하고 합리적이다. 로마 원로원은 우수한 능력을 가진 이들에게 개방적이었고 진정한 의미에서 시민을 대표했으며, 원로원은 시민을 신뢰할 수 있었고 관료를 염려할 필요가 없었다. 반면에 카르타고 원로회의는 애초 정부조직을 통해 관료를 의심하고 통제했으며 귀족 가문들만 신뢰했다. 결국 카르타고 원로회의는 지위고하를 막론하고 모두를 불신한 까닭에 자신들이 이끄는 대로 시민이 따를지 확신할 수 없었고, 더욱이 관료가 전횡할까 노심초사했다. 로마의 정치 행보는 위기의 순간에도 물러섬 없이 부단히 전진했으며 행운을 부주의하거나 어중간한 태도로 놓치지도 않았다. 반면 카르타고 인들은 완수 직전의 고통스러운 순간에 포기하고 국가적 과업을 잊거나 싫증냄으로써 거의 다 된 일을 망쳤다가 이내 처음부터 다시 시작하기 일쑤였다. 그래서 로마의 뛰어난 관료들은 전반적으로 정부와 뜻을 같이 했지만, 카르타고의 유능한 관료들은 빈번히 본국 귀족들과 결정적인 문제로 갈라섬으로써 정부에 대해 반체제적 저항을 감행하거나 개혁적인 반대당파와 손잡았다.

민중에 대한 태도

카르타고와 로마는 혈연 공동체는 물론 수많은 혈연외적 공동체를 통치했다. 로마는 각 분구들을 차례로 시민 공동체에 편입시켰고, 라티움 공동체들에게조차 시민권을 얻을 수 있는 길을 법적으로 개방했다. 반면 카르타고는 애초부터 폐쇄적이었고 각 분구들에게 언젠가는 권리가 동등해지리라는 희망을 전혀 주지 않았다. 로마는 혈연 공동체들과 승리의 열매를 같이 누렸는바 획득한 영토를 기꺼이 나누었으며, 여타 예속국의 귀족 및 부자들에게는 물질적 혜택을 줌으로써 적어도 한 당파가 로마와 이해관계를 맺게 했다. 하지만 카르타고는 승리의 열매를 독차지했을 뿐만 아니라 특권을 가진 도시들에게조차 통상의 자유를 허락하지 않았다. 로마는 원칙적으로 피정복 공동체로부터 자치권을 완전히 몰수하지 않았으며, 세금을 무기한으로 징수하지도 않았다. 반면 카르타고는 모든 곳에 총독을 파견해 옛 페니키아 도시 전부에 세금을 부과했으며 피정복 부족들을 사실상 국유노예로 취급했다.

그리하여 카르타고가 몰락한다면 우티카를 제외한 카르타고-아프리카 연방 내의 모든 나라에 정치적으로나 경제적으로 혜택이 있을 정도였다. 반면 로마는 각 공동체들의 경제적 이익을 세심하게 고려하고 정치적 반대 당파를 무력투쟁으로 몰고 갈 극단적인 조치에 신중했기에 로마-이탈리아 연방 내의 모든 나라에게 로마 정부에 대한 반대는 이득보다 손실을 초래했을 것이다. 카르타고 정치인들은 리뷔아계의 봉기를 훨씬 더 두려워했으므로 페니키아계 시민 등 모든 토지 소유자들에게 명목화폐로써 카르타고의 이익을 나눠줬는바, 상업적 이해타산을 고려해서는 안 되는 데서까지 이를 따졌다. 퓌로스에 대항한 로마의 군사동맹은 느슨해 보여도 암벽처럼 굳건한 성벽을 이룬 반면, 카르타고의 군사동맹은 적군이 아프리카에 상륙하자마자 거미줄처럼 찢어졌음은 역사가 증명해준다. 아가토클레스가 상륙했을 때, 레굴루스가 상륙했을 때, 그리고 심지어 용병으로 치러진 전쟁에서도 마찬가지였다. 예를 들어 카르타고에 대항한 전쟁에서 용병을 고용하는 데 리뷔아 여인들이 패물을 자발적으로 냈다는 이야기는 아프리카에 팽배했던 분위기를 말해준다.

카르타고가 시킬리아에서만 유화책을 폈기 때문에 이곳에서는 더 나은 결과가 있었던 것 같다. 예속민에게 외국과 무역하는 자유를 어느 정도 인정하고, 국내 상업 활동에서 처음부터 금속화폐만 사용할 수 있도록 허락하는 등 전반적으로 사르디니아와 리뷔아에서보다 많은 자유를 허용했다. 쉬라쿠사이가 카르타고의 손에 넘어갔다면, 이런 정책은 곧 바뀌었겠지만 그런 일은 일어나지 않았다. 카르타고의 계산된 유화책과 시킬리아 희랍인의 불화 때문에, 사실 시킬리아에는 진심으로 친페니키아적인 당파도 존재했다. 예를 들자면 로마가 시킬리아 섬을 정복한 이후에도 아그리겐툼의 필리노스는 친페니키아적 입장에서 카르타고 전쟁사를 기록했다. 하지만 대체로 예속민이었던 희랍계 시킬리아 인은 삼니움족과 타렌툼 인이 로마 인을 혐오했던 것만큼은 페니키아 통치자들을 혐오했을 것이다.

국가 재정

국가 재정에 있어 카르타고의 재정수입은 의심할 여지 없이 로마를 크게 앞질렀다. 하지만 조공과 관세 등으로 구성된 카르타고의 수입은 부득이한 지출만으로도 로마보다 빨리 고갈되었던 데다, 전시 비용을 카르타고가 로마보다 많이 썼기 때문에 두 국가의 재정은 별반 차이가 없었다.

군사 체계

로마와 카르타고의 군사 체계는 크게 달랐지만 전력이 여러 측면에서 대등했다. 카르타고 시민은 도시 개척 시기에 여성과 어린이까지 포함해서 70만 명에 이르렀고,[4] 로마 건국 5세기 말에는 최소 그 정도

---

[4] 이 숫자의 정확성에 의혹이 제기되는데, 도시의 공간을 고려할 때 수용 가능한 주민수가 최대

수준이었을 것이다. 이때 카르타고는 필요에 따라 4만 명의 중장보병 시민군을 투입할 수 있었다. 로마는 로마 건국 5세기 초 비슷한 상황에 비등한 군사력의 시민군을 전장에 보냈다(제2권 277쪽). 로마 건국 5세기 동안 시민권을 광범위하게 확대함으로써 로마는 무장할 수 있는 시민 수를 두 배 가까이 늘렸다. 하지만 로마는 무장 가능한 수적 측면보다 시민군의 전투력 측면에서 훨씬 앞섰다. 카르타고가 시민들에게 병역의무를 다하도록 독려하긴 했지만, 그렇다고 정부가 이들 수공노동자와 공장노동자에게 농민의 강인한 체력을 줄 수는 없었고, 페니키아 인들이 지닌 전쟁에 대한 선천적 거부감까지 물리쳐 줄 수는 없었다. 로마 건국 5세기에는 2,500명의 카르타고 인들로 구성된 '신성 여단'이 시킬리아 군단의 사령관을 호위했지만, 로마 건국 6세기에는 예를 들면 히스파니아에서 카르타고 군대에 카르타고 인은 장교들뿐이었다. 반면 로마 농민들은 징병 명부에 이름만 올린 것이 아니라 실제로 전장에도 섰다.

두 공동체의 이웃 동족 공동체들도 사정은 비슷했다. 라티움 인들은 로마 시민처럼 병역을 직접 담당했던 반면, 리뷔아–페니키아 인들은 카르타고 인만큼 전투 능력도 없었고 당연하게도 전쟁이라면 치를 떨던 사람들이라, 군사적 의무를 부담하던 도시들은 돈을 내서 의무

25만 명 정도이기 때문이다. 통계의 부정확성은 차치하고, 6층 집이 있는 상업도시에서 특히 부정확하다고 할지라도, 이 숫자는 도시 공간 차원이 아니라 로마 인구조사가 그랬듯 정치적 차원에서 이해되어야 한다. 또 이 숫자는 모든 카르타고 인들, 그러니까 도시나 인근 지역, 정복 지역이나 외국에 사는 모두를 포함하고 있다. 이런 부재자의 숫자는 카르타고에서 굉장히 큰 규모였을 것이다. 같은 이유에서 가데스에 늘 정주하는 시민의 숫자보다 훨씬 더 많은 인구 숫자가 기록되었다는 것은 분명한 전승이다.

를 면제받아서 카르타고 군대 내 그들의 숫자는 점차 줄었다. 방금 언급했던 약 1만 5,000명의 히스파니아 사단에는 450명의 기병 부대 하나만이 부분적으로나마 리뷔아-페니키아 인들로 편성되어 있었다. 카르타고 군의 핵심은 리뷔아 예속민이었는바 유능한 교관의 훈련을 받아 훌륭한 보병이 되었으며, 특히 이들로 구성된 경기병대는 감히 누구도 넘볼 수 없을 만큼 막강했다. 그 외에 리뷔아와 히스파니아의 다소간 종속된 민족들로 구성된 부대들도 한 축을 차지했고, 발레아레스의 투척병들도 유명했다. 이들의 위치는 카르타고 본대와 용병의 중간 정도였다.

긴급 시에 외국에서 용병들이 모집되었다. 힘들이지 않고 필요에 따라 원하는 숫자만큼 용병의 전투력을 고용할 수 있었고, 용병 장교들의 유능함, 전투력과 무용으로써 로마군에 대응할 수도 있었다. 하지만 로마 시민군은 언제라도 곧바로 전투에 임할 수 있었던 반면, 용병을 고용해야 한다면 이 준비에 오랜 시간이 필요했고 그 동안 위험에 노출될 수밖에 없었다. 나아가 핵심적인 문제는 군사적 명예와 물질적 이득 외의 그 어떤 것에도 카르타고 군대는 단결하지 못한 반면, 로마 군단은 하나의 조국에 대한 귀속감을 공유하며 모든 면에서 단결했다. 대개 카르타고 장교는 용병들, 아니 리뷔아 농민들을 오늘날 전쟁에서의 포탄 정도로만 여겼다. 예컨대 로마 건국 358년(기원전 396년) 지휘관 히밀코는 리뷔아 부대를 팔아넘기는 파렴치한 행위를 서슴지 않았고 이에 리뷔아 인들은 대규모 반란을 일으켰다. 더욱이 이는 '페니키아 인들의 신의'라는 속담으로 굳어짐에 따라 카르타고에 적잖은 손해를 입혔다. 카르타고는 리뷔아 농민부대와 용병부대가 초래할 법한 불행을 전부 겪었고, 용병노예가 적보다 위험하다는 것을 여러 차례 절감했다.

군사 제도의 결함들을 카르타고로서는 간과할 수 없었기에 모든 방식으로써 제도를 재정비하려고 했다. 카르타고 인들은 언제든지 용병을 고용할 수 있도록 국고와 무기고를 든든히 유지했다. 오늘날의 포대처럼 기능했던 투석기 등 카르타고 인이 대체로 시킬리아 인을 능가했다고 인정받는 전쟁기계의 제작에, 그리고 코끼리의 등장으로 전쟁에서 전차가 사라진 이후로는 코끼리에 세심한 주의를 기울였다. 카르타고 전투 요새에는 코끼리 300마리가 들어갈 수 있는 코끼리 막사가 있었다. 그들은 예속도시의 성벽을 허용할 수 없었으므로, 무방비의 도시나 촌락들이 아프리카에 상륙한 모든 적군에게 노출되는 것을 감내할 수밖에 없었다. 이는 대다수 예속도시가 성벽을 유지하고 이런 요새들로써 이탈리아 반도 전체를 잇는 연결망을 만든 로마와는 반대되는 정책이었다. 반면 수도의 요새화에는 자금과 기술력을 총동원했는바, 국가를 여러 번 구한 것은 바로 카르타고 성벽의 굳건함이었다. 수도 로마는 정치적으로나 군사적으로 방어가 잘 되어 있어, 엄밀한 의미의 포위 공격을 당한 일이 없었다.

카르타고의 보루는 해군이었다. 그리하여 그들은 해군에 신경을 많이 썼다. 전함의 건조와 운용에 있어 카르타고 인은 희랍인보다 월등했다. 카르타고가 3단 노선을 최초로 제작했다. 이때 카르타고 전함의 대부분은 5단 노선이었으며, 항행 능력이 희랍 함선보다 대체로 탁월했다. 노잡이들은 전부 국가노예로서, 노예선에서 차출된 자들이 아니라 군사훈련을 제대로 받은 자원이었다. 선장은 유능한 데다 용맹했다. 카르타고는 그러한 측면에서 로마를 압도했다. 반면 로마의 경우 희랍 동맹국들이 보유한 소수의 선박과 이보다도 적은 로마 선박으로, 당시 서부 지중해를 지배하던 카르타고 함대 앞에 모습을 드러내기란 당연히 힘들었을 것이다.

두 열강의 자원을 비교한 바를 결론적으로 종합하자면, 양국 간에 전쟁이 발발했을 때 카르타고와 로마가 대체로 대등했다고 판단한 희랍인의 통찰은 객관적이고 정확했다. 하지만 이에 부연되어야 할 것이 있다. 공수를 위해 인력으로 강구할 수 있는 수단을 확보하고자 모든 지식과 재물을 투입했음에도 불구하고, 카르타고는 자국 보병을 확보하지 못한 약점과 자립적 토대가 단단한 동맹 세력을 얻지 못한 약점을 끝내 극복할 수 없었다. 로마가 심각한 공격을 받은 것은 오로지 이탈리아 내에서였고, 카르타고가 심각한 공격을 받은 것은 오로지 리뷔아 내에서였음은 분명한 사실이다. 카르타고라고 해서 본토 공격을 지속적으로 피할 수는 없었다. 항해 역사의 유년기라 할 만한 당시의 선박은 특정한 나라에 영속되는 소유물이 아니었고, 목재와 쇠와 물이 있는 곳이라면 어디에서나 제작되었다. 강력한 해양 국가들이라고 해서 바다로부터 쳐들어오는 적을, 그 적이 아무리 약체일지라도, 전부는 막아내지 못한다는 점이 아프리카에서 여러 번 실증되었다. 아가토클레스가 길을 보여준 이래 로마 장군들도 그 길을 찾을 수 있었다. 이탈리아에 보병 부대가 상륙하면서 전쟁이 시작되었고, 리뷔아에 보병 부대가 상륙하면서 전쟁이 종식되었다. 전쟁의 양상은 포위 공성전으로 바뀌었는바 공성전에서는 특별한 일이 발생하지 않는 한, 불굴의 영웅적 용맹도 끝내 굴복할 수밖에 없었다.

제2장
로마와 카르타고의 시킬리아 쟁탈전

시킬리아의 상황

100년 이상 진행된 카르타고와 쉬라쿠사이의 갈등으로 아름다운 시킬리아 섬은 황폐화되었다. 양자 간의 전쟁은 한편으로 정치적 선전 수단을 동원했다. 카르타고는 쉬라쿠사이의 귀족파와 공화파의 갈등을 조장했으며, 쉬라쿠사이 왕조는 카르타고에 조공해야 했던 나라들의 민족 해방 세력을 움직였다. 다른 한편으로 용병을 동원한 전쟁이었는바 한쪽에서 티몰레온과 아가토클레스가 용병을 이끌었고 반대쪽에서는 카르타고 장군들이 용병을 지휘했다. 이렇게 양쪽이 똑같은 수단을 동원한 것은 물론, 유럽 역사상 유례를 찾을 수 없을 정도의 몰염치와 배신을 공히 보여주었다. 무릎을 꿇은 쪽은 쉬라쿠사이였다. 하지만 로마 건국 440년(기원전 314년) 강화협정에서도 카르타고의 판도는 시킬리아 섬의 1/3, 헤라클레이아 미노아와 히메라의 이서 지역에 국한되어 있었고, 나머지 동부 지역의 패권은 명확하게 쉬라쿠사이가 행사했다. 퓌로스가 시킬리아와 이탈리아에서 쫓겨난 것(로마 건국 479년, 기원전 275년)을 계기로 섬의 반 이상이, 특히 주요 거점인 아크라가스가 카르타고의 손에 넘어갔다. 이후 쉬라쿠사이 인에게는 타우로메니움과 시킬리아 동남부 지역만 남았다.

캄파니아 용병

시킬리아 동부 해안의 제2도시 메사나에는 외국 군대가 주둔했는데, 이들은 쉬라쿠사이나 카르타고와 무관하게 도시를 점령하고 있었다. 메사나를 차지한 이들은 캄파니아 출신의 용병들이었다. 사비눔 인이 정착한 카푸아와 그 주변 지역들(제2권 169쪽)은, 나중의 아이톨리아와 크레타와 라코니아처럼, 로마 건국 4세기와 5세기에 용병을 구하려는 군주와 도시의 일반적인 인력 공급처였다. 캄파니아의 희랍인에 의해 생겨난 복합 문화, 카푸아와 그 주변 캄파니아 도시들에 만연한 야만적 사치 풍조, 로마 패권에 의해 형성된 정치적 무기력, 자치권을 완전히 박탈하지는 않은 로마의 느슨한 통치 등의 조건 때문에 캄파니아 젊은이들은 용병의 깃발 아래 몰려들었다. 더불어 어디서나 그렇듯 여기서도 경솔하고 파렴치한 자기 상품화, 조국에 대한 배신, 폭력행위와 전쟁범죄의 일상화, 배신행위에 대한 무감각 등이 뒤따랐다. 이들 캄파니아 용병은, 삼니움 인이 카푸아에서 그리고 루카니아 인이 희랍 도시들에서 보였던 명예롭지 못한 방식처럼, 이익을 위해서라면 자신들을 고용한 도시를 서슴지 않고 장악했으며 그래서는 안 될 이유를 알지 못했다.

마메르 용병

용병이 이런 일을 감행케 만드는 정치적 상황은 특히 시킬리아에서 두드러졌다. 이미 펠로폰네소스 전쟁 당시에 시킬리아로 건너온 캄파니아 용병은 엔텔라와 아이트나에 그런 방식으로 둥지를 틀었다. 로마 건국 470년(기원전 284년) 무렵에는 아가토클레스를 위해 싸우던 일군의 캄파니아 용병이 아가토클레스가 죽은 이후(로마 건국 465년, 기원전 289년) 한몫 챙기기 위해 약탈 행위를 감행하다가 마침내 메사나에 자리를 잡았다. 당시 메사나는 시킬리아 제2의 도시였으며 아직 희랍인들이 장악하고 있던 시킬리아 동부 지역에서 반(反)쉬라쿠사이 당파를 이끌던 제1의 도시였다. 남자 시민들은 살해되거나 추방되었으며 여자와 아이들은 가옥과 함께 용병들에게 분배되었다. 도시의 새로운 주인이 된 자칭 '마르스의 용사' 혹은 '마메르 용병'들은 곧 시킬리아 제3의 권력이 되었으며, 아가토클레스 사망 이후 어수선한 시절에 시킬리아 동북부를 지배했다. 카르타고 인은 이런 상황을 나쁘게 생각하지 않았는데, 그 이유는 쉬라쿠사이 인이 동맹 관계나 예속 관계의 혈연 도시 대신 강력한 적국을 가까이 두게 되었기 때문이다. 마메르 용병은 카르타고의 원조를 받으며 퓌로스에 대항했고, 퓌로스가 뜻밖에 철군하자 군사력을 그대로 보존했다.

마메르 용병이 도시 권력을 장악하기까지 저지른 파렴치한 악행에 역사가로서 면죄부를 부여해서는 안 되겠지만, 역사의 신이 4대조까지 벌하는 신은 아니다. 타자의 죄상을 단죄하는 것을 소명으로 여기는 사람은 인간을 탓할 일이다. 시킬리아 인에게 마메르 용병은 사실상 잘된 일이었다고 할 수도 있는바, 이로써 전투능력을 갖춘, 시킬리아 자체의 군사력이 형성되었기 때문이다. 8,000명까지 병력이 동원될 수 있으며, 외국군과의 연이은 전쟁에도 불구하고 무기를 잡는 데 더욱 서툴러지는 희랍인을 대신하여 전투를 자력으로 감행할 수 있게 된 것이다.

쉬라쿠사이의 히에론

우선 상황은 다르게 전개되었다. 쉬라쿠사이의 청년 장교이자 히에로클레스의 아들—그는 겔론을 이은 혈통 때문에, 퓌로스 왕과의 밀접한 친척 관계 때문에, 특히 그간 거둔 혁혁한 전공 때문에 동료 시민과 쉬라쿠사이 병사들의 시선을 한 몸에 받고 있었다—히에론은 병사들의 투표에 의해, 시민과 갈등을 빚던 군대를 이끌게 되었다(로마 건국 479/480년, 기원전 275/274년). 고결한 성품과 합리적 생각을 지닌 이 현명한 행정가는 독재자의 악행에 익숙했던 쉬라쿠사이 시민은 물론 시킬리아 희랍인 전체의 인심을 이내 얻었다. 그는 술책을 동원하긴 했지만 용병의 반란을 제압하고 시민군을 재건한바, 바닥까지 추락한 희랍 군사력을 처음에는 장군이라는 이름으로, 나중에는 왕이라는 이름으로, 갓 모집한 젊은 시민군들을 통해 다시 살려보려 했다. 그는 당시, 희랍인과 합의하여 퓌로스 왕을 시킬리아 섬에서 몰아낸 카르타고 인들과 화평을 유지하고 있었다.

쉬라쿠사이 인의 첫 번째 적은 마메르 용병이었다. 이들은 얼마 전 쉬라쿠사이에서 쫓겨난 저주스러운 용병과 동족으로서 희랍 고용주들의 살해자였고 쉬라쿠사이 영토의 침략자였으며 군소 희랍도시들의 압제자이자 약탈자였던 것이다. 마메르 용병과 연맹하여 악행을 일삼는 레기온의 캄파니아 인들과 싸우기 위해 로마는 군단을 파견했고(제2권 259쪽), 로마와 연합한 히에론도 메사나와의 전쟁에 착수했다. 히에론은 마메르 용병을 그들의 도시에 봉쇄함으로써 대승을 거두어 시킬리아의 왕이 되었다(로마 건국 484년, 기원전 270년). 몇 년에 걸친 포위 공격으로 인해 마메르 용병은 극한 상황에 내몰려 자체 병력으로는 히에론에 맞서 도시를 지킬 수 없게 되었다. 마침내 조건부 항복조차 불가능해졌고, 레기온의 캄파니아 인들을 로마에서 처형한 도끼가 이제 메사나의 캄파니아 용병들을 쉬라쿠사이에서 기다리고 있음이 분명해졌다. 유일한 탈출구는 메사나를 카르타고 인이나 로마 인에게 양도하는 것뿐이었다. 당시 카르타고와 로마는 공히 모든 걱정거리를 해결해줄 주요 거점을 차지하는 데 관심을 갖지 않을 수 없었다. 아프리카의 맹주를 모시는 것이 유리할지 아니면 이탈리아의 맹주를 모시는 것이 나을지 알 수 없었다. 오랜 망설임 끝에 캄파니아 용병의 대다수는 해협을 통제하는 요새의 소유권을 로마 인에게 넘기기로 결정했다.

마메르 용병의 이탈리아 연방 가입

마메르 용병 사절들이 로마 원로원에 나타난 바로 그 순간은 인류 역사상 가장 의미 있는 순간이었다. 당시에는 해협을 건너가면 어떤 일이 일어날지 누구도 예상하지 못했다. 로마 원로원 의원들은 이 일로 인한 결정이 지금까지의 원로원 결정과 사뭇 다르다는 것과, 이전의 어떤 결정보다 심대한 영향을 미치리라는 것을 분명하게 인식했다. 법을 철저히 따지는 사람이라면, 이런 문제로 토의하는 것 자체가 도대체 가당하기나 한지 추궁했을 수 있다. 또 히에론과의 동맹을 깨고, 레기온의 캄파니아 인들을 엄벌한 직후, 그에 맞먹는 범죄를 저지른 시킬리아 잔당을 마땅한 처벌 없이 국가의 우호 동맹으로 받아들여서야 되겠느냐고 반론을 제기했을 것이다. 이는 반대파에게 논쟁거리를 제공할 뿐만 아니라 윤리 의식을 상하게 할 일이 틀림없었기 때문이다.

하지만 정치 윤리를 미사여구 이상으로 신봉하는 정치가조차 이런 반론에 의문을 제기하여, 그들이 군사동맹을 깨고 로마의 동맹자를 암살한 로마 시민도 아니고 제3자에게 악행을 저지른 이방인일 뿐인데 문제될 것이 무엇이겠냐며 도대체 누가 로마 인들을 심판자와 복수자로 임명했느냐고 반문했을 것이다. 이것이 단지 메사나 지배권을 쉬라쿠사이 인이 가지냐 아니면 마메르 용병이 가지냐라는 문제였다면, 로마는 어느 쪽이든 상관하지 않았을 것이다. 카르타고가 시킬리아를 소유하려 했듯 로마는 이탈리아를 소유하려고 했지만, 당시 두 패권 국가는 고전하고 있었다. 이유는, 각국이 중간 패권국을—카르타고는 타렌툼을, 로마는 쉬라쿠사이와 메사나를—자신의 영토로 편입하려 했는데 확보하기 힘들어지자 이들 접경지대를 반대편에 내주느니 자기편에 끌어들이기를 희망했기 때문이다. 로마가 레기온과 타렌툼을 차지하려 들자 카르타고는 이탈리아 내의 이 도시들을 확보하려 했으나 운이 따르지 않아 실패했었다. 또 로마는 카르타고가 시킬리아 내의 메사나를 차지하려고 하자 메사나를 군사동맹으로 끌어들일 기회를 엿보고 있었던 것이다.

이런 상황에서 로마가 메사나의 제안을 거절한다면, 메사나는 독립을 유지하거나 쉬라쿠사이에 넘어가지 않고 카르타고에 무력으로 정복될지도 모를 일이었다. 이탈리아와 시킬리아 사이에 놓인 천혜의 거점을 확보해 믿음직하고 용감한 수비대로 삼을 수 있는, 분명 다시 안 올 기회를 포기하는 것이 바람직한가? 메사나를 포기하고 동서 지중해의 제해권과 이탈리아의 자유 교역을 희생하는 것이 옳은가? 메사나 확보에 반대하는 이유로 명예나 윤리 이외에 다른 것들도 언급되었다. 그중 가장 약한 이유는 로마와 카르타고 사이에 전쟁이 터질 수 있다는 것이었다. 전쟁이 실제 벌어질 심각한 상황일지라도 로마가 그것을 두려워 할 나라는 아니었다. 보다 중요한 이유는 지금까지 유지되던 이탈리아 정책과 대륙 정책을 포기하고 해외로 진출한다는 것이었다. 이는 조상이 로마를 강대국으로 키운 토대를 포기한다는 것을 의미했고, 누구도 결과를 장담하지 못하는 새로운 체계를 선택한다는 것을 의미했다. 이성은 멈추고, 미래의 어둠 속에서 빛나되 향방부지한 자신과 조국의 별들을 향해 손을 뻗어 따라나설 용기를 믿음만이 허락하는 그런 순간이었다. 군단을 이끌고 마메르 용병을 도우러 가려는 집정관의 제안을 원로원은 오랫동안 숙고했으나 확실히 결정하지 못했다. 하지만 이 사안을 넘겨받은 민회는 자신들의 위력으로 건설된 강대국을 실감했다. 이탈리아 정복은 로마 인에게 새로운 국가적 도약의 용기를 불어넣었다. 희랍 정복이 마케도니아 인에게, 실레지엔 정복이 프로이센에게 그런 것과 같다. 마메르 용병을 지원할 대의명분을 찾아냈는바, 전(全) 이탈리아 인에 대해 로마가 보호권을 갖고 있다는 것이었다. 해협 건너 이탈리아 인들이 이탈리아 연방에 편입되었고,[1] 집정관의 제안에 따라 민회는 돕기로 결의했다(로마 건국 489년, 기원전 265년).

로마와 카르타고의 충돌

이제 관건은 로마가 섬 문제에 개입하는 데서 직접적인 영향을 받은, 지금껏 명목상 로마 동맹이었던 시킬리아의 두 세력이 이를 받아들이느냐였다. 히에론은 새로운 연방인 메사나에 맞선 적대 행위를 중단하라는 로마의 요구에 대해, 과거 삼니움과 루카니아가 동일한 상황에서 카푸아와 투리이를 점령하고 로마에 선전포고로 답했던 것처럼 이 문제를 처리할 이유가 충분했다. 하지만 히에론 홀로 대적한다면 어리석은 전쟁이 될 판이었다. 카르타고가 이를 문제 삼지 않는다면, 히에론도 신중하고 온건한 정책으로써 불가피한 것이라 납득할 만도

---

[1] 마메르 용병(Cic. *Verr.* 5, 19, 50)은 로마에게 전함을 제공할 의무 면에서 이탈리아 내의 공동체들과 똑같은 처지에 있었고, 동전들로 알 수 있듯이 은화를 주조할 권리는 갖지 못했다.

했다. 불가능해 보이진 않았다.

　로마는 카르타고 전함이 타렌툼을 장악하려고 시도한 지 7년이나 흐른 시점에(로마 건국 489년, 기원전 265년) 지난 문제에 대해 해명을 요구하는 사신단을 카르타고로 파견했다. 이유가 없지 않으나 이미 거의 잊힌 문제를 두고 새삼스럽게 이의를 제기하는 꼴이었다. 하지만 많은 군비 중 외교적 무기고를 전쟁 명분으로 채우고 로마가 흔히 그랬듯 침탈당한 입장을 강조함으로써 미래의 선전포고를 준비하는 일은 쓸데없어 보이지는 않았다. 이것만큼은 분명히 말할 수 있는바, 타렌툼과 메사나에 대한 두 패권국의 계획이 목적과 이유에서 동일했지만 우연에 의해 성패가 갈렸다는 점이다. 카르타고는 공식적 단교를 피했다. 로마 사신단은 타렌툼을 장악하려 했던 카르타고 제독으로부터 오해라는 주장과 거짓 맹세를 받고 돌아왔다. 또한 카르타고의 반박도 당연히 빠지지 않았는데, 시킬리아 침략을 전쟁의 이유로 명시하지 않은 절제된 형식이었다. 반박을 통해 카르타고는 이탈리아 문제에 대한 로마의 입장처럼 시킬리아 문제를 카르타고의 내부 안건으로 여기거니와 무관한 세력은 개입할 수 없다는 원칙에 따라 조치하기로 결정했음을 분명히 했다. 카르타고의 이런 대응은 노골적으로 전쟁 위협을 표하는 것이 아닌 비교적 부드러운 방식이었다.

　네아폴리스, 타렌툼, 벨리아, 로크리의 전함으로 구성된 함대와, 로마의 군사대장 가이우스 클라우디우스가 이끄는 로마 육군을 레기온에 배치함으로써 로마가 마메르 용병을 도울 준비를 마쳤을 때(로마 건국 490년, 기원전 264년 가을), 생각지도 못한 소식이 메사나로부터 전해졌다. 카르타고가 히에론과 마메르 용병 간의 강화조약을 중립국

입장에서 중재하기로 메사나의 반로마 당파와 합의했다는 소식이었다. 따라서 히에론의 도시 봉쇄가 해제되고, 카르타고 함대는 메사나 항구에, 카르타고 육군은 도시 안에 주둔하며 이를 한노가 지휘한다는 것이었다. 이제 카르타고 영향 하에 있게 된 마메르 용병은 속행된 로마 연방의 원조에 감사하지만 더 이상 그럴 필요가 없어 기쁘다고 로마 지휘관들에게 알렸다.

그럼에도 불구하고 노련하고 과감한 로마 장군은 선발대를 이끌고 출항했다. 카르타고 인들은 로마 전함에게 회항하라 경고했고 몇 척을 나포하기도 했다. 카르타고 제독은 적대 행위의 구실을 주지 말라는 준엄한 군령을 되새기며 해협 건너의 선린에게 배를 돌려보냈다. 카르타고 인들이 타렌툼 앞에서 그랬듯, 이제 로마 인들이 메사나 앞에서 무기력하게 체면을 구긴 것처럼 보였다. 하지만 클라우디우스는 위축되지 않고 재차 시도하여 상륙에 성공했다. 상륙하자마자 민회를 소집했고, 그의 요청에 따라 카르타고 제독도 노골적인 관계 단절은 피하기 위해 민회에 나타났다. 그러자 로마 인들은 회의에 참석한 카르타고 제독을 억류했고, 한노는 물론 지휘관을 잃은 소규모의 카르타고 군대는 겁에 질렸다. 한노가 철수를 명했고, 병사들은 억류된 지휘관의 명령에 따라 마침내 도시를 비워주었다. 이렇게 시킬리아 섬의 교두보가 로마의 수중에 들어오게 되었다.

카르타고 정부가 자국 장군의 아둔함과 나약함에 분노하여 그를 처형하고 로마에 선전포고한 것은 당연했다. 무엇보다 상실한 지위를 회복하는 것이 목표였다. 한니발의 아들 한노가 이끄는 강력한 카르타고 함대가 메사나 앞바다에 출현했다. 함대가 해협을 봉쇄하고, 함대가 수송한 카르타고 보병 병력은 북쪽에서 도시를 포위하기 시작했다. 로마를 상대로 전쟁을 개시하기 위해 카르타고 군의 공격만 기다리던 히에론은 철수한 지 얼마 되지 않은 군대를 다시금 메사나로 향하게 했으며 도시의 남쪽에서 공격을 감행했다.

히에론과의 강화

그 사이 로마 집정관 아피우스 클라우디우스 카우덱스가 이끄는 로마 주력군이 레기온에 도착했다. 그리고 야음을 틈타 카르타고 함대를 뚫을 수 있었다. 행운은 과단성을 갖춘 로마군의 편이었다. 공격을 미처 파악하지도 준비하지도 못한 카르타고 연합군은 도시에서 뛰쳐나온 로마군에 격파되었고 도시 봉쇄가 풀렸다. 로마군은 여름 내내 전장을 지배했고 쉬라쿠사이까지 진군을 시도했다. 그러나 이런 시도가 실패로 끝나고(쉬라쿠사이와 카르타고의 접경에서 있었던) 에케틀라 포위 공격마저 큰 손실과 함께 실패했을 때, 로마군은 메사나로 철수하여 강력한 주둔군을 남기고 다시 이탈리아로 귀환했다. 이탈리아 밖으로의 첫 원정은 국내의 기대를 완전히 충족시키지는 못했다. 집정관의 개선식은 거행되지 않았다. 그러나 강력한 로마군이 시킬리아에서 등장한 사건은 그곳 희랍인에게 큰 인상을 남길 수밖에 없었다.

　다음 해 두 집정관과 휘하의 로마 군단 — 기존 전력의 두 배 — 이 힘들이지 않고 섬에 상륙했다. 두 집정관 중 하나인 마르쿠스 발레리우스 막시무스는 이 원정으로 이후 '메사나의 사나이Messalla'라는 별

칭을 얻었고, 카르타고와 쉬라쿠사이 연합군을 상대로 눈부신 승리를 거두었다. 이 전투 이후 카르타고 군대는 로마군을 상대로 더 이상 전장에서 버틸 수 없게 되었는데, 알라이사와 켄토리파를 포함한 희랍계 도시들 모두가 로마군에 함락되었을 뿐만 아니라 히에론도 카르타고를 떠나 로마군과 강화 및 동맹 조약을 체결하지 않을 수 없었다(로마 건국 491년, 기원전 263년). 로마군이 시킬리아 진군을 진지하게 고려한다는 것이 명백해지자, 히에론은 큰 양도나 희생 없이 평화를 살 시간이 아직은 있다고 생각하여 곧바로 로마군에게 붙었고 그것은 실로 올바른 선택이었다. 시킬리아 중소 도시 국가들인 쉬라쿠사이와 메사나는 독자적인 정책을 실행하지 못했고, 다만 로마 지배 혹은 카르타고 지배 중 택일해야 했는바, 무조건 로마를 선호할 수밖에 없었다. 로마군은 어쩌면 그때까지는 섬을 정복할 생각이 없었고 카르타고가 섬을 정복하는 일만 막으려 했기 때문이다. 또 어떤 경우에라도 카르타고의 참주 체제나 독점 체제에 종속되기보다는 로마로부터 무역 자유의 보호 등 좀 더 유리한 대우를 기대할 수 있었기 때문이다. 그 후 히에론은 로마의 가장 중요하고 충실하고 존경받는 연맹 동료로 남았다.

아크라가스 함락

이로써 로마군은 최우선적인 목표를 달성했다. 메사나 및 쉬라쿠사이 양측과 동맹하고 시킬리아 동해안 전체를 확고히 점령함으로써 섬에 상륙하고 그간 매우 힘들었던 군수 보급을 확보했는바, 그때까지 불안하고 예측 불가능했던 유동성을 상당 부분 제거했다. 그리하여 로마 인에게는 이 전쟁 기간이 삼니움이나 에트루리아와 싸웠던 전쟁보다 힘이 덜 들었다. 다음 해(로마 건국 492년, 기원전 262년)에 섬으로 파견한 두 군단으로도 시킬리아 희랍인과 협력함으로써 요새 도처에서 카르타고 군을 쫓아내기에 충분했다. 기스고의 아들, 카르타고 군의 총사령관 한니발은 핵심 병력만 이끌고 아크라가스(아그리겐툼)에 주둔하여 카르타고의 요충지를 사력을 다해 방어하려 했다. 요새화된 도시를 공성하여 함락시킬 능력이 없던 로마군은 주변에 참호를 파서 도시를 이중으로 봉쇄했다. 봉쇄된 자들은 5만 명에 이르렀고 곧 보급 물자가 떨어져 고통 받았다. 봉쇄를 풀기 위해 카르타고의 제독 한노가 헤라클레이아 부근에 상륙하여 로마 포위군의 보급로를 끊었다.

그렇게 양쪽 모두 보급품 부족으로 극심한 고난을 겪었다. 곤궁과 위기를 탈출하기 위해 마침내 양쪽은 최후의 일전을 결심했다. 전투에서 누미디아 기병대는 로마 기병대에 대해, 로마 보병은 카르타고 보병에 대해 완전한 우위를 점했다. 로마 보병이 승리를 결정지었다. 로마군의 손실도 매우 컸다. 또한 전투의 승자가 혼란과 피로로 정신을 차리지 못하는 틈을 타, 포위되었던 카르타고 군대가 도시를 탈출하여 함대까지 갈 수 있었다는 사실 때문에 이 승리는 일각의 조롱을 받기도 했다. 그럼에도 의미심장한 승리였다. 아크라가스가 로마군의 손에 들어온 데다 섬 전체가 로마 세력에 굴복하게 되었던 것이다. 다만 한노의 후계자이자 카르타고의 총사령관인 하밀카르가 농성을 완벽하게 대비해 무력이나 기근에 굴복하지 않을 수 있었던 해안요새들은 함락되지 않고 버텨냈다. 그리하여 이후의 전투 양상은, 시킬리아의 카르타고 요새들이 벌이는 기습 공격과 카르타고 군의 이탈리아 상륙작전으로 이어졌다.

해전의 시작: 로마 해군 함대의 편성

사실 로마군은 전쟁의 진정한 어려움을 이제야 실감했다. 전승에 따르면, 전쟁 발발 전에 외교 사절이 카르타고의 말을 듣지 않으면 로마 인은 바다에 손도 못 담그리라고 경고하면서, 그런 사태를 원치 않는다면 파국에 이르기 전에 물러서라고 로마 인에게 요구했는데, 이 위협은 근거가 충분한 것이었다. 카르타고 함대는 적수가 없는 바다를 홀로 지배하면서 시킬리아의 해안 도시들을 굴복시키고 필수 불가결한 제반 조치를 취했을 뿐만 아니라 이탈리아 상륙을 위협하기까지 했다. 그리하여 그들의 상륙을 막기 위해 로마 건국 492년(기원전 262년)에 집정관이 지휘하는 군대가 파견되어 주둔하기도 했다. 대규모 침공이 이루어지지는 않았지만, 카르타고의 소규모 파견대들은 이탈리아 해안에 상륙하여 로마 동맹국들의 방화를 면하게 해준다는 조건으로 부담금을 강제징수해 갔다. 게다가 로마가 가장 참을 수 없었던 점은 로마와 로마 동맹들 간의 무역이 완전히 마비되었다는 점이다. 그런 강탈이 장기간 계속된 것은 아니지만, 카이레, 오스티아, 네아폴리스, 타렌툼, 쉬라쿠사이 등의 도시들이 이미 완전히 황폐화되었다. 반면 카르타고는 강취한 부담금과 해적질로 빼앗은 상당량의 나포 재산으로써 더 이상 징수하지 못하게 된 시킬리아의 조세수입을 충분히 벌충할 수 있었다. 디오뉘시오스, 아가토클레스, 퓌로스 모두 깨달았던바, 카르타고 군을 전장에서 패퇴시키는 것은 쉽지만 그들에게 최종 승리를 거두기란 극히 어렵다는 사실을 로마군도 이제 깨닫게 되었다. 또한 함선 건조가 관건이라는 사실을 깨닫자마자, 로마 인은 20척의 3단 노선과 100척의 5단 노선을 건조하기로 결정했다. 그러나 이러한 열정적인 결심을 실행으로 옮기기는 쉽지 않았다.

수사학에서 유래하는 바에 따르면, 이때 로마군이 노를 바다에 처음 담갔다는데 이것은 그야말로 역사 동화일 뿐이다. 당시 이탈리아에 상선은 이미 보편화되었음이 분명하고, 전함도 없지는 않았다. 물론 전함은 이전부터 통상적으로 사용되던 3단 노선이었다. 5단 노선은 특히 카르타고가 고안해낸 새로운 해전 방식에 따라 일률적으로 일자진 전투에서만 이용되었는데, 이탈리아에서는 아직 건조되지 않았다. 그리하여 로마군의 조치는 오늘날로 치면, 돛이 하나나 셋짜리 상선만 운용하던 해양 국가가 전함을 건조하려 하고, 또 외국 전함을 전범으로 삼으려는 것과 같다. 로마군은 좌초한 카르타고의 5단 노선을 확보하여 조선업자들이 이를 본 떠 전함을 건조하게 했다. 로마군이 원하기만 했다면 쉬라쿠사이나 마살리아의 도움을 얻어 목표를 훨씬 빨리 성취했으리라는 점은 의심의 여지가 없다.

그러나 로마 정치인들의 깊은 통찰력은 이탈리아를 비(非)이탈리아 함대로 지키려 하지 않았다. 대신 대부분의 장교들뿐만 아니라 수병들까지 이탈리아의 연방시들에서 폭넓게 소집되었는데, 그들은 원래 이탈리아 무역선에서 일하던 자들이었다. 수병을 가리키는 통칭 '연방수병socii navales'을 보면 수병이 일정 기간 연방시에서만 차출되었음을 알 수 있다. 이후에는 그밖의 국가와 부유한 가문에서 제공한 노예들이, 또 그 다음에는 가난한 시민들도 투입되었다. 그러한 상황을 고려할 때, 당시 조선 기술이 비교적 낙후되어 있어 로마 인의 열정에도 불구하고 힘겨운 과제, 나폴레옹도 풀지 못했던바 대륙 세력을 해양 세력으로 탈바꿈시키는 과제를 로마 인은 1년 만에 해결하고 120척의 전함을 로마 건국 494년(기원전 260년)에 실제로 진수한 사실이 납득될 만할 것이다. 물론 로마 함대는 수적으로나 기술적으로나 카르타고 함대에 필적할 만한 수준에는 결코 이르지 못했다. 이 시기 해상 전술이 주로 함선의 기동작전에 의존했기 때문에, 로마군의 입장은 더더욱 열세에 처할 수밖에 없었다. 이 시기 해전에서 중무장병과 궁병이 갑판에서 싸우고 투척병기들도 갑판에서 무기를 발사하긴 했지만, 통상 승부처는 바로 전함들의 충돌이었다. 따라서 이물에는 쇠로 된 육중한 충각이 붙어 있었다. 전투 중 전함들은 서로의 주위를 맴돌다가 하나가 하나에 돌격하여 충돌했고 대체로 이런 충돌로 승부가 결정되었다. 그리하여 200명으로 구성된 통상적인 희랍의 3단 노선이라면 10명 정도만 제대로 된 병사였고, 한 단에 50명에서 60명까지 도합 170명 정도는 노군이었다. 5단 노선은 300명 정도의 노군과 그에 비례하는 병사를 가졌다.

　미숙한 장교와 노군은 로마 함선에서 필연적인 약점이었다. 그러나 로마 인들은 해상 전투에서 더 중요한 역할을 병사들에게 부여함으로써 약점을 보충할 수 있다는 생각을 품었다. 그들은 이물에 이동식 갈고리 상선교를 부착했는데, 상선교는 앞뿐만 아니라 옆으로도 내릴 수 있었다. 또 상선교는 양 가장자리에 난간이 있었고 두 명이 옆으로 나란히 설 만큼의 공간적 여유가 있었다. 적선이 로마 함선에 충돌하려고 앞에서 돌진해오는 경우, 또는 충돌을 피하고 전함들이 나란히 지나가게 되는 경우 로마군은 적선의 갑판에 상선교를 떨어뜨려 맨앞에 부착된 쇠갈고리가 박히게 함으로써 두 함선을 고정시켰다. 상선교를 이용하면서 이전처럼 충돌할 필요가 없어졌을 뿐만 아니라, 로마 수병은 상선교로 적선 갑판에 넘어가 지상전에서처럼 돌격하는 것이 가능해졌다. 그리하여 해전에 특화된 군대를 따로 편성하지 않고, 필요에 따라 보병 부대를 선상 작전에 투입했다. 어떤 대규모 해전에서는, 물론 상륙작전에 투입할 보병 부대를 수송 중이기는 했지만, 각 함선에서 최대 약 120명의 군단 보병이 싸우기도 했다.

이렇게 로마 인은 카르타고에 맞설 전함을 건조했다. 로마의 전함 건조를 동화처럼 묘사한 사람들은 크게 잘못한 것이다. 게다가 전함 건조의 목적조차 놓치고 말았다. 이것은 놀라운 개가로 이해되어야 한다. 로마의 전함 건조는 민족의 위대한 역사(役事)나 마찬가지였는 바 로마 인은 필요성과 가능성에 대한 통찰력, 천재적 창의력, 결단과 실행의 추진력으로써 심각한 위기에서 조국을 구했던 것이다.

뮐라이 해전

시작은 로마 인에게 그리 만만치 않았다. 로마 제독 그나이우스 코르넬리우스 스키피오는 집정관으로서 최초의 전함 17척을 이끌고 메사나로 출항했으며(로마 건국 494년, 기원전 260년), 항해 도중 기습 공격으로 리파라 섬을 빼앗을 수도 있겠다고 생각했다. 그런데 파노르무스에 주둔한 카르타고 함대의 파견대가 로마 함대가 정박해 있던 리파라 섬의 항구를 봉쇄했고 전투 한 번 없이 집정관과 그 호위함들 전체를 나포했다. 하지만 주력 함대는 이에 당황하지 않았고 출항 준비를 마치자 봉쇄를 뚫고 메사나로 향했다. 이탈리아 해안을 따라 항해하며 로마 함대는 경무장의 카르타고 정찰선과 조우했고 로마 함대가치른 첫 손실 이상의 피해를 적에게 되갚아주는 행운을 누렸다. 마침내 승전과 함께 성공적으로 메사나 항구에 입항했으며 그곳에서 또다른 집정관 가이우스 두일리우스가 포로로 잡힌 동료를 대신하여 명령권을 인계받았다.

한니발의 지휘 아래 파노르무스에서 출발한 카르타고 함대는 메사나의 북서쪽에 위치한 뮐라이 곶에서 로마 함대와 만났다. 로마 함대는 여기서 처음으로 큰 시험을 치르게 되었다. 카르타고 인은 잘 달리지도 못하고 보잘것없는 로마 함선을 손쉬운 먹잇감으로 여기고 전열을 가다듬지도 않은 채 로마 함선으로 돌진했다. 하지만 새로 발명된 갈고리 상선교가 제 기능을 십분 발휘했다. 로마 전함들은 적선이 다가오는 족족 아군 전함에 고정시키고 적선으로 건너갔다. 로마 전함들은 전면이든 측면이든 적선에 접근할 때마다 치명적인 갈고리 상선교를 적선의 갑판에 떨어뜨려 고정시켰던 것이다. 전투가 끝났을 때카르타고 함대의 절반 정도가 로마군에 침몰되거나 포획되었다. 포획된 함선들에는 한니발이 타고 있던 대장선도 포함되었는바, 이 배는한때 퓌로스 왕의 전함이었다. 승전의 소득도 컸지만 훨씬 더 큰 소득은 군의 사기였다. 로마는 순식간에 해상 패권으로 부상했고, 한없이 계속되어 이탈리아 상업무역을 초토화시킬 듯하던 전쟁을 종식시킬 방법을 마침내 장악했다.

시킬리아 해전과 사르디니아 해전

두 가지 방법이 있었다. 첫 번째는 이탈리아 반도 근처의 섬에 주둔한 카르타고 함대를 공격하여 시킬리아와 사르디니아에 있는 요새들을 차례차례 점령하는 것이었다. 이것은 바다와 육지에서 호흡을 맞춘 공격을 통해서만 가능했다. 이렇게 된다면 이들 섬에서 물러나는 조건으로 카르타고와 강화조약을 체결하거나, 강화조약이 불가능할 경우 아프리카로 전장을 옮겨 전쟁의 2막을 시작할 수 있었다. 두 번째는 이들 섬을 일단 포기하고 총력을 기울여 곧장 아프리카로 쳐들어가는 것이었다. 물론 예전 아가토클레스처럼 항구에 남은 전함을 모두 불태우고 배수진을 쳐 한 번의 승리에 전부를 거는 모험을 감행한 방식이 아니라, 강력한 함대로 아프리카 원정군과 이탈리아를 연결하는 방식이었다. 이 경우 기습 공격으로 전쟁 초에 기선을 제압하면 좋은 조건으로 화친을 맺거나, 원한다면 강력한 무력으로 적을 완전히 제압할 수도 있었다.

로마 인은 첫 번째 계획부터 선택했다. 밀라이 해전 이듬해(로마 건국 495년, 기원전 259년) 집정관 루키우스 스키피오는 코르시카 섬의 알레리아 항구를 공격했고(우리는 스키피오가 이 일을 기리기 위해 남긴 기념비를 지금도 볼 수 있다), 코르시카 섬을 사르디니아 원정의 전진기지로 삼았다. 코르시카 섬의 북쪽 해안 울비아를 점령하려는 시도가 있었고, 상륙군을 확보하지 못했던 로마군은 이에 실패했다. 다음 해(로마 건국 496년, 기원전 258년) 스키피오는 다시 한 번 같은 작전을 펼쳤고 이전에 비해 성공적으로 해안 지역을 파괴했다. 하지만 로마군이 상시 주둔할 요새를 확보하지는 못했다. 시킬리아에서도 마찬가지로 커다란 진전은 없었다. 하밀카르가 열심히 막으며 바다와 육지에서 무력전을 수행하는 한편 정치적 선전을 펼쳤기 때문이었다. 그로 인해 많은 소도시 가운데 일부가 로마에서 매년 떨어져나갔고 이들 소도시를 카르타고 인에게서 다시 빼앗으려 고생해야만 했다. 반면 카르타고 인들은 해안 요새들을 아무런 공격도 받지 않고 차지하고 있었다. 주요 거점은 우선 파노르무스였고, 새로운 요새로 드레파눔이 있었는데 하밀카르는 에뤽스 거주민들을 그곳에 이주시켜 해안 방어를 강화했다. 두 번째 해전은 튄다리스 곶 근처에서 있었다(로마 건국 497년, 기원전 257년). 양쪽 모두 자신의 승리를 주장했으나 전체적인 상황의 변화는 없었다. 이런 방식으로는 아무런 진전도 기대할 수 없었다. 분산된 데다 자주 교체되는 로마군의 최고 명령권 때문이었다. 그러한 까닭에 일련의 소규모 군사작전들을 전체적이며 집약적으로 통제하기가 상당히 어려웠던 것이다. 또 다른 원인은 일반적인 전략 문제인데 이는 당시 군사학 수준에서 통상 공격자에게(제2권 258쪽), 즉 용병술에 아직 서툴렀던 로마 인에게 특히 불리할 수밖에 없던 것이었다. 해안 지역의 약탈과 방화는 그쳤지만 이탈리아 무역은 전함 건조 이전과 별반 달라지지 않았다.

아프리카 침공 작전

소득 없는 군사작전에 지치자 전쟁을 끝내는 데 조급했던 로마 원로원은 전략을 바꾸어 아프리카의 카르타고를 공격하기로 결정했다. 로마 건국 498년(기원전 256년) 초 330척의 전함으로 구성된 함대가 리뷔아 해안을 향해 돛을 올렸다. 함대는 시킬리아 남부 해안에 위치한 히메라 강 하구에서 상륙군을 배에 태웠다. 4개 군단으로 구성된 상륙군은 두 집정관 마르쿠스 아틸리우스 레굴루스와 루키우스 만리우스 볼로소가 지휘했는바 능력이 검증된 장군들이었다. 카르타고 제독은 로마 함대가 히메라 강 하구에 입항하게 놓아두었다. 하지만 카르타고 함대는 로마 인의 아프리카 출항을 막기 위해 에크노모스 곶 아래 전열을 갖추었고 외적의 침략으로부터 조국을 지키고자 했다. 이때 해전에 투입된 인원은 이후 유례를 찾아볼 수 없을 정도의 규모였다. 330척의 로마 함대는 수병만 계산해도 족히 10만 명이었으며 거기에 상륙군이 약 4만 명에 이르렀다. 350척의 카르타고 함대는 병력이 거의 같은 수준이었다. 이 날 양쪽 패권국의 약 30만 병력이 서로 자웅을 가리기 위해 투입된 것이다.

　카르타고 전함들은 횡대로 늘어선 단순한 일자진을 펼쳤는데 대형의 왼쪽에 시킬리아 섬을 두었다. 로마 전함들은 삼각 대형을 취했는데 최전방 꼭짓점에 대장선 두 척이 위치했으며 각 대장선 뒤 좌변과 우변에 제1전투함대와 제2전투함대가 대형을 갖추었으며 마지막으로 기병대 수송용으로 건조된 선박들을 밧줄로 묶어 견인하던 제3전투함대가 후위에 일자진을 펼쳐 삼각 대형을 완성했다. 로마 전함들은 촘촘히 붙어 적을 향해 돌진했다. 그리고 제4전투함대가 예비부대로서 천천히 뒤따라왔다. 로마 함대는 카르타고의 일자진을 힘들이지 않고 쐐기처럼 돌파했고, 첫 공격을 받은 카르타고의 중앙은 고의로 후퇴했다. 이로써 전장은 크게 세 지역으로 나뉘었다. 로마 대장선들이 양쪽 날개의 전함들을 이끌고 카르타고의 중앙을 추격하는 동안, 카르타고 일자진의 좌측 전함들은 시킬리아 해안을 따라 파고들며 로마 제3전투함대를 공격했다. 제3전투함대는 앞서가는 제1전투함대와 제2전투함대를 연결된 수송선들 때문에 따라 잡을 수 없었기에 적의 격심한 압도적 공격을 피해 해안으로 배를 돌렸다. 동시에 카르타고 일자진의 우측 전함들은 예비부대인 제4전투함대를 먼 바다에서 포위하며 배후를 공격했다.

첫 전투의 승패는 금세 갈렸다. 카르타고 중앙 전함들은 공격해오는 두 함대보다 훨씬 열세임이 분명해지자 곧 도주했던 것이다. 그러는 사이 로마의 제3과 제4전투함대는 우세한 적함을 맞아 힘겹게 버티고 있었다. 근접전을 벌일 때만 갈고리 상선교가 유용했는바 이를 활용하여, 두 대장선이 아군 함대를 이끌고 돌아올 때까지 버티는 데 성공했다. 로마 예비부대는 이로써 한숨 돌릴 수 있었고 카르타고 우측 전함들은 강력한 적 앞에서 도주하려고 했다. 이렇게 두 번째 전투 지역에서도 로마의 우세가 확인되었을 때 항해 가능한 모든 로마 전함은, 이 점을 고집스럽게 활용하여 제3전투함대를 공격하고 있던 카르타고 좌측 전함들을 후미에서 공격하려 달려갔다. 카르타고 전함들은 옴짝달싹 할 수 없게 포위되었고 거의 모두 붙잡혔다. 양쪽의 피해는 비슷했다. 카르타고 전함 64척이 나포된 상황에서 로마 전함은 24

에크노모스 곶 해전
(제1차 카르타고 전쟁, 기원전 256년)

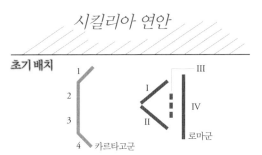

초기 배치

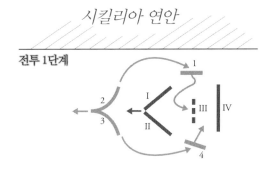

전투 1단계

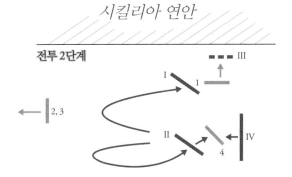

전투 2단계

척이, 카르타고 전함은 30척이 침몰되었던 것이다.

상당한 피해에도 불구하고 카르타고 함대는 아프리카 방어를 포기하지 않았으며 이를 위해 카르타고 만으로 되돌아갔다. 이들은 로마의 상륙을 기다려 세 번째 전투를 준비하고 있었다. 하지만 로마군은 예상과 달리 카르타고 만을 둘러싼 반도의 서쪽면이 아니라 동쪽면에 상륙했다. 동쪽면의 클루페아 만은 로마 함대에게 사방에서 불어오는 바람을 거의 모두 막아줄 만큼 넓은 항구와 배후 도시를 제공했는바, 해안 근처에서 방패 모양으로 높이 솟은 봉우리는 최적의 항구 요새를 형성했다. 로마 함대는 적의 방해를 받지 않고 군단병을 상륙시켜 봉우리 위에 배치했다. 철통같이 방어된 선박 계류장이 순식간에 건설되었고 이제 육군이 작전을 시작할 수 있었다. 로마 군단은 내륙을 휩쓸며 초토화시켰다. 로마로 끌려간 노예가 거의 2만 명에 이르렀다. 굉장한 행운이 뒤따랐기에 과감한 작전을 한 번에 성공시킬 수 있었고 희생도 크지 않았다. 전쟁이 막바지에 이른 듯했다.

로마 인이 전세를 얼마나 낙관했는지는 이때의 원로원 결정에서 드러난다. 전함 대부분과 군단 절반을 이탈리아로 귀환토록 명령한 것이다. 마르쿠스 레굴루스만 아프리카에 남아 40척의 전함과 1만 5,000명의 보병, 500명의 기병을 인솔했다. 로마의 확신은 결코 과장된 것이 아니었다. 카르타고 육군은 전의를 상실해 들판으로 나오려 하지 않았으며 쓰라린 패배감에 젖어 계곡에 처박혀 있었다. 하지만 계곡에서는 그들이 자랑하는 최고 전력인 기병대와 코끼리 부대를 활용할 수 없었다. 주변 도시들은 집단으로 로마에 투항했고 누미디아는 카르타고에 반기를 들어 봉기했다. 레굴루스는 이제 곧 수도 카르타고를 포위 공격하는 것으로 다음 전투를 시작하겠다고 생각했을 수도 있는바, 이를 위해 그는 카르타고에 바싹 붙여 투네스에 겨울 숙영지를 마련했다.

헛된 강화 요구

카르타고 인은 전의를 상실하고 강화를 요구했다. 그런데 로마 집정관은 강화 조건으로, 시킬리아와 사르디니아를 이양하고 자체 해군을 포기하며 로마에 전함을 제공하는 것을 의무화하는 불평등 동맹을 제안했다. 이런 조건들은 카르타고를 네아폴리스와 타렌툼 정도로 볼 뿐임을 뜻하는바, 카르타고로서는 육군이 육지를, 해군이 바다를 방어하여 수도가 안전한 이상, 이 제안을 받아들일 수 없었다.

카르타고의 준비

오리엔트 민족들, 특히 절망에 빠진 민족들조차 다가오는 극한의 위험 상황에서 정신적으로 강력하게 무장했던 것처럼 극도의 위기감은 카르타고 인들에게 여느 장사치에게선 절대 기대할 수 없는 열정을 불러일으켰다. 시킬리아에서 로마와의 소규모 전투에서 승리한 하밀카르가 새로 모집된 군대에서 핵심적 역할을 하게 될 시킬리아 군단의 장교들과 함께 리뷔아에 당도했다. 여기에 친분 관계와 자본력을 바탕으로 탁월한 누미디아 기병대를 부대 단위로 끌어들였으며, 수많은 희랍 용병을 고용했다.

　그중에는 스파르타의 명장 크산티포스가 있었으며, 그의 통솔력과 전략적 통찰력은 카르타고에 많은 도움이 되었다.[2] 카르타고 인들이 겨울 동안 이렇게 준비했던 반면, 로마 장군은 투네스에서 별다른 활동 없이 지냈다. 그는 폭풍이 밀려오고 있음을 깨닫지 못했고, 군사적 승리에 도취되어 현 위치에 마땅한 어떤 것도 조치하지 않은 듯하다. 로마 장군은 시도조차 할 수 없었던 포위 공격은 단념하고, 그렇다고 클루페아 요새에 틀어박혀 있지도 않고, 대신 소수의 병력으로 카르타고 성벽 앞에서 진을 치고 있었다. 그는 해군 기지로 향할 퇴각로를 확보하는 일에 게을렀을 뿐만 아니라, 가장 부족했으나, 누미디아의 반란 세력과 협상해 아주 쉽게 획득할 법했던 훌륭한 경기병을 확보하는 데도 관심이 없었다. 경솔하게도 그는 아가토클레스가 무모한 원정을 강행하다 패배를 맞이했던 바로 그곳에서 군대를 이끌고 있던 것이다.

---

[2] 우선 크산티포스가 군사적 재능으로 카르타고를 구했다는 보고는 윤색되었을 것이다. 이 이방인이 오기 전에도 카르타고 장교들은 아프리카 기병대가 언덕이나 숲 속보다 평지에서 더 유용하다는 사실을 알고 있었다. 폴뤼비오스조차 희랍 군대 초소에서 떠돌던 이런 소문으로부터 자유롭지 못했다. 승전 후 크산티포스가 카르타고 인에게 죽음을 당했다는 것은 허구다. 그는 자발적으로 떠났는데 이집트에서 복무하기 위해서였을 것이다.

레굴루스의 패배

봄이 되자(로마 건국 499년, 기원전 255년) 상황이 바뀌어 카르타고 인들은 들판으로 나와 로마 인들에게 전투를 제안했다. 이탈리아 보충병이 도착하기 전에 레굴루스 군단을 끝장내는 데 사활을 건 것은 당연한 일이었다. 같은 이유에서 로마 인은 전투를 삼가야 했다. 하지만 자신들이 야전에서 천하무적이라 믿고 힘의 열세—양측 보병의 수는 비슷했지만 카르타고가 4,000명의 기병과 1,000마리의 코끼리를 보유해서 결정적으로 우위에 있었다—와 지형의 불리함—카르타고는 투네스에서 멀지 않다고 추정되는 넓은 평야에 군대를 배치했다—에도 불구하고 전투 대열을 갖추었다. 이날 카르타고 군을 지휘한 크산티포스는 기병대부터 적의 기병대에 투입시켰는바, 로마군은 늘 그렇듯이 전투 대열의 양쪽 날개에 기병대를 두고 있었다. 소규모의 로마 기병대는 엄청난 카르타고 기병대 앞에서 혼비백산했고, 로마 보병은 카르타고 기병대에게 양 측면이 뚫리면서 순식간에 포위되어 버렸다.

하지만 로마 군단은 동요하지 않고 적의 대열을 향해 공격을 시작했다. 카르타고 군의 선두에서 로마 군단을 방어하는 데 투입된 코끼리 대열이 로마군의 우익과 중앙을 막아내는 동안, 로마군 좌익만큼은 코끼리 대열을 지나쳐 진군했고 카르타고 우익에 있던 용병들을 제압했다. 하지만 이런 부분적 승리로 로마군의 대열은 오히려 흐트러졌다. 로마군 본진이 전방에서는 코끼리 대형의 공격을 받고 측면과 후방에서는 기병대의 공격을 맞아 밀집방진을 만들면서 영웅적으로 막아냈지만, 결국 고립되어 전멸하기에 이르렀다. 우세했던 로마

군 좌익은 아직 전력이 강한 카르타고 군 중앙과 격돌했지만 리뷔아 보병에게 나머지 로마군과 똑같은 운명을 당했다. 참전한 많은 로마군이 지형의 특성과 카르타고 기병대의 수적 우위로 인해 쓰러지거나 포로로 붙잡혔다. 겨우 2,000명의 로마군—추측컨대 교전 초기에 박살난 경무장 보병과 기병에 속했던 병사들—이 살아남아, 로마 군단이 전멸하는 동안, 카르타고 군보다 먼저 클루페아에 닿기 위해 서둘러 달려갔다. 포로 중에는 집정관도 있었는데, 이후 카르타고에서 죽었다. 유족은 고인이 전쟁 관례에 따른 정당한 대우를 카르타고 인들로부터 받지 못했다는 생각에 분노해서 카르타고 귀족 포로 두 명에게 복수했는바, 노예들조차 그들을 동정할 정도로 복수가 끔찍했기에 잔혹 행위를 멈추게끔 노예들이 호민관들에게 고발했다고 한다.[3]

아프리카에서의 철군

패전 소식이 로마에 전해지자 당연히 로마 인들은 클루페아에 고립된 군대부터 구조하려 했다. 로마 함대 350척이 즉시 출발했고 헤르마이온 곳에서 카르타고 전함 114척을 격파하여 값진 승리를 거둔다. 궁

---

[3] 레굴루스의 최후에 대해서 이 이상으로 알려진 것은 없다. 로마 건국 503년(기원전 251년)이나 이듬해 카르타고 인들에 의해 그가 로마로 파견되었다는 이야기는 거의 신빙성이 없다. 후대의 로마 인들은 조상의 행운과 불행에서 단순한 교육용 일화를 찾아내어 파브리키우스를 가난한 영웅의 원형으로 만든 것과 같이 레굴루스를 불행한 영웅의 원형으로 만들어 수많은 일화들을 그의 이름으로 유행시켰다. 이런 것은 진지하고 소박한 역사와 대비되는, 형편없는 싸구려 물건에 지나지 않는다.

지에 몰려 고립된 패잔병들을 구하고자 클루페아에 늦지 않게 도착하는 데 성공했다. 함대가 파국에 이르기 전에 파견됨으로써, 이 함대가 패배를 승리로 바꿀 수도 카르타고 전쟁을 종식시킬 수도 있었다. 하지만 로마 인은 이때 분별력을 잃고 클루페아 앞의 전투에서 승리한 후 모든 군대를 전함에 승선시켜 귀항했다. 이는 로마의 아프리카 상륙 가능성을 보장하고 방어하기에 유리한 요충지를 스스로 포기한 것이었으며, 많은 아프리카 동맹국을 카르타고의 보복에 무방비 노출시킨 것이었다. 카르타고 인은 국고를 채우고 예속민에게 배신의 결과를 분명히 알릴 기회를 놓치지 않았다. 1,000탈렌툼의 은(174만 탈러)과 황소 2만 마리라는 엄청난 전쟁 부과금을 징수했고, 배신한 모든 공동체의 우두머리들을 십자가형에 처했는데 그 숫자가 3,000이나 되었다. 카르타고 당국의 이런 잔학상 때문에 몇 년 후 아프리카에서 혁명이 일어났다. 전에는 로마 인에게 행운이 가득했던 만큼 이제는 불행이 가득했는바, 귀향하던 로마 전함들 가운데 3/4를 폭풍으로 잃고 80척만 병력과 함께 항구에 도착했다(로마 건국 499년, 기원전 255년 7월). 함장들은 재해가 있을 것이라 했지만 로마 제독들은 즉흥적으로 당장 항해하라고 명했다.

소강 국면: 시킬리아에서 전쟁의 재발

카르타고 인들이 끔찍한 만행을 저지른 이후, 오랫동안 접어두었던 공세를 취할 수 있게 되었다. 한노의 아들 하스드루발이 대군을 이끌고 릴뤼바이움에 상륙했는데 특히 로마군과의 교전에 투입될 140마리의 막대한 코끼리 부대가 포함되어 있었다. 지난 전투에서 카르타고는 훌륭한 보병의 부족을 코끼리 부대와 기병대로 어느 정도 대체할 수 있음을 알게 되었던 것이다. 로마 인들은 시킬리아에서 새롭게 전쟁을 시작했다. 클루페아의 자발적 포기가 초래한 로마 원정군의 전멸은 로마 원로원에서, 아프리카 전쟁을 원하지 않고 점진적으로 시킬리아를 정복하기만을 원하는 당파가 우위를 차지할 기회를 제공했다. 하지만 이를 위해서도 함대는 반드시 필요했는데, 뮐라이와 에크노모스와 헤르마이온 곶에서 승리한 전함들은 파손되어 새로 건조해야 했다. 즉시 220척의 새로운 전함에 용골이 놓였는데, 이렇게 많은 배가 동시에 만들어진 적은 없었으며 믿기 힘들 정도로 단기간인 3개월 만에 모든 전함이 항해 준비를 완료했다. 로마 건국 500년(기원전 254년) 봄에 로마 함대, 그러니까 대부분 새 것인 300척의 전함들이 시킬리아 북쪽 해안에 나타났다. 로마군은 바다로부터 쳐들어감으로써 카르타고령 시킬리아의 핵심 도시 파노르무스를 성공적으로 점령했고 여기서 많은 소규모 지역들, 그러니까 솔루스, 케팔로이디움, 튄다리스도 정복하여 북부 해안 중에 테르마이만 카르타고의 손에 남아 있었다. 파노르무스는 이후 로마의 중요 거점 중 하나가 되었다. 하지만 시킬리아 내륙의 전투는 진전이 없었다. 두 군대가 릴뤼바이움 앞에서 대치하고 있었지만, 로마 지휘관은 코끼리 부대에 속수무책이라 본격적인 전투를 시도조차 하지 못했다.

다음 해(로마 건국 501년, 기원전 253년) 집정관들은 시킬리아에서 확고한 우위를 계속 추구하는 대신 아프리카 원정을 선호했다. 그것은 아프리카에 상륙하기보다는 해안 도시들을 약탈하기 위해서였다. 로마군은 목표한 바를 별다른 저지 없이 쉽게 달성했다. 그러나 선장들도 잘 모르는 소(小)쉬르티스 연안의 힘겨운 항로에서 한 번 좌초하고, 시킬리아와 이탈리아 사이에서 폭풍을 거치면서 함대 150척 이상을 잃었다. 그런데 이때에도 선장들은 소신을 밝히고 해안을 따라 항해하기를 청했지만, 집정관들은 파노르무스로부터 바다를 가로질러 오스티아로 배를 몰아야 한다고 명령했다.

해전 중지, 파노르무스에서 로마군 승리

원로원 의원들은 소심해졌다. 그들은 전투 함대를 폐지함과 동시에 전함은 60척만 남기고 해상 전투는 해안선 방어와 수송선 호위에만 국한시키기로 결정했다. 다행히도 바로 이때 시킬리아에서 정체되어 있던 지상전이 유리한 방향으로 변하기 시작했다. 로마 건국 502년(기원전 252년) 카르타고 군이 점령하고 있던 시킬리아 북부 해안의 최후 거점 테르마이와 요충지 리파라 섬이 로마군 수중에 들어왔고, 다음 해 집정관 루키우스 카이킬리우스 메텔루스는 파노르무스 성벽 아래에서 코끼리 부대를 상대로 승리를 거두었다(로마 건국 503년, 기원전 251년 여름). 경솔하게 돌진하던 짐승들은 도시 성벽의 해자에 매복해 있던 로마 경보병의 공격을 받아 일부는 해자에 빠지기도 했고 일부는 심지어 아군을 덮치기도 했다. 공황 상태에서 병사들은 카르타고 선박들에 오르기 위해 코끼리들과 엉켜 바닷가로 달려갔다. 코끼리

120마리가 포획되었고 코끼리 부대에 의존하던 카르타고 군은 다시금 도시로 들어가 농성하지 않을 수 없었다. 에뤽스마저 로마군에게 떨어진 후(로마 건국 505년, 기원전 249년) 시킬리아 섬에서 드레파눔과 릴뤼바이움 외에 카르타고에게는 남은 땅이 없었다. 카르타고는 두 번째 강화를 제안했다. 그러나 메텔루스의 승전과 적의 전력 약화는 원로원 내 주전파에게 힘을 보태주었다.

릴뤼바이움 포위 공격

강화는 거부되었고 시킬리아의 두 도시에 대한 강력한 포위 공격이 결정되었다. 그리고 이를 위해 다시금 200척의 함대가 파견되었다. 릴뤼바이움 포위 공격은 로마가 감행한 최초의 진정한 대규모 공성 작전이자 역사상 가장 치열했던 포위 공격이었다. 로마군은 중요 작전의 성공적 완수와 함께 포위 공격을 개시했는바, 그것은 로마 함대가 항구에 정박하여 도시를 바다 쪽에서 봉쇄하는 것이었다. 그러나 포위군이 바다를 완전히 봉쇄할 수는 없었다. 로마군은 선박과 목책들을 바다 밑에 가라앉히기도 했고 매우 주의 깊게 감시도 했지만, 얕은 바다와 뱃길을 정확히 알고 있던 능숙한 카르타고의 고속정 수병에 의해 포위된 도시와 드레파눔 항구에 정박해 있던 카르타고 함대 사이에는 정기적인 통신이 가능했다. 심지어 시간이 얼마간 흐른 후에는 약 50척의 카르타고 선단이 릴뤼바이움 항구까지 들어와, 대량의 보급품과 1만 명의 지원군을 도시에 수송하고도 아무런 해를 입지 않고 돌아갔다. 포위하고 있던 군대라고 해서 전운이 특히 좋았던 것은 아니다.

본격적인 공격이 비로소 시작되었다. 공성 기계들이 세워졌고 투석기가 성벽 탑 6개를 일시에 무너뜨렸다. 그리하여 무너진 성벽의 틈새로 병사들이 곧 통과할 수 있게 되었다. 그러나 유능한 카르타고의 사령관 히밀코는 틈새 뒤로 또 다른 성벽을 세우도록 명하여 로마군의 공격을 막아내었다. 로마군은 수비군과 협상을 시도했으나 실패했다. 카르타고 군의 첫 기습 공격은 격퇴되었지만, 폭풍우가 몰아치던 밤의 두 번째 기습에서 나란히 세워져 있던 로마의 공성 기계들이 불태워졌다. 로마군은 이제 돌격 작전을 포기하고 성벽을 바다와 육지 쪽에서 봉쇄하는 것으로 만족하기로 했다. 적군 함선의 진입이 완벽히 저지되지 않는다면 로마군에게 성공의 가능성은 아주 희박했다. 포위 부대라고 해서 포위된 자들이 도시 안에서 겪는 것보다 나은 혜택을 누리는 것은 아니었다. 로마 포위 부대의 보급을 용맹무쌍한 카르타고 경기병대가 차단했고, 위생적으로 나쁜 지역에서 늘 그러하듯 역병이 창궐하기 시작했다. 하지만 릴뤼바이움은 힘든 시간이다손 치더라도 인내심을 발휘해, 성공이 보장된 고생을 감내하며 정복해야 할 요충지였다.

드레파눔 앞바다에서 로마 함대의 패배

그러나 새 집정관 푸블리우스 클라우디우스에게는 릴뤼바이움을 계속 봉쇄하는 작전이 무의미해 보였다. 그가 원하던 바는 계획을 바꾸어 새로운 인원이 다수 보충된 전함들을 인솔해, 인근의 드레파눔 항구에 머물던 카르타고 함대를 기습하는 것이었다. 그는 지원병들을 태운 봉쇄 함대 전체를 데리고 자정경에 릴뤼바이움을 출발했다. 우익은 육지 쪽에, 좌익은 바다 쪽에 둔 채 순조롭게 항해하여 동틀 무렵 드레파눔 항구에 무사히 도착할 수 있었다. 이때 공격을 받은 카르타고 제독은 아타르바스였다. 그는 놀랐으나 평정심을 잃지 않고 차분히 대처했다. 함대가 항구 안에 고립되지 않도록, 남쪽으로 열린 둥근 낫 모양의 항구로 로마 전함이 치우쳐 들어오자 아직 비어 있던 다른 쪽으로 자신의 전함을 몰아 나와 항구 밖에 일자로 배치했다. 로마 제독도 이미 진입하기 시작한 전함들을 서둘러 항구 밖으로 불러, 카르타고 군과 마찬가지로 항구 어귀에 전투대형을 만들어야만 했다. 그러나 로마 전함은 기수를 돌려야 했으므로 유리한 대열을 선택할 기회가 없었다. 항구에서 나올 때 다른 진을 편성할 만한 시간이 없었기에 일자진이 유일한 선택지였고 로마군의 일자진은 적의 일자진에 비하여 배 5척이 적었다. 또한 로마군의 일자진은 해안에 밀착해 있어 전함들이 후퇴할 수 없었고 각 전함이 상호 지원을 위해 일자진 후방으로 이동할 여지도 없었다. 로마 함대는 전투가 시작되기도 전에 패한 정도가 아니라, 완벽한 올가미에 걸려 함대 대부분이 적의 자비에 맡겨진 상태였다. 집정관은 맨 먼저 도망쳐 탈출했지만, 봉쇄 함대의 3/4이 넘는 로마 전함 93척이 탑선한 정예 로마 군단병들과 함께 카르타고 군의 손에 떨어졌다. 이는 카르타고 인이 로마 인에 맞서 승리한 최초이자 유일무이한 해상 대첩이었다.

릴뤼바이움은 사실상 해상 전투를 통해 구출되었다. 왜냐하면 이전의 상태로 회복된다 하더라도 한 번 파괴된 로마 함대는―그 전에도 결코 완전 봉쇄되지 않았던―항구를 효과적으로 봉쇄하기에는 이제 너무 약해졌고, 보병 부대의 지원이 있어야만 카르타고 전함의 공격으로부터 스스로를 지킬 수 있었기 때문이다. 미숙하고 교만할 뿐 아니라 경솔하기까지 했던 장군의 행동 때문에, 길고도 힘겹던 포위 공격에서 성취한 모든 것이 망가져 버렸다. 오만한 그가 그나마 상실하지 않았던 로마군 전함들은 직후 그의 어리석은 동료 때문에 파괴되었다. 동료 집정관 루키우스 유니우스 풀루스는, 릴뤼바이움 포위 군대를 위한 보급품을 쉬라쿠사이에서 선적하고 보급품 수송 함대를 휘하의 또 다른 로마 함대 120척으로 시킬리아 섬의 남해안을 따라 호위하는 임무를 받았는데, 수송 함대와 전투 함대를 한꺼번에 움직이지 않고 수송 함대를 먼저 보내고 전투 함대가 뒤따르게 하는 실수를 저질렀다. 릴뤼바이움 항구의 로마 함대를 봉쇄 중인 카르타고 정예 함대 100척을 지휘하던 부사령관 카르탈로는 로마군의 접근 소식을 듣고 시킬리아 섬의 남해안으로 이동하여 로마군 선단의 중간으로 파고들어가 둘을 갈라놓는 데 성공했는바, 분열된 선단은 각각 겔라와 카마리나의 험한 해안에 비상 정박할 수밖에 없었다. 그곳에서 로마군은 이미 오래 전부터 해안 도처에 설치되어 있던 해안 투석기로 카르타고 군의 공격을 용맹하게 격퇴했다. 그러나 로마군은 더 이상 두 함대를 합쳐 항행하지 못하게 되었고, 카르타고 군도 과업 완수를 악천후에 맡기지 않을 수 없었다. 곧바로 불어닥친 격심한 폭풍으로 인해 당시 열악한 비상 정박지에 있던 로마의 두 함대가 완전히 박살난 것이다. 반면 카르타고 제독은 선적 화물도 없을 뿐만 아니라 평소 잘 관리되었던 전

드레파눔 해전(제1차 카르타고 전쟁, 기원전 249년)

1단계

2단계

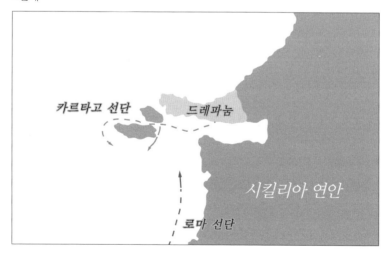

3단계

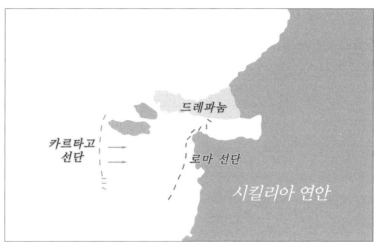

4단계

함들을 이끌고 폭풍을 쉽게 빠져 나갈 수 있었다. 다만 로마군도 병사들과 선적 화물 대부분은 구할 수 있었다(로마 건국 505년, 기원전 249년).

당황한 로마 인들

로마 원로원은 당황했다. 전쟁이 16년째에 접어들면서 전황은 전쟁 첫 해의 목표로부터 한참 멀어진 듯했다. 4개 로마 함대가 침몰되었고 그중 3개 함대에는 로마 보병이 타고 있었다. 네 번째로 소집된 군단도, 소규모 해전과 시킬리아 전초전 및 역병으로 많은 병사를 잃은 끝에, 리뷔아에서 적군에 의해 괴멸되었다. 로마 건국 502년(기원전 252년)부터 로마 건국 507년(기원전 247년)까지의 호구조사를 보면 약 4만 명, 전체 대상자 중 1/6이나 줄었는바, 이는 전쟁이 얼마나 많은 인명을 앗았는지 알려준다. 하지만 이 숫자는, 해전에서 심각한 피해를 입었으며 육지에서도 최소한 로마군만큼 희생을 치른 연방 도시들의 희생자를 고려하지 않은 것이었다. 재정적 손실은 상상을 초월할 정도였다. 전함 및 전쟁 물자의 직접적 손실은 물론 무역 중단에 따른 간접적 피해도 실로 엄청났음이 분명하다.

하지만 이보다 훨씬 더 심각한 것은 전쟁을 끝내는 데 필요한 수단이 고갈되었다는 점이다. 전력을 새로 투입하여 승세를 타 아프리카에 상륙하려 했지만 그것도 완전히 실패하고 말았다. 시킬리아 도시들을 차례로 공략했고 그중 몇몇은 수중에 들어왔으나 릴뤼바이움과 드레파눔의 강력한 두 해안요새들은 어느 때보다 완강했다. 어찌해야만 하겠는가? 실제로 어느 정도 소심해질 수밖에 없었다. 원로원은 용기를 잃고 사태를 수수방관했다. 원로원도 물론 잘 알고 있었다. 목표도 없는 전쟁이 계속 흘러가게 방치하는 것이, 마지막 한 사람과 마지막 한 닢까지 역량을 다해 노력하는 것보다 이탈리아에 더욱 치명적이라는 사실을 말이다. 하지만 과거 헛되이 쏟아 부은 희생에 새로운 희생을 보탤 만한 용기, 민족과 운명에 대한 확신이 없었다. 원로원은 함대를 해산했다. 그들이 결정한 일이라고는 해적질을 감행하려는 선장들에게 이를 허가해 국유 전함을 빌려주는 것뿐이었다. 육지에서의 전쟁은 명목상으로만 계속되었는바 어떻게 할 방도가 없었기 때문이다. 그러나 시킬리아 요새들을 감시하는 것뿐이었고, 그간 점령한 것들만 급한 대로 변통해가며 지키고 있었다. 하지만 그마저도 함대를 해산한 이래 군대와 비용이 막대하게 드는 일이 되었다.

강력한 적을 욕보일 기회가 카르타고에게 주어진다면 바로 이때였다. 당시 카르타고도 전력 고갈을 느끼고 있었음이 자명하다. 하지만 형편을 보건대 고갈을 구실로 용병을 쓰지 못할 만큼, 이로써 공격적이고 적극적으로 전쟁을 치르지 못할 만큼 카르타고 국고가 완전히 바닥나는 일은 있을 수 없었다. 카르타고 정부가 소극적이었을 뿐이다. 확실하고 손쉬운 소득이 약속되지 않는 한, 혹은 급박한 위기에 내몰리지 않는 한 그들은 나약하고 무기력했다. 어리석게도 로마 전함이 나타나지 않는다고 기뻐하며 전함을 방치해두었고, 로마군이 그러했듯 시킬리아 섬과 그 앞바다에서 소규모 전투만 벌이기 시작했다.

시킬리아의 소규모 전투

그렇게 별일 없이 6년의 세월이 흘렀다(로마 건국 506~511년, 기원전 248~243년). 로마 역사상 가장 보잘것없는 기원전 3세기의 6년이었고 카르타고의 페니키아 인에게도 보잘것없는 세월이기는 마찬가지였다. 한 사내는 이견을 가지고 있었고 동족과 다르게 행동했다. 바락 혹은 바르카스(번개라는 뜻이다)라는 이름으로 촉망받던 젊은 장군 하밀카르는 로마 건국 507년(기원전 247년) 시킬리아 전선의 최고 명령권을 쥐게 되었다. 모든 카르타고 부대가 그러하듯 하밀카르의 군대에도 전쟁 경험이 풍부하고 믿을 만한 보병 부대는 없었다. 카르타고 정부는 그런 보병 부대를 창설할 수도 있었고 어떤 경우에든 그렇게 시도해야 했지만, 그저 패전을 관망하거나 기껏해야 패전 장수를 십자가형에 처하는 데 만족하고 있었다. 하밀카르는 자체 해결하기로 결정했다. 용병에게는 로마나 카르타고나 별 의미가 없음을 잘 알았던 그는 카르타고 징집병 혹은 리뷔아 모집병이 아니라 용병으로써 조국을 자기 방식대로 지킬 수 있도록, 돈 드는 일이 전혀 아니니 허락해달라고 정부에 요구했다. 그는 자신을, 나아가 인간을 잘 알고 있었다. 그의 용병은 카르타고에 마음이 없었다. 하지만 진정한 장군이라면 병사들로 하여금 국가보다는 장군 자신을 따르게 할 수 있는바, 이 젊은 장군이 바로 그런 인물이었다. 그는 병사들을 드레파눔과 릴리바이움의 진지전에 투입하여 로마 군단을 눈에 익히게 했고, 이어 이들을 에이륵테 산(팔레르모 근처의 몬테 펠레그리노)으로 인솔했다. 에이륵테 산은 산성처럼 생겨서 주변 지역을 장악하는 데 적합했는바 그는 병사들이 식구를 그곳에 데려와 정착하게 하고 주변 평야 지대를 휩쓰는 한편 카르타고 해적선들로 하여금 북쪽 쿠마이까지의 해안 지대를 약탈하게 했다. 그렇게 그는 병사들을 풍족하게 먹이면서 카르타고 정부로부터 돈을 전혀 받아 쓰지 않았고, 바닷길로 드레파눔과 연락하며 중요 도시 파노르무스를 기습공격으로 위협했다.

　로마군은 하밀카르를 요새에서 몰아낼 수조차 없었다. 에이륵테에서 상당 기간 전쟁을 치른 후, 하밀카르는 에뤽스 산에 유사한 두 번째 요새를 쌓았다. 그때까지 에뤽스 산은 로마군이 점령하던 산으로 중턱에는 동명의 도시가 자리했으며 산정에는 아프로디테 신전이 있었다. 로마군은 에뤽스 산을 차지하고 드레파눔을 공격하고 있었던 것이다. 하밀카르는 도시 에뤽스를 점령하고 아프로디테 신전을 포위했고, 로마군은 그들대로 평야로 내려가 하밀카르를 봉쇄했다. 카르타고 군대에서 도망친 켈트족 탈영병들은 로마군에 의해 신전 요새에 배치되었는바, 이들은 포위 공격을 당하는 동안 형편없는 도적떼처럼 신전을 약탈하며 온갖 악행을 자행했고 산정을 방어하기는 했으나 사기가 높지 않았다. 하밀카르는 다시금 도시 에뤽스에서 쉽게 물러나지 않았으며, 전함으로써 드레파눔 요새와 지속적으로 연결되는 바닷길을 확보하고 있었다. 시킬리아 전선은 로마 인에게 점차 불리한 방향으로 전개되는 듯했다. 로마 정부는 돈과 병사들을 잃고 로마 장군의 체면을 구겼다. 하밀카르를 대적할 로마 장군이 더 이상은 없었고, 카르타고 용병이 로마 군단과 당당하게 맞대결할 수 있을 때가 도래했다고 여겨졌다. 하밀카르의 해적선들은 이탈리아 해안에 더욱더 과감하게 출몰했는바, 그곳의 한 법무관은 상륙한 카르타고 약탈자에 맞서 출정해야 하기도 했다. 그렇게 수년에 걸쳐 하밀카르는 시킬리아에서 전함으로 이탈리아를 침공했다. 후에 아들이 히스파니아에서 육로로 이탈리아를 침공한 것과 유사했다.

로마 함대

그 와중에도 로마 원로원은 움직이지 않았다. 소극적인 당파가 원로원에서 다수를 차지했던 탓이다. 그때 통찰력 있고 대범한 인물 몇이 정부와 무관하게, 가망 없는 시킬리아 전쟁을 끝냄으로써 국가를 구하기로 결의했다. 그리고 이들의 성공적인 해적 행위로 전 민족의 사기까지는 아니지만 일부 시민이 용기와 희망을 얻었다. 이들은 함대 하나를 구성하여 아프리카 해안의 도시 히포를 불태웠고 파노르무스 앞바다에서 카르타고 해군에 맞서 성공적인 해전을 펼쳤다. 재력을 가진 로마의 애국지사들이—이런 일은 일찍이 아테네에서도 있었지만 이 정도로 대규모는 아니었다—사재를 털어 함대를 편성했는바, 해적 행위를 위해 건조된 함선들과 그때 단련된 선원들이 중추를 이루었다. 이 함대는 그간 국가가 주도해 편제한 어떤 함대보다 전체적으로 훨씬 세심하게 편성되었다. 힘겨운 전쟁을 23년째 치르던 해 일부 시민이 이렇게 전함 200척과 선원 6만 명을 전부 자발적으로 국가에 헌납한 일은 로마 역사상 유례 없는 일이었다. 이 함대를 시킬리아 연안으로 인솔할 명예가 집정관 가이우스 루타티우스 카툴루스에게 주어졌으며 그 앞에서 적의 함대는 모습을 감추었다. 하밀카르가 약탈 행위에 이용하던 소수의 카르타고 전함이 로마의 위세에 숨어버린 것이다. 로마 함대는 저항을 거의 받지 않고 릴뤼바이움과 드레파눔의 항구를 차지했으며 바다와 육지에서 활발한 공성전을 전개했다.

　카르타고는 완전히 위축되었다. 도시 주둔군이 적었던 두 도시가 엄청난 위기에 처했다. 카르타고에 일단의 함대가 준비되어 있었지만 제아무리 서두른다 해도 연말이 되어야 시킬리아 해안에서 카르타고 함선을 볼 수 있었다. 부지런히 꾸려진 전함들이 마침내 로마 건국 513년(기원전 241년) 드레파눔 앞바다에 나타났을 때 그것은 완전무장의 전투 함대라기보다 일종의 수송 함대였다. 페니키아 인들은 무사히 정박하여 보급품을 내려놓고 해전을 치를 병사들이 승선할 수 있기를 희망했다. 하지만 로마 전함들이 항로를 가로막았으며, 신성한 섬(오늘날 마리티마 섬)에서 출발해 드레파눔으로 향하던 카르타고 함대를 맞아 작은 섬 아이구사(오늘날 파비냐나 섬) 근처에서 해전을 치렀다(로마 건국 513년, 기원전 241년 3월 10일). 결과는 추호의 의심도 없었다. 제대로 편성된 배와 전투병을 갖춘 로마 함대는―드레파눔 공성전에서 부상을 당한 집정관 카툴루스는 군영에 있어야만 했지만―탁월한 법무관 푸블리우스 발레리우스 팔토의 훌륭한 지휘로, 짐이 과적되어 전투병은 많이 태우지 못한 적함을 격퇴했다. 50척이 수장되었으며 70척은 릴뤼바이움 항구로 나포되었다. 애국지사들의 마지막 수고가 결실을 거두어 로마는 승전했고 이로써 강화를 이끌어냈다.

강화조약의 체결

카르타고 인들은 패전한 제독을 교수형에 처했다. 그런다고 달라질 상황은 아니었다. 이어 시킬리아 사령관에게 강화를 체결하는 데 필요한 전권을 부여했다. 하밀카르는 7년간 공들인 수고가, 자신과 무관한 자의 패전 탓에 헛일이 되는 것을 목격하면서도, 부득이한 상황에 대범하게 따랐다. 하지만 그가 무장(武將)으로서의 자존심이나, 동포와 자신의 염원마저 포기한 것은 아니었다. 로마가 바다를 통제하는 한, 더 이상 시킬리아는 지켜낼 수 없었다. 카르타고가, 텅 빈 국고를 채우고자 이집트에서 차관을 도입하려는 와중에, 로마 함대를 무찌르기 위한 군자금을 마지막으로 다시 한번 투입하리라고 기대할 수도 없었다. 하밀카르는 시킬리아 섬을 포기했다. 대신 카르타고의 국체, 카르타고 영토에 대한 독립과 불가침을 일반적인 방법으로 명확히 인정받았다.

로마는 카르타고 연방에 대하여, 카르타고는 로마 연방에 대하여, 다시 말해 양측의 예속 공동체와 복속 공동체에 대하여 독자적인 동맹을 체결하거나 전쟁 행위를 시작하지 않으며, 혹은 양측 영토에서 주권을 행사하거나 군사를 동원하지 않는다는 조약이 체결되었다.[4] 부차적으로 로마군 포로들의 무조건적 반환과 전쟁배상금의 지불은 당연했다. 하지만 무기와 로마군 탈영병을 양도하라는 카툴루스의 요구는

---

[4] 카르타고 인들이 전함을 로마 동맹국 지역에 ─ 그러니까 쉬라쿠사이로, 아마도 마살리아에도 ─ 보내지 않기로 약속했다는 사실(Zon. 8, 17)은 충분한 신빙성을 갖는다. 다만 조약문 상에는 언급되지 않았다(폴뤼비오스 3, 27).

하밀카르가 단호히 거절함에 따라 관철되지 않았다. 결국 카툴루스는 두 번째 요구 조건을 철회했고, 대신 페니키아 인들이 시킬리아를 떠나는 대가로 인당 18데나리우스(4탈러)의 적당한 몸값을 받아냈다.

카르타고가 전쟁을 지속하는 것이 바람직하지 않다고 보던 때, 로마로서도 강화 조건에 만족할 이유가 충분했다. 승전으로써 조국에 평화를 가져오려던 마땅한 소망, 레굴루스와 급변하던 전황에 대한 쓰라린 기억, 승리로 이끌던 애국심을 지속하거나 다시 발휘하게 요구할 수 없다는 생각, 그리고 하밀카르의 개인적 성격도 작용했을 것인바, 로마 장군은 이렇게 양보했다. 로마에서 강화 조건에 불만이 있었던 것은 사실이며, 민회는 전함을 무장시켰던 애국지사들의 영향을 받아 분명 처음에는 비준을 거부했었다. 어떤 뜻에서 그런 일이 진행되었는지 우리는 알지 못한다. 반대당파가 단지 카르타고에게 더 많은 양보를 끌어내기 위해 강화조약을 거부했던 것인지, 아니면 레굴루스가 카르타고에게 정치적 독립을 포기하라고 이미 요구했음을 기억하고 이런 목표를 이룰 때까지 전쟁을 계속할 것, 즉 중요한 것은 더 이상 강화가 아니라 정복이라고 결정했던 것인지 우리로서는 단정하기 어렵다.

그런데 반대당파가 단지 카르타고에게 더 많은 양보를 얻어내기 위해서 강화조약을 거부했다면 그것은 실수라고 하겠다. 시킬리아를 완전히 장악하지 않는 한 카르타고로부터 어떤 양보를 끌어낸들 하찮을 터였기 때문이다. 또 과감하고 뛰어난 책략가인 하밀카르를 고려할 때, 부차적인 양보를 얻어냄으로써 시킬리아를 완전히 장악할 수 있다는 것은 매우 위험한 발상이기 때문이다. 반면 강화조약을 반대하는 당파가 카르타고의 정치적 파멸을 로마 공동체가 만족할 법한 목표로 생각했다면, 이는 다가올 일들에 대한 그들의 정치적 입장 및 판단을 드러낸 것이다. 물론 그때 로마의 역량이 충분할지, 레굴루스 원정을 재차 감행하고 카르타고의 강력한 성벽과 용기를 굴복시킬 정도로 이를 충분히 관철할 수 있을지는 전혀 다른, 누구도 쉽게 왈가왈부하기 어려운 문제였다.

결국 주요 쟁점은 한 위원회에 위임되었고, 위원회는 시킬리아 현지에서 사안을 결정하기로 했다. 위원회는 카르타고가 지급해야 할 전쟁배상금을 3,200탈렌툼(550만 탈러)으로 증액했고 그 1/3은 즉시 배상하되 나머지는 10년간 분납해야 한다는 초안을 만들었다. 시킬리아 외에도, 이탈리아와 시킬리아 사이의 섬들에 대한 이양 조건이 최종 합의문에 포함되었지만 문안 조정에 따른 결과일 수 있다. 시킬리아가 이양되는데, 이미 오랫동안 로마 함대의 점유물이던 리파라 섬을 카르타고가 유지한다는 것은 분명 불가능한 일이었기 때문이다. 또 조약 문안에 사르디니아와 코르시카에 관한 중의적 문구를 일부러 삽입했다는 주장은 개연성 없고 불필요한 의심일 뿐이다.

이렇게 최종 합의가 이루어졌다. 승승장구하던 카르타고 장군은 오랫동안 지켜왔던, 페니키아 인이 400여 년에 걸쳐 소유하며 희랍인의 모든 공격을 막아냈던 요새들을 새 주인에게 이양했다. 이로써 지중해 서부는 평화를 찾았다(로마 건국 513년, 기원전 241년).

제1차 카르타고 전쟁의 회고

로마가 이탈리아 반도를 둘러싼 바다로 된 국경 밖에서 벌인 전쟁에 대해 생각해보자. 그것은 로마가 벌였던 전쟁 중 가장 길고 힘들었다. 막바지에 참전한 병사 대부분은 전쟁 초기에는 태어나지도 않았다. 비할 데 없이 중요한 전쟁의 의의에 비해, 로마 인이 정치적으로나 군사적으로 이 전시처럼 형편없고 불안하게 대처한 유례가 없다. 이 전쟁은 다른 무엇일 수 없었는바 그것은, 불만족스러운 이탈리아 정책에서 아직 완성되지 않은 제국 정책으로 이행하는 정체 변화의 핵심 사건이었다. 로마 원로원과 로마 군사 체계는 이탈리아 정책에 대해서는 단연 탁월했다. 이 정책에 따른 전쟁이란 대륙 내부에서만 발발했고 반도 중앙의 수도를 늘 작전기지로 삼아 로마와 지역 요새망을 구축하는 일이었다. 이때의 쟁점은 전술이지 전략이 아니었다. 행군 및 작전은 두 번째 문제였고, 전장에서의 격돌이 첫 번째 문제였다. 공성전은 유치한 수준이었다. 바다와 해전을 거의 고려하지 않은 부차적인 것이었다. 순수 무력이 전장을 지배하던 시절에는 민회가 작전을 주도하고, 시민 대표도 군대를 지휘할 수 있었던 것은 충분히 이해될 만하다.

하지만 모든 상황이 일순간 바뀐다. 이제 전장은 아득히 먼 곳으로 확장되는데, 다른 대륙에 있는 미지의 땅과 광대한 바다를 건너서까지 이어졌다. 모든 바다로 적이 쳐들어올 수 있었고, 모든 항구에 적이 출현할 수 있었다. 거점의 포위 공격, 특히 희랍의 최고 전술가들도 실패했던 해안요새의 포위 공격을 최초로 로마 인들이 시도했다.

육군과 시민군만으로는 이제 충분치 않았다. 이제 함대를 준비해야 했고, 함대 활용은 더욱 중요한 문제였다. 또 실질적인 공격 지점과 방어 지점을 파악하는 것, 대군을 하나로 결집하는 것, 장기간의 원정을 준비하고 조율하는 것이 중요했다. 이상이 준비되지 않는다면 아군의 전력이 막강할지라도 전술적으로 약체인 적에게까지 패할 수 있었다. 따라서 이에 관한 통제권이 민회 및 시민 대표 지휘관들에게서 박탈된 것은 당연한 일이다.

전쟁 초기에 로마 인은 사태를 정확히 인식하지도 못한 채 전쟁을 시작했을 것이다. 해군의 부재, 군 지휘체계의 결함, 군사령관들의 한계, 제독들의 부실 등 로마 체제의 약점이 하나둘 전쟁 중에 드러났다. 이러한 결함을 열정과 행운으로 부분적으로나마 메울 수 있었거니와 해군의 부재가 그러했다. 그러나 엄청난 해군 창설도 사실 거창한 임시방편에 불과했고 전쟁 기간 내내 그러했다. 해군이 편성되었으나 명목상으로만 로마 함대에 속할 뿐 함대를 계모 취급했다. 해군 복무는 군단 복무에 비하여 낮게 평가되었고, 해군 장교 대부분은 이탈리아의 희랍인이었고 수병은 복속민이거나 노예 또는 부랑자였다.

이탈리아 농부는 애초 물을 싫어했다. 카토는 살면서 후회스러웠던 일 셋 중 하나가 걸어갈 수 있던 곳을 배로 간 일이라고 했다. 이것은 사안의 본질을 부분적으로 보여주는바, 당시 선박은 노가 장착된 갤리선이었는데 로마 인은 노 젓는 일을 고상하게 여기지 않았던 것이다. 그럼에도 불구하고 로마는 적어도 독자적 해상 군단을 편성해야 했거니와 해군 장교 계층도 양성해야 했다. 그리고 수적으로만 아니라 항해 능력과 경험에 있어서도 탁월한 해군력을 갖추는 데 목표를 뒤야 했다. 오랜 전쟁을 거치는 동안 해적으로도 활동한 것이 이미 그러한 방향에 의미심장한 시작점이기는 했다. 하지만 정부의 의도로 이루어진 것은 전혀 없었다. 그러나 임시변통이면서도 거창하고 위대했던 로마 함대는 이 전쟁에서 단연 천재적인 창조물이었으며, 결정적으로 로마를 시종일관 유리한 쪽으로 이끌었다.

국가체제를 변경해야만 이겨낼 듯한 정도의 심각한 결함들을 극복하는 일은 훨씬 어려웠다. 원로원 내 당파들의 역학 관계에 따라서 원로원이 여러 전쟁 수행 체제를 오락가락했던 점, 클루페아를 비우고 떠나거나 함대를 여러 번 해체하는 등 믿을 수 없을 만큼 심각한 실수를 저질렀던 점, 전임 사령관이 시킬리아 도시를 포위했는데 후임 사령관은 항복하라고 압박하기는커녕 아프리카의 해안 약탈이나 해상 전투를 보다 적절하다고 판단했던 점, 최고 명령권자가 법률상 매년 자동 교체되는 점 등 모든 문제가 국가체제 자체의 개혁을 논의해야 해결될 것들이었다. 이는 함대 건설보다 어려운 문제이기는 했으나 그렇다고 현 체제를 유지하는 것은 전쟁에서 노정되는 요구에 부합하는 일이 아니었다. 무엇보다 원로원이나 군사령관 그 누구도 새로운 전쟁 방식을 받아들이지 못했다. 레굴루스의 원정은 로마 인이 전술적 우위에 서면 만사가 결정된다는 이상한 사고방식에 얼마나 사로잡혀 있었는지 보여주는 사례다. 천운으로 성공한 야전 사령관은 다시 찾기 어려울 것이다. 로마 건국 498년(기원전 256년) 레굴루스가 처한 상황이 50년 후 스키피오와 같았다. 맞서 싸울 한니발이 없었고 노련한 병사들이 없었을 뿐이다. 그러나 원로원은 로마군의 전술적 우위를 확신하자마자 군대의 반을 철수시켰다. 사령관도 로마군의 우위를 맹목적으로 신뢰하여 현 위치를 고집함으로써 전략적으로 패했고, 전투가 벌어졌을 때는 전술적으로 패했던 것이다. 레굴루스가 유능하고 경험 많은 야전 사령관이기에 더욱더 이상한 일이었다.

바로 에트루리아와 삼니움을 정복했던 농민 병사의 방식이 투네스 평원에서는 패인이었다. 원래의 영역에서는 완전히 옳았던 '올바른 시민이라면 모두 장군직을 담당할 수 있다'는 원칙이 여기에서는 들어맞지 않았던 것이다. 새로운 전쟁 체제에서는 군사학의 전문적 식견을 갖춘 군사학교 출신의 야전 사령관이 필요했다. 당연히 시민 대표가 전부 이렇게 될 수는 없었다. 함대의 최고 명령권을 보병 최고 명령권의 부속물로 취급해, 최고최선의 시민대표가 야전 사령관뿐만 아니라 제독도 맡을 수 있다고 생각한 일은 더욱 뼈아픈 점이다. 로마가 이 전쟁에서 겪은 최악의 패배에 대하여 악천후 핑계를 댈 수 있는 것도 아니고, 카르타고 군에게 책임을 돌릴 일은 더더욱 아니었다. 오히려 시민 대표로 제독을 맡은 이들이 오만하고 우둔해서였다.

끝내 로마가 승리를 거두었다. 그러나 로마의 첫 번째 요구에, 아니 상대방이 제시한 수준에도 훨씬 못 미치는 이득으로 만족하고, 강화조약으로 로마에서 반대 당파가 득세한 일은 승리와 평화가 불완전하며 피상적이었음을 극명하게 보여준다. 로마가 승리했을 때, 사람들은 신의 호의와 시민의 열정을 그 이유로 보았다. 하지만 더 큰 이유는 전쟁 중에 로마보다 적군이 상대적으로 많은 잘못을 저지른 데 있다.

제3장
자연 경계까지 확대된 이탈리아

이탈리아의 자연 경계

로마 건국 5세기의 위기 가운데 생겨난 이탈리아 연방, 다시 말해 '국가 이탈리아'는 아펜니노 산맥에서 이오니아 해에 이르는 도시 공동체 및 지방 공동체를 로마 패권 아래 통합했다. 그러나 로마 건국 5세기가 끝나기 전부터 국경이 양방향으로 확장되어, 새로운 이탈리아 공동체는 아펜니노 산맥 너머와 바다 너머에도 동맹 공동체를 갖게 되었다. 이탈리아 북부에서 로마 정부는 로마 건국 471년(기원전 283년)에, 작금의 불의를 응징할 기회를 맞아 켈트족의 하나인 세노네스족을 섬멸했다. 남부에서는 로마 건국 490~513년(기원전 264~241년)의 카르타고 전쟁으로 카르타고 인을 시킬리아 섬에서 몰아냈다. 북부에서는 로마 시민 정주지인 세나 외에 특히 라티움 도시 아리미눔이, 남부에서는 메사나의 마메르 용병 공동체가 로마 동맹에 귀속되었다. 이탈리아 민족으로 구성된 두 공동체는 이탈리아 동맹 공동체와 동일한 권리와 의무를 지녔다. 만반을 고려한 정치적 계산보다 순간적으로 결정된 사건들이 이러한 동맹 확장을 초래했을 것이다. 그런데 카르타고를 상대로 큰 성공을 거둔 시점부터 로마 정부에 새롭고 폭넓은 관점의 정치 이념이 생겨났다. 이 이념은 이탈리아 반도의 자연적 특성 덕에 충분히 가능했는바, 낮아서 쉽게 넘을 수 있던 아펜니노 산맥 중심의 북쪽 국경을 남유럽과 북유럽을 가르는 거대한 성벽인 알프스 산맥으로 옮기고, 이탈리아 지배를 주변의 해양 지배 및 동서의 해상 도서 지배와 결합한다는 이념이 정치·군사적으로 정당화되었다. 시킬리아에서 카르타고 군을 축출한다는 최대 난제를 해결한 이후의 일부 사건이 로마 정부가 이 이념을 성취하는 데 유효했던 것이다.

시킬리아

이탈리아가 아드리아 해보다 많은 관심을 두었던 서해에는 항구가 많고 풍요로워 가장 중요한 시킬리아 섬이 있었다. 이 섬 대부분을 카르타고와의 강화조약을 거쳐 로마가 차지했다. 카르타고 전쟁 중 22년간 로마와 동맹 관계를 유지한 쉬라쿠사이의 왕 히에론은 자신의 영토 확장을 정당하게 요구할 수도 있었을 것이다. 하지만 시킬리아 섬의 예속국을 용인한다는 초기 정책과 달리, 전쟁 말기의 로마는 시킬리아 섬을 완전히 소유하려 했다. 히에론은 자신의 영토—쉬라쿠사이 주변 지역을 포함하여 엘로로스, 네에톤, 아크라이, 레온티니, 메가라, 타우로메니움 등의 통치 지역들—와 외국에 대하여 독립권(그둘을 그에게서 박탈할 구실이 전혀 없었다)이 예전처럼 자신에게 주어진 것에, 또 열강의 전쟁이 어느 한쪽의 괴멸로 끝나지 않음으로써 시킬리아의 군소국들에 생존의 가능성이나마 남은 것에 만족했을지도 모른다. 시킬리아의 나머지 지역, 그러니까 노르모스, 릴뤼바이움, 아크라가스, 메사나에는 로마 인이 정주하게 되었다.

사르디니아

다만 로마 인들이 애석하게 생각했던 것은, 서해 일대를 로마의 내해로 만드는 데 있어, 카르타고가 사르디니아를 차지하고 있는 한, 시킬리아 섬만으로는 충분치 않다는 점이었다. 강화조약 직후 지중해에서 두 번째로 큰 사르디니아 섬을 카르타고에게서 빼앗을 기회가 뜻하지 않게 찾아왔다. 아프리카에서 용병과 복속민들이 카르타고에 반기를 든 것이다. 대규모 반란의 책임은 본질적으로 카르타고 정부에 있었다. 하밀카르가 전쟁 막바지에는 예전처럼 스스로 조달한 자금으로 자신의 시킬리아 병사들에게 급료를 지급할 수 없었다. 그는 모국에 급료 지급을 요청했으나 허사였다. 오히려 병사들을 아프리카로 보내라는 회신을 들었을 뿐이다. 급료를 지급하고 해고하라는 것이었다. 그는 이에 따랐으나 병사들 속성을 알았기에 조심스럽게 소규모로 나누어 배편으로 보냈다. 본국에서 그들을 부대 단위로 해고하거나 적어도 분열시킬 수 있도록 하기 위해서였다. 그리고 그 자신도 명령권을 내려놓았다.

하지만 이런 조심스러운 조치에도 불구하고, 국고의 고갈이 아닌 업무의 분산 처리와 관료주의적 불합리로 인해 일을 그르치게 되었다. 본국에서는 전체 병력이 리뷔아에 집결할 때까지 기다리게 했으며, 약속된 급료를 삭감하려고까지 했다. 당연히 군대 내부에서 반란이 일어났으며, 관리들의 서투르고 비겁한 태도를 본 반란군은 그들이 어떤 일을 감행할 수 있을지 간파했다. 반란군 대부분은 카르타고의 지배를 받거나 종속된 지역 출신이었다. 이들은 레굴루스 원정 직후(제3권 65쪽) 카르타고 정부가 각 지역에서 학살을 자행하고 막대한 세금을 부과하던 분위기를 본 데다 약속을 무시하고 결코 용서하지 않을 것을 알고 있었다. 반란으로써 급료를 쟁취하고 각자 귀향했을 때 벌어질 일을 알았던 것이다. 카르타고 인들은 폭탄을 오랫동안 땅에 묻고 있었고 이제 점화할 빌미를 사람들에게 스스로 제공하기까지 했다. 혁명은 들불처럼 진지에서 진지로, 마을에서 마을로 번져갔다. 리뷔아 여인들은 장신구를 내놓아 용병의 급료 지급에 보탰다. 카르타고 인 상당수가—개중에는 시킬리아 부대의 탁월한 장교들도 일부 있었다—성난 반란군에 희생되었다. 카르타고는 포위공격을 당했고, 도시 밖으로 공격을 나간 카르타고 부대는 어리석은 지휘관 때문에 괴멸되었다.

따라서 로마는 여전히 위협적이며 혐오스러운 적이, 자신들과 전쟁을 치를 때보다 훨씬 심각한 위험에 처하는 상황을 보면서, 로마 건국

513년(기원전 241년)의 강화조약을 후회하기 시작했다. 실제로 성급한 강화는 아니었지만 이제야 모두에게 성급해 보였던 것이다. 또 로마 인들은 강화조약 당시 로마의 국력이 얼마나 고갈되었는지, 카르타고의 국력은 얼마나 공고히 유지되었는지 잊기 시작했다. 로마 인들은 국가 간의 약속에 대한 체면 때문에 카르타고 반란군과의 공개적인 접촉을 금지했으며 나아가 예외적으로 카르타고 인들이 반란군과의 전쟁을 위한 병사를 이탈리아에서 모집할 수 있게 했고, 이탈리아 선박은 리뷔아를 왕래하지 못하도록 조치했다. 하지만 이러한 동맹국으로서의 조치들이 로마 정부의 진심이었는지 매우 의심스럽다. 왜냐하면 금지에도 불구하고 아프리카 반란군과 계속 왕래하던 로마 선박이 있었고, 국가적 위기에 카르타고 군대의 최고 사령관으로 복귀한 하밀카르가 아프리카를 왕래하던 이탈리아 함장들을 체포 구금했을 때, 로마 원로원은 이들을 석방시키고자 중재에 나서기도 했기 때문이다.

반란군도 자연스럽게 로마 인과 동맹할 소지를 찾아낸 듯하다. 사르디니아 주둔군은 여타 카르타고 군대와 마찬가지로 스스로를 반란군이라고 선포했으며, 사르디니아 내륙 산악 거주민들의 공격에 맞설 수 없다고 판단했을 때 사르디니아의 소유권을 로마에 양도했다(대략 로마 건국 515년, 기원전 239년). 우티카 공동체조차 유사하게 양도했는데, 이들도 반란에 참여해 하밀카르의 무력 앞에 절체절명의 위기를 맞고 있었던 것이다. 하지만 로마는 후자를 수용하지 않았다. 주된 이유는 이탈리아의 자연경계를 넘어서기 때문이었고, 받아들이면 로마 정부가 당시 진출하려던 한계선을 넘어서기 때문이었다. 반면 사르디니아 반란군의 양도는 수용하기로 해서 카르타고의 지배하에 있던 사르디니아의 모든 것을 넘겨받았다(로마 건국 516년, 기원전 238년). 이때 마메르 용병의 사안보다 엄중한 질책이 로마 인을 뒤따랐다. 승승장구하는 대국이 어찌 비겁한 용병 반란군과 혈맹하고 약탈 행위에 동참하며 정의와 명예의 계명을 순간의 이익 때문에 저버릴 수 있냐는 것이었다.

사르디니아가 넘어가던 순간, 카르타고 인은 위기상황이 정점에 달했기에 불법 점거에 대해 일단은 침묵했다. 로마의 기대나 희망과 달리 카르타고는 하밀카르의 천재성 덕분에 위기를 모면하고 아프리카 전역을 다시 제압하게 되자마자(로마 건국 517년, 기원전 237년), 로마로 사신을 파견하여 사르디니아 반환을 요구했다. 하지만 로마는 약탈물을 되돌려줄 생각은 하지 않고 전혀 말도 안 되는 혹은 당면 문제와는 무관한 온갖 부당 행위를—카르타고 인들이 로마 상인들에게 저질렀다면서—핑계로 도리어 몰아붙이며 선전포고를 서둘렀다.[1] 정치에서는 힘이 곧 정의라는 명제만큼 파렴치한 명제도 없을 것이다. 카르타고 인들의 정당한 분노는 전쟁을 수용하라고 명령하고 있었다. 5년 전에 카툴루스가 사르디니아 양도를 주장했다면 전쟁이 실제 발발했을지도 모른다. 하지만 섬 두 개를 잃고 리뷔아 지역은 들끓고 있는 때에, 로마와 전쟁을 24년간 치른 데다 5년 가까이 내전을 몸서리치게 겪으면서 극도로 약해진 카르타고 정부는 굴복하지 않을 수 없었

---

[1] 로마 건국 513년(기원전 241년)의 강화조약에 따라 시킬리아와 이탈리아 사이의 섬들에서 카르타고가 철수한다는 약속에 사르디니아의 양도를 포함하지 않은 것은 분명하다(제3권 82쪽). 로마 인이 이 약속을 핑계로 강화조약 3년 후 사르디니아를 점거했다는 설명에는 신빙성이 없다. 로마 인이 실제로 그 핑계를 댔다면 이처럼 정치적으로 몰염치하고 외교적으로 무능한 일은 없었을 것이다.

다. 로마는 카르타고의 거듭된 읍소를 받아들여 배상금 1200탈렌툼(2백만 탈러)을 전쟁 준비에 낭비된 비용으로 갈음하는 조건으로 전쟁 행위를 마지못해 중단했다. 이로써 로마는 이렇다 할 전투 한 번 치르지 않고 사르디니아를 얻었으며 코르시카도 포함되어 있었다. 코르시카는 에트루리아의 소유였으며 지난 전쟁 중에 생겨난 로마 진지 일부가 아직 남아 있었다(제3권 56쪽). 하지만 로마 인은 카르타고 인과 달리 사르디니아에서, 험준한 코르시카에서는 더욱이 해안 지대 이상을 점령하지 않았다. 내륙 원주민과의 전투는 계속된바, 차라리 인간 사냥이었다. 개를 풀어 붙잡은 사람들을 상품으로 노예시장에 내놓았다. 그러면서도 진정한 의미의 복속은 생각하지 않았다. 섬 자체가 탐이 났다기보다 이탈리아를 지키려고 섬들을 차지했었기 때문이다. 큰 섬 세 개를 차지하고 나서야 로마 동맹은 튀레눔 해를 '우리 바다'라고 부를 수 있었다.

해외 정복지 정책

로마가 이탈리아 서해 도서들을 얻은 이후 로마 국가체제에 일종의 모순이 생겨났다. 표면상 우연하고 단순한 합목적성의 문제처럼 보였지만, 줄곧 상당한 심각성을 지니는 문제였다. 이것은 본토와 해외 행정의 모순, 혹은 이후의 통칭을 빌자면 이탈리아와 속주 행정 간의 모순이었다. 이때까지 공동체의 최고 관리자인 집정관 두 명에게 법적으로 구분된 관할이 없었고, 관할 구역도 로마의 통치가 미치는 곳까지였다. 물론 집정관들이 사실상 업무를 구분했으며, 업무 해당 구역마다 적용되는 모든 규정을 집정관도 따라야 했음은 분명하다. 예를 들어 로마 시민에 대한 재판권 일체는 법무관에게 맡겨야 했고, 라티움과 그 밖의 자치 공동체와 맺은 기존 조약들을 준수해야 했다. 로마 건국 487년(기원전 267년) 이후 이탈리아에 배치된 4명의 검찰관이 공식적으로는 집정관의 권한을 제한하지 않았는바, 이들은 로마에서처럼 이탈리아에서도 집정관의 보조 관리로만 여겨졌다. 처음 몇 년간 이런 행정 방식이 카르타고에게서 인계한 정복 지역으로 확대되어 사르디니아와 시킬리아는 집정관 감독 하에 검찰관들이 통치했던 것으로 보인다. 하지만 해외 정복지를 관리할 고급 관리의 실질적인 필요성을 로마 인은 이내 절감할 수밖에 없었다.

속주의 법무관

공동체가 확대되면서 로마 사법권이 법무관에게 집중되는 것을 포기하고 원격지에는 법무관을 대리할 심판인을 보내야 했듯(제2권 293쪽), 이제(로마 건국 527년, 기원전 227년) 행정·군사권이 집정관에게 집중되는 것을 포기해야만 했다. 시킬리아, 코르시카와 사르디니아 등 새로운 해외 영토를 다스릴 집정관 대리자가 특별히 임명되었는바, 그는 지위와 호칭에 있어서 집정관 다음이었고 법무관과는 동등했지만, 다른 측면에서 집정관 대리자는 관할 구역 내에서는 법무관 제도 도입 전의 집정관과 마찬가지였거니와 최고 사령관이자 최고 정무관이며 최고 재판관이었다. 한편 직접적인 재정권이 본래 집정관에게는 주어지지 않았으므로(제2권 12쪽), 새로 만들어진 최고 정무관에게도 주어지지 않았다. 그리고 한 명 또는 그 이상의 재무관이 집정관 대리자에게 소속되어 사법권과 군 통수권에 있어서 전반적으로 보좌했지만, 재정권만은 재무관이 주관했다. 재무관은 임기가 끝나면 재정보고서를 원로원에 보고했다.

속주 행정

이처럼 로마의 최고 행정은 해외 영토와 대륙 영토에서 근본적으로 상이했다. 로마가 이탈리아 내의 복속 영토에 적용했던 근본 원칙 대부분은 해외 점령지에도 그대로 적용되었다. 지역 공동체들 전부가 외교권을 잃었음은 분명하다. 내부 교류에 있어 속주민은 소속 공동체 밖의 속주에 재산을 축적할 수 없었으며, 정당한 혼인도 맺지 못했을 것이다. 반면 로마 정부는 두려워할 필요가 없는 시킬리아 도시들에게는, 연방을 구성할 수 있도록, 그리고 불가침의 청원권과 항소권을 가진 범시킬리아 의회까지 조직할 수 있도록 승인했다.[2] 통용화폐에 있어서 로마의 유통화폐를 섬의 유일한 통화로 즉시 도입하는 것

---

[2] 한편으로 마르켈루스에 대항한 '시쿨리족'의 행동(Liv. 26, 26 이하)이, 다른 한편으로 '모든 시킬리아 공동체의 진정서'(Cic. *Verr.* 2, 42, 102; 45, 114; 50,146; 3, 88, 204)가, 또 다른 한편으로 잘 알려져 있는 기타 이와 비슷한 일들이 그런 것들을 주도했다(Marquardt, *Landbuch* Bd. 3 1, S. 267). 개별 도시들 사이에 교역이 불충분하다고 해서 협의가 부족했던 것은 결코 아니다.

은 실질적으로 불가능했다. 물론 처음부터 로마의 유통화폐가 법적 통화로 도입된 듯하며, 원칙상 로마령 시킬리아 도시들은 금속화폐 주조권을 박탈당했다.[3] 반면 전체 시킬리아의 부동산은 보존되었다. 이탈리아 밖의 토지는 전시법에 따라 로마 인의 사유재산으로 귀속된다는 원칙이 이때까지 알려지지 않았던 것이다. 그뿐만 아니라 시킬리아와 사르디니아의 공동체들은 약간의 자치권을 가졌다. 이 자치권은 법적 구속력으로 보증된 것이 아니며 임시로 허락되었던 것이다.

민주정이 곳곳에서 철폐되고 도시 권력은 도시 귀족을 대표하는 민회에 주어졌다. 5년마다 로마의 인구조사에 상응하는 공동체 조사를 실시하라는 지시가 시킬리아 공동체들에게 전달되었다. 이 두 가지는 시킬리아가 로마 원로원에 복속되면서 생겨난 필연적 귀결이었다. 로마 원로원은 실제 통치를 위해 희랍식 민회를 철폐해야 했고, 각 복속 공동체의 재정적·군사적 재원을 파악해야 했다. 그리고 이탈리아에서도 동일하게 민회가 생겨나고 공동체 조사가 실시되었다.

1할세와 관세

기본 권리는 본질적으로 평등했지만 이탈리아와 해외 공동체 간에는

---

[3] 로마는 속주의 금은 주조권을 이탈리아에서처럼 강하게 독점하지 않았다. 로마 화폐를 기준으로 주조되지 않은 금은 동전은 큰 값어치를 갖지 않았기 때문이다. 의심의 여지 없이 이곳에서도 주조는 대부분 작은 은화나 동화에 그쳤다. 시킬리아 최고의 로마 공동체인 마메르 용병의 메사나, 켄토리파이, 할라이사, 세게스타, 나아가 파노르무스조차 동화만 주조했다.

중요한 차별도 있었다. 이탈리아 도시들은 체결된 조약을 통해 일정 규모의 병력을 로마 육군이나 해군에 제공해야 했지만, 해외 공동체들은 구속력을 갖는 협정을 맺은 바 없었기에 여타와 같은 병력 제공의 의무가 없었는바, 무장권도 갖지 못하게 되었다.[4] 다만 향토방위를 위해 로마 총독의 지시에 따라 동원될 수는 있었다. 로마 정부는 정기적으로 일정 규모의 군대를 이탈리아 공동체에서 뽑아 섬에 파견했고, 대신 시킬리아에서는 생산된 곡물의 1할과, 시킬리아 항구들을 드나드는 모든 가치의 5푼을 세금으로 징수했다.

이런 과세가 섬 주민에게 새로운 것은 아니었다. 카르타고와 페르시아 대왕도 이같이 세금을 부과했으며, 그때는 기본적으로 전 항목에 대하여 균일하게 1할로 정해져 있었다. 또한 희랍에서도 이러한 과세는 오리엔트의 선례를 따라 예로부터 통치자나 정치적 패권국이 누리던 것이었다. 시킬리아 인은 오랫동안 이런 방식으로 쉬라쿠사이 혹은 카르타고에 1할세를 바쳤고, 또한 무역 관세를 자국 수입으로 편입하지도 않았다. 키케로는 말했다. "우리는 시킬리아 공동체를 우리의 피호 관계로 받아들이되 그들이 지금까지 살았던 권리에 따라 지금까지 그들 지배자에게 복종한 것과 동일한 조건으로 로마 공동체에게 복종하도록 해야 한다."

불법을 방조하는 것은 불법을 행하는 것임을 주목할 필요가 있다. 현명하고도 대범했던 로마적 원칙—속주민에게 군사 협력을 요구하

---

[4] 이는 히에론의 발언에 나타난다(Liv. 22, 37). 로마 인들만 로마 혹은 라티움 보병에 기용했으며, '외국인들'은 겨우 경보병으로 활용했음을 그는 알고 있었다.

되 이에 대한 금전적 보상은 수용하지 않는다는 원칙—을 포기한 것은 결국 새 주인을 맞은 속주민이 아니라 새 주인에게 불행을 초래할 결정이었다. 조세율과 징수 방식을 완화하고 몇몇 도시에는 과세 예외를 두었지만 불행을 막을 수는 없었다. 과세 예외는 확대되었다. 메사나는 로마 동맹에 가입했고 이탈리아의 희랍계 도시들처럼 로마 함대에 병력을 파견했다. 여타 도시들은 이탈리아 방위 동맹에 가입하지 않았고 다른 특혜들과 세금들은 물론 1할세를 면제 받았는바, 그들로서는 재정적인 면에서 이탈리아 공동체보다 특혜를 더 누린 셈이었다. 이런 도시로는 에게스타와 할리퀴아이가 있었다. 두 도시는 카르타고가 지배하던 시킬리아 지역에서는 처음으로 로마 동맹에 가입한 도시였다. 시킬리아 동부 내륙의 켄토리파이는 인근 쉬라쿠사이 영토를 감시해야 했고[5], 북부 해안의 할라이사는 희랍계 시킬리아의 자유도시들 중 처음으로 로마 동맹에 가입했다. 특히 파노르무스는 그간 카르타고가 지배한 시킬리아의 수도였고, 이제 로마가 지배하는 시킬리아의 수도로 결정되었다. 예속 공동체를 차등화된 권리로 신중히 차별하는 과거의 정치 원리가 시킬리아에도 적용되었다. 하지만 시킬리아와 사르디니아 공동체 일반은 동맹이 아니라 과세 의무를 부담하는 명백한 종속 관계하에 있었다.

---

[5] 이것은 지도를 들여다보면 분명하다. 예외적으로 켄토리파이 인은 시킬리아의 어느 토지든 매입할 수 있었다. 로마의 앞잡이로서 자유롭게 활동해야 했기 때문이다. 그뿐만 아니라 켄토리파이는 로마에 투항한 첫 번째 도시군에 속한 듯하다(Diod. 1, 23 p. 501).

이탈리아와 속주

징병 의무를 부담한 공동체와, 세금을 납부하고 징병 의무를 지지 않은 공동체 간의 차별이, 법률적으로 이탈리아와 속주의 구분과 반드시 일치하지는 않았다. 해외 공동체들도 이탈리아 동맹에 속할 수 있었다. 마메르 용병은 이탈리아 사비눔 인과 본질적으로 동등했다. 그리고 아펜니노 산맥 너머에서처럼 시킬리아나 사르디니아에 라티움 권리를 갖춘 공동체를 건설하는 데 법적인 장애는 없었다. 이탈리아 본토의 공동체도 무장권은 갖지 못한 채 조공 납부의 의무만 부담하는 경우도 있었다. 파두스강 유역의 켈트 지역과 이후 상당히 확대된 지역에서 그러했던 것과 마찬가지다. 그러나 사실상 이탈리아 본토에서는 징병 의무를 부담하는 공동체가 대부분이었고, 섬에서는 조공을 납부하는 공동체가 압도적이었다.

희랍 문명화된 시킬리아나 사르디니아에 이탈리아 인이 정주하는 것을 이전에 로마가 시도하지 않았던 것과 달리, 이때 아펜니노 및 알프스 산맥의 야만인 지역을 복속시키고 정복을 진행함에 따라 로마 정부는 이탈리아 권리를 갖는 새로운 공동체를 그곳에 건설할 것을 확정했다. 따라서 해외 소유지들은 종속 공동체가 되었으며 앞으로도 영원히 종속 공동체로 남을 것이 분명했다. 그에 반해 집정관들에게 새로이 확정된 법적 관할 구역은, 즉 본토의 로마 영토는 새롭게 확대된 이탈리아였는바, 알프스 산맥으로부터 이오니아 해에 이르렀다. 물론 이런 순수 지리학적 개념의 이탈리아가 이탈리아 동맹 공동체라는 정치적 개념과 일치하지는 않았으므로 더 클 때도, 더 작을 때도 있었다. 그러나 이미 당시 사람들은 알프스 경계까지 모든 공간을 이탈리아, 즉 토가 입는 사람들togati의 현재 또는 미래의 땅으로 여겼고, 북아메리카와 현재의 사례들에서처럼 지리적 경계선이 잠정적으로 결정된 후 식민화가 진척되면서 그 경계는 정치적으로도 확정되었다.[6]

아드리아 해의 상황

아드리아 해 초입에 주요 식민시(植民市) 브룬디시움이 오랜 준비 끝에 카르타고 전쟁 중 건설되었는바(로마 건국 510년, 기원전 244년), 이로써 아드리아 해에서 로마의 우위는 결정된 셈이었다. 서해에서 로마는 경쟁자들을 물리쳐야 했지만, 동해에서 희랍 반도의 전 국가는 희랍인들의 불화로 인해 과거에도 당시에도 무기력했다. 그나마 가장 유

---

[6] 로마 본토 및 집정관 관할 구역으로서의 이탈리아와, 속주총독 관할 구역인 해외 영토의 이러한 차이는 로마 건국 6세기에 여러 측면으로 확장된다. 사제는 로마를 떠나지 못한다는 종교 규정(Val. Max. 1, 1, 2)이 바다를 건너면 안 된다고 해석되었다(Liv. ep. 19; 36; 51; Tac. ann. 3. 58; 71; Cic. Phil. 11,8; 18; Liv. 28, 38; 44; ep. 59 참조). 집정관이 "로마의 땅"에서만 독재관을 임명할 수 있다는 옛 규정으로부터 비롯한 '로마의 땅이란 이탈리아 전체를 포괄한다'(Liv. 27, 5)는 로마 건국 544년의 해석도 마찬가지이다. 알프스 산맥과 아펜니노 산맥 사이의 켈트족 지역을 집정관이 아닌 특별 상설 고위 관리가 담당하는 단일한 관할 구역으로 만든다는 생각은 술라 때에 와서야 실현되었다. 물론 로마 건국 6세기에도 자주 갈리아나 아리미눔이 집정관 중 1인의 "관할 구역provincia"으로 불렸다는 데 이의를 제기할 수는 없을 것이다. 그러나 고어에서 'provincia'란 주지하다시피, 후대에는 오로지 이런 의미로 사용되는바 '상설의 고위 관리에 위임된 공간적으로 확정된 관할 구역'이 아니라, 동료 집정관과의 합의 및 원로원의 협력에 의해 집정관 한 명에게 부여되는 '권한'이었다. 이러한 의미에서 북이탈리아의 각 지역 또는 북이탈리아 전체가 집정관 한 명에게 provincia로 배당되는 일도 자주 있었다.

력했던 마케도니아가 아카이아에 의하여 펠로폰네소스에서 축출되는가 하면, 이집트의 영향을 받은 아이톨리아에 의하여 아드리아 해 북부에서도 축출되었고, 야만인에 맞서 마케도니아 북쪽 국경조차 지킬 수 없었다. 마케도니아와 그 태생적 동맹자인 쉬리아 왕을 제압하는 것이 로마 인에게 얼마나 중요했는지, 그리하여 마케도니아와 쉬리아를 억제하려는 이집트의 정책에 로마 인이 얼마나 적극적으로 찬동했는지는, 카르타고 전쟁이 끝난 후 베레니케의 살해 사건을 계기로 선정자 프톨레마이오스 3세가 셀레우코스 2세에게 감행한 전쟁에서─이 전쟁에서 마케도니아는 쉬리아의 셀레우코스 2세 칼리니코스(로마 건국 507~529년, 기원전 247~225년 통치)를 지지했다─놀랍게도 로마가 에우에르게테스 프톨레마이오스 3세를 돕겠다고 제안한 사실에서 알 수 있다. 대체로 로마와 희랍 국가들 사이는 더욱 돈독해졌다. 원로원은 이미 쉬리아와도 협상했고 동족으로 여기는 일리온 인을 위해 셀레우코스를 설득하기도 했다.

동지중해 국가들의 사안에 직접적으로 개입하는 일은 로마 인에게 불요불급했다. 아라토스의 편협한 파벌 정치 탓에 쇠퇴기로 접어든 아카이아 동맹 공동체, 아이톨리아의 용병 공화국, 쇠잔한 마케도니아 제국은 서로를 견제하고 있었다. 더군다나 당시 로마 인은 해외 영토 획득을 원하기는커녕 피하는 형편이었다. 아이톨리아에 대적하여 아카르나니아가, 희랍 도시국가 중 유일하게 일리온을 파괴하는 데 동참하지 않았다고 주장하며, 아이네아스의 후손에게 도움을 요청했을 때, 원로원은 외교적 조정자 역을 자처했다. 이에 아이톨리아가 특유의 불손한 태도로 답변을 보내왔을 때, 원로원은 과거의 이해관계 때문에 그런 답변을 핑계로 개전하지는 않았다(로마 건국 515년, 기원 전 239년). 전쟁이 개시되었다면 로마는 마케도니아계 아카르나니아를 숙적으로부터 해방시킬 수도 있었을 것이다.

일뤼리아의 해적; 스코드라 원정

이런 상황에서 아드리아 해에서 번창한 사업은 해적질일 수밖에 없으며, 이런 불법행위로 인해 이탈리아 무역이 어려움을 겪었음에도 불구하고, 로마 인은 본성상 해전을 혐오하고 함대를 갖추지 못한 탓에 이를 지나치게 묵인하고 있었다. 그러나 결국 상황이 심각해졌다. 마케도니아는 아드리아 해의 해적에 맞서 희랍 무역을 보호한다는 옛 임무를 수행해 보았자 적들만 유리할 뿐이라고 생각했고, 이런 마케도니아의 비호 아래 스코드라의 통치자들은 일뤼리아의 종족, 즉 오늘날의 달마티아 인, 몬테네그로 인, 북알바니아 인을 동원하여 대규모 공동 해적단을 편성했다. 고속 항행이 가능한 2단노선, 소위 "리부르니아 함선"을 총동원하여 일뤼리아 인은 해상 혹은 해안에서 무턱대고 공격했다. 이 지역의 희랍 거주지들, 즉 이싸 섬(오늘날 리사*Lissa*) 과 파로스 섬(오늘날 레시나*Lesina*), 해안 요지 에피담노스(오늘날 두라쪼 *Durazzo*)와 아폴로니아(아오오스 강변의 아블로나 북쪽)는 특히 고통을 겪었고 야만인의 포위 공격을 반복적으로 받아야 했다. 더 남쪽으로, 에페이로스에서 가장 번화한 도시 포이니케에서는 해적의 세력이 확고했다.

반은 자발적으로, 반은 강압적으로 에페이로스와 아카르나니아는 외부 해적과 부자연스러운 동맹 관계를 구축했다. 엘리스와 메사나에 이르기까지 해안이 불안정했다. 아이톨리아와 아카이아는 불의를 통제하기 위해 자신들의 함선을 결집했지만 허사였다. 해상 전투에서 해적과 그 희랍 동맹국에게 패했다. 해적선들은 결국 중요하고 부유한 섬인 케르퀴라(오늘날 코르푸)까지 접수했다. 이탈리아 선박들의 불만, 오랜 동맹국 아폴로니아의 지원 요청, 포위 공격 받는 이싸의 구조 요청 등으로 로마 원로원은 스코드라에 사절을 파견하기에 이르렀다. 가이우스 코룽카니우스와 루키우스 코룽카니우스 형제가 아그론 왕에게 불법행위를 중지하라고 요구하기 위함이었다. 왕은 일뤼리아 국법에 따르면 해상 강도 행위는 허용되는 사업이고 정부는 사적인 약탈 행위를 막을 권한이 없다고 답했다. 이에 대하여 루키우스 코룽카니우스는 로마가 일뤼리아 인에게 더 나은 국법을 가르치겠다고 답했다. 그리 외교적이지 못했던 이 답변 때문에―로마 인의 일방적 주장이긴 하지만―왕명으로 사절 한 사람이 귀국길에 살해되었고 살인자 인도에 대한 요청도 거부되었다.

　이제 원로원에게 다른 선택지는 없었다. 로마 건국 525년(기원전 229년) 봄 아폴로니아 앞에 전함 200척으로 구성된 함대가 상륙군을 태우고 나타났다. 로마 상륙군이 해적 요새를 분쇄하는 동안, 로마 함대 앞의 해적선들도 패퇴하여 뿔뿔이 흩어졌다. 남편 아그론 왕이 사망하자 어린 아들 핀네스를 대신하여 섭정하던 테우타 여왕은 최후의 도피처에서 포위되어 로마가 정한 조건을 받아들일 수밖에 없었다. 스코드라의 통치자들은 북쪽과 남쪽 모두에서 다시 원래의 좁은 지역에 갇혔고, 모든 희랍 도시와 달마티아의 아르디아에이 인들, 에피담노스 부근의 파르토스, 북부 에페이로스의 아틴타니아에 대한 지배권을 내놓아야만 했다. 이후 리소스(오늘날 스쿠타리와 두라쬬 사이의 알레씨오)의 남해를 일뤼리아 전함은 일체 통과하지 못했고, 일뤼리아 선박은 비무장이라 해도 2척 이상이 함께 다닐 수 없었다. 로마의 아드리아 해 패권은 해적 행위에 대한 신속하고도 강력한 제압을 통해 확립되었고 이후 계속해서 칭송받았다.

일뤼리아 영토의 획득

로마 인은 더 나아가 아드리아 해 동쪽의 해안 지대를 동시에 확보했다. 스코드라의 일뤼리아 인은 로마에 조공을 바치게 되었다. 파로스의 데메트리오스는 일뤼리아의 테우타 여왕 대신 로마에 복무해 로마의 속국이자 동맹자로서 달마티아의 섬들과 해안 지대를 통치하게 되었다. 케르퀴라, 아폴로니아, 에피담노스, 아틴타니아, 파르토스 등 희랍 도시들은 로마 주도의 군사동맹에 편입되었다. 아드리아 해의 동해안에서 이렇게 획득된 땅이 그다지 광범위하지 않아 관할 대리집정관을 임명할 정도는 아니었다. 케르퀴라와 여타 장소들에는 더 낮은 직위의 총독이 파견되었고, 획득 영토들에 대한 총감독은 이탈리아를 관할하던 최고 관리에게 부가적으로 위임된 듯하다.[7] 이로써 시

---

[7] 케르퀴라(Polyb. 22, 15, 6[Liv. 38, 11에 잘못 옮겨짐; 42, 37 참조])와 이싸(Liv. 43, 9)에 로마의 상

킬리아와 사르디니아처럼 아드리아 해에서 가장 중요한 해상 기지들이 로마의 직접적인 지배권으로 들어왔다. 어찌 그렇지 않을 수 있었겠는가? 로마는 북부 아드리아 해를 관할할 훌륭한 해상 기지가 필요했다. 이탈리아 반도의 해상 기지는 그러한 역할에 부적절했기 때문이다. 새로운 동맹국인 희랍 무역도시들은 로마 인을 구원자로 보았고 강력한 보호를 지속적으로 보장받기 위해서라면 무엇이든 했다. 희랍 본토의 누구도 이런 흐름을 거역할 수 없었다. 오히려 해방자에 대한 상찬을 사람들마다 입에 올리고 있었다. 희랍에서 가장 강한 무력을 가진 아카이아 동맹의 전함 10척을 대신하여 야만인의 전함 200척이 항구에 정박하고, 가련하게도 그들은 실패했던 문제를 로마 인은 일거에 해결하는 것을 보았을 때, 환희와 수치 중 어느 쪽이 더했냐고 희랍인들에게 물을 수 있겠다. 핍박받던 희랍 민족은 자신의 구원을 외부에 구해야 했던 점을 부끄러워 했겠지만, 최소한의 예의를 갖추어 처신했다. 그들은 로마 인에게 이스트모스 체전과 엘레우시스 비의에 참가하는 것을 지체 없이 허용했다.

마케도니아는 침묵했다. 무기로써 항거할 상황도, 말로써 항의할 상황도 아니었다. 저항은 어디에도 없었다. 그럼에도 불구하고 로마

설 사령관이 있었던 것처럼 보인다. 발레아레스 군도 대관(代官 혹은 총독) *praefectus pro legato insularum Baliarum*(Orelli 732)과 판다타리아 대관(代官)(IRN 3528)도 그와 유사한 것일 수 있다. 미루어 보건대, 로마 행정권에서 멀리 떨어진 섬들에는 원로원 계층이 아닌 자를 총독으로 임명하는 것이 아주 통상적이었던 것 같다. "대관"은 물론 그를 임명하고 감독하는 고위 관리가 존재한다는 사실을 염두에 둔 개념이다. 그리고 이 시기에 그러한 고관은 집정관일 수밖에 없다. 마케도니아와 알프스 이남 갈리아가 속주로 된 이래, 두 속주를 관리하는 총독 중 한 명에게 섬에 대한 상급 감독권이 부여되었다. 마찬가지로 후에는 여기에서 언급되는 지역 케르퀴라(후대의 로마속주 일뤼리쿰의 핵심)가 부분적으로 황제의 행정 관할에 속하게 된다.

는 이웃집 대문 열쇠에 손댐으로써 이웃을 적으로 만들어버렸다. 로마는 이웃이 다시 힘을 되찾거나 적절한 기회를 만나면 침묵을 깰 수도 있음을 알아야 했다. 강력하고 현명한 왕 안티고노스가 장수했다면 로마의 도전을 받아들였을 것이다. 왜냐하면 몇 년 후 파로스의 데메트리오스 왕가가 로마 패권에서 벗어나, 조약을 어기고 히스트리아 해적과 협력해 로마가 독립국임을 선언한 아틴타니아를 복속시켰을 때, 안티고노스는 그와 손을 잡았으며 데메트리오스의 군대는 안티고노스 동맹군과 함께 셀라시아 전투(로마 건국 532년, 기원전 222년)에 참전했기 때문이다. 하지만 안티고노스는 죽었다(로마 건국 533/34년, 기원전 221/20년 겨울). 후계자 필립포스는 당시 어린 소년으로, 집정관 루키우스 아이밀리우스 파울루스가 마케도니아의 동맹국을 공격하고 수도를 파괴하여 데메트리오스를 왕국에서 추방하는 것에 맞설 수 없었다(로마 건국 535년, 기원전 219년).

아펜니노 산맥 이남의 본래 이탈리아는 타렌툼 함락 이후 오랫동안 평화가 지속되었다. 팔레리이 인과의 6일 전쟁(로마 건국 513년, 기원전 241년)은 진기한 사건이었다. 하지만 이탈리아 북부 지방, 로마 연방과 이탈리아 자연 경계인 알프스의 중간 지대에는 로마 인에게 귀속되지 않은 넓은 지역이 여전히 존재했다. 아드리아 해의 이탈리아 국경은 아이시스 강이었으며, 이 강은 앙코나 외곽에 인접해 있었다. 이 국경 너머 바로 옆에는 갈리아 땅이던 지역이 라벤나까지 이어졌는데, 이 지역도 본래 이탈리아와 유사한 방식으로 로마 연방에 귀속되어 있었다. 한때 세노네스 부족이 거주했으며 로마 건국 471/72년(기원전 283/82년)의 전쟁으로 모두 쫓겨났다(제2권 225쪽). 어떤 장소에는 세나 갈리카(제

2권 227쪽)처럼 로마 식민지가 세워졌는가 하면, 라티움 권리를 갖는 아리미눔(제2권 260쪽) 등의 연방 도시나 이탈리아 권리를 갖는 라벤나 등의 연방 도시가 세워졌다.

  라벤나 너머 북쪽에서 알프스 지역에 이르는 광활한 지역에는 비(非)이탈리아계 민족이 살고 있었다. 파두스 강 이남의 평야 지대는 여전히 켈트계의 강력한 보이이(파르마에서 볼로냐에 이르기까지) 인들이, 그 동쪽에는 린고네스 부족이, 서쪽에는(파르마 지역) 아나레스 부족이 살고 있었다. 후자의 두 부족은 보이이 인과 피호 관계에 있던 작은 부족이었다. 또 이들 영역을 벗어나면 리구리아 인의 땅이 시작되는데, 이들은 일부 켈트족과 섞여 아레티움과 피사 북쪽의 아펜니노 산맥에 기대어 파두스 강의 발원지를 차지하고 있었다. 그리고 파두스 강 이북의 평야 지대에는 베네티 부족이 살고 있었는데 이들은 켈트족과는 다른 민족으로 일뤼리아에서 온 부족으로 보인다. 이들은 베로나에서 해안에 이르는 동쪽 지역을 차지하고 있었다. 이들의 서쪽에서 산악 지역에 이르기까지 크레모나 부족(브레스키아와 크레모나 주변)이 살고 있었고 켈트족과는 접촉이 거의 없었으며 베네티 부족과 밀접한 관계를 맺고 있던 것으로 보인다. 또 인수브레스(오늘날 밀라노 인근) 부족도 그곳에 살고 있었는데 이들은 이탈리아 켈트족 중 가장 강력한 부족으로 주변의 군소 부족이나 알프스 산지에 흩어져 있는 켈트족 또는 여타 종족과 교류했으며, 나아가 알프스 너머의 켈트족과도 지속적으로 왕래했다. 알프스의 협곡들, 배가 다닐 정도로 큰 371킬로미터 길이의 강, 당시 문명화된 유럽 땅 가운데 가장 넓고 비옥한 평야 등은 이탈리아 민족과 숙적이던 민족들이 차지하고 있었다. 이들은 무기력했지만 명목상의 독립을 유지하고 있는 꺼림칙한 이웃이었으며, 야만성에서 벗어나지 못한 채 드넓은 평야에 흩어져 방목과 약탈 경제에 종사했다. 사람들은 로마가 이들 지역을 서둘러 복속시킬 것을 기대했을 수 있다. 켈트족이 로마 건국 471년(기원전 283년)과 로마 건국 472년(기원전 282년)의 패배를 잊고 재차 도발하면서, 그리고 더욱 심각했던바 알프스 너머 켈트족이 새롭게 알프스 이남에 나타나면서 그 기대는 증폭되었을 수도 있다.

켈트족과의 전쟁

로마 건국 516년(기원전 238년)에 보이이 인들이 전쟁을 다시 시작했다. 이들의 족장 아티스와 갈라타스는 종족 회의의 동의도 없이 알프스 이북의 켈트족에게 공동전선을 펼칠 것을 제안했다. 알프스 이북의 수많은 켈트족은 이런 제안을 받아들였으며, 로마 건국 518년(기원전 236년)에는 이들의 켈트족 군대가 아리미눔 앞까지 진출했다. 이는 오랫동안 유례없던 일이었다. 당시 로마 인은 바로 당장 전쟁을 치르기에는 군사력이 너무 약했기에 강화조약을 체결했고, 시간을 벌기 위해 켈트족 사절들로 하여금 로마로 오도록 했으며 이들은 로마 원로원에서 아리미눔을 넘기라고 요구했다. 브렌누스의 시절이 다시 돌아온 듯했다. 하지만 예기치 않은 사건 때문에 전쟁은 제대로 시작되기도 전에 끝나 버렸다. 보이이 인들이 불청객 동포의 도발에 불만을 품고 영토를 걱정했고, 알프스 이북에서 온 이들과 싸움을 벌인 것이다. 켈트족끼리의 싸움은 대규모 전투로 번졌다. 보이이 부족의 지도자들이 동족의 손에 죽었고 이후 알프스 북쪽에서 온 켈트족은 귀향했다.

이렇게 되자 보이이 인의 운명은 로마 인의 손에 달린바, 로마 인은 보이이족을 세노네스 부족과 마찬가지로 파두스 강 유역까지 밀어낼지 말지 결정하게 되었다. 하지만 로마 인은 일부 지역에서 물러나는 조건으로 강화조약을 맺는 것을 선택했다(로마 건국 518년, 기원전 236년). 그것이 더 나을 수 있었다. 곧 카르타고와의 전쟁이 재개될지도 모르는 상황이었기 때문이다. 하지만 카르타고가 사르디니아에서 철수하면서, 로마 정부로서는 알프스에 이르는 지역 전체를 가능한 한 빠르고 완전하게 장악하는 정책이 마땅해 보였다. 따라서 로마의 침공을 늘 두려워하던 켈트족의 판단은 정당한 것이었다. 하지만 로마인은 서두르지 않았다. 그래서 켈트족이 전쟁을 시작했다. 켈트족에게 직접적인 영향을 주는 일은 아니었지만 동해안에서 로마가 농지를 분배하자(로마 건국 522년, 기원전 232년) 자극받았다거나 롬바르디아 평야를 놓고 로마와 전쟁을 한번은 치러야 한다고 판단했다거나, 아니면 가장 가능성이 높은바, 인내심이 부족한 켈트족이 교착상태에 피로감이 쌓이자 군대를 다시 움직이기로 했던 것이다.

베네티 인과 연합하여 로마를 지지하고 나선 크레모나 인을 제외하고 이탈리아 반도의 모든 켈트족이 함께 했으며, 로다누스 강 상류 계곡의 켈트족 혹은 이들의 가병(家兵)이 콘콜리타누스와 아네로에스투스의 지휘 하에 참전했다.[8] 보병 5만 명과 기병 및 전차병 2만 명을 이끌

---

[8] 폴뤼비오스는 이들을 "이들이 용병생활을 했기 때문에 가이사티*Gaesati*(가병)라고 불리는 알프

고 켈트족 지휘관들은 아펜니노 산맥을 향해 진격했다(로마 건국 529년, 기원전 225년). 로마 측은 선제공격을 예상하지 못했고, 이들이 동해안의 로마 요새나 동족의 방어망을 무시하고 곧장 수도 로마를 향하리라고는 예측하지도 못했다. 이런 침입이 있기 직전에 켈트족 부대가 아주 유사한 방식으로 희랍 땅을 쳐들어간 적이 있었다. 위협은 심각했으며 희랍 땅에서보다 훨씬 위중했다. 이번에는 로마가 멸망해 끔찍한 저주를 입어 켈트족의 손에 영토가 넘어갈 것이라는 믿음이 로마 대중에게까지 유포되었으며, 이러한 터무니없는 믿음을 더욱 터무니없는 미신으로써 몰아내기 위해 켈트족 남녀를 신탁에 따라 로마 광장에서 생매장하려는 행위를 정부조차 그 권위로써 제재하지 않을 정도였다.

로마 인은 더욱 진지한 태도로 전쟁을 준비했다. 집정관이 이끄는 두 개의 로마 군단들 — 각 군단이 2만 5,000명의 보병과 1,100명의 기병을 갖추고 있었다 — 가운데 하나는 가이우스 아틸리우스 레굴루스의 지휘 하에 사르디니아에 주둔하고 있었고, 다른 하나는 루키우스 아이밀리우스 파푸스의 지휘 하에 아리미눔에 주둔하고 있었다. 두 집정관은 최전방 에트루리아로 즉시 이동하라는 명령을 받았다. 로마와 연합한 크레모나와 베네티아를 대비하기 위해 켈트족은 앞서 본국에 수비를 남겨두어야만 했다. 이제 움브리아 인의 부대가 투입

스와 로다누스 강 지역의 켈트족"이라고 적었지만 카피톨리움 책력에는 "게르만족"이라고 기록했다. 동시대 역사 기록은 이들을 "켈트족"이라고만 적었으나, 이후 카이사르와 아우구스투스 시대의 카피톨리움 책력 편집자들은 역사적 해석을 통해 "게르만족"으로 보았을 가능성도 있다. 물론 반대로 카피톨리움 책력이 게르만족을 언급한 것 자체가 켈트족 전쟁 시대의 역사 기록에 따른 것일 수도 있다(그럴 경우 이것은 게르만족에 대한 가장 오래된 언급이다). 하지만 후대의 명칭인 게르만족보다는 일단의 켈트족 무리였다고 보는 것이 좋겠다.

되었다. 이들은 고향 산지를 벗어나 보이이 인의 평야로 돌격했으며 적들의 농지에 대하여 생각해낼 수 있는 모든 위해를 가했다. 에트루리아와 사비눔 예비군은 정규군이 투입될 수 있을 때까지 아펜니노 산맥을 지키며 가능한 곳에서 켈트족을 막아내야 했다. 로마에서도 5만 명의 예비부대가 소집되었다. 그리고 이 일을 계기로 전 이탈리아가 로마를 진정한 보호자로 인식하게 되었는바, 이탈리아 전역에서 복무 가능한 병력이 소집되었으며 보급품과 전쟁 물자들이 모아졌다.

텔라몬 전투

하지만 이 모든 것은 시간을 요했다. 적들은 이미 쳐들어오고 있었고, 에트루리아를 구하는 것조차 늦어 버렸다. 켈트족은 아펜니노 산맥에 로마 수비군이 거의 배치되어 있지 않음을 알아차리고 에트루리아의 기름진 평야를 약탈하는 동안에도 적을 보지 못했다. 사흘이면 로마에 당도할 클루시움 근처에 켈트족이 다다르자, 집정관 파푸스 휘하의 아리미눔 부대가 켈트족 측면을 따라가는 동안, 에트루리아 수비대는 아펜니노 산맥을 넘어 행군하는 켈트족을 배후에서 추격하고 있었다. 어느 날 밤 아리미눔 부대와 에트루리아 수비대가 군영을 만들고 불을 피우는데, 켈트족 보병이 전방에서 갑자기 나타나더니 파이술라이(오늘날 피에솔레)쪽으로, 행군 방향과 반대쪽으로 사라졌다. 켈트족 기병대도 밤새 경계 임무를 수행하고, 다음날 아침 본대를 따라 이동했다. 적의 본대를 뒤따르던 에트루리아 수비대가 켈트족이 철수했음을 확인했을 때, 수비대는 적군이 곧 흐트러지리라 생각하고 신속하게 추격했다. 이는 켈트족의 술책이었다. 휴식을 충분히 취하고 전열을 가다듬은 켈트족 보병들은 미리 물색해 놓은 장소에서 로마군을 기다렸다. 로마군은 맹추격의 강행군으로 지친 상태였고, 대열마저 흩어져 있었다.

접전 끝에 로마군 6,000명이 전사했거니와, 집정관의 부대가 때마침 나타나지 않았다면 언덕으로 급히 피했던 잔병들마저 전멸했을 것이다. 집정관의 부대는 켈트족을 제압하여 고향으로 돌아가게 만들었다. 두 로마 군단의 연합작전을 저지하는 한편, 더 열세인 군단을 섬멸하려던 켈트족의 영악한 전술은 절반의 성공으로 끝났다. 그래서 당장은 전리품이나마 안전하게 확보하는 것이 상책이라고 그들은 생각했다. 그들은 좀 더 편한 행군로를 찾아, 주둔했던 클루시움를 버리고 해안 지대로 내려와 해안을 따라 북쪽으로 행군했다. 그때 이들에게 예기치 못한 장애물이 생겼다. 그것은 피사이에 상륙한 사르디니아 군단이었다. 사르디니아 군단은 아펜니노 산맥의 퇴로를 봉쇄하기에는 늦었음을 알고, 켈트족이 행군하는 해안을 따라 남하하던 중이었다. 사르디니아 군단은 텔라몬 근처(오늘날 옴브로네 강의 하구)에서 켈트족을 만났다. 로마 보병이 대로를 따라 앞을 가로막는 동안, 집정관 가이우스 아틸리우스 레굴루스가 지휘하는 기병대는 우회하여 켈트족 측면에 당도했고 도착 사실을 파푸스가 지휘하는 또 다른 로마군에게 가능한 한 빨리 알리려 했다.

맹렬한 기병전이 있었고, 거기서 용감한 로마 인 상당수가 레굴루스와 함께 전사했다. 하지만 그 희생은 헛되지 않았으며, 파푸스는 전투를 보고 사태를 파악했다. 그는 신속하게 부대를 정렬했고, 이제 로마 군단이 켈트족을 양쪽에서 몰아붙이게 되었다. 켈트족 부대는 둘로 나뉘어, 알프스 이북의 켈트족과 인수브레스의 켈트족이 파푸스 군대를 막았고, 보이이 인들이 사르디니아 보병대를 막아 용감하게 싸웠다. 이와 별도로 기병대 전투는 측면에서 전개되었다. 전력은 수적으로 비슷했지만 절망적 상황은 오히려 끈질기게 저항할 의지를 켈트족에게 북돋웠다. 알프스 이북 갈리아의 켈트족은 근접전에는 익숙했지만 로마 창병의 투창에 속수무책이었다. 백병전에서 로마군은 제련 상태가 더 나은 무기를 들고 켈트족을 몰아붙였다. 마지막으로 로마 기병대가 측면 공격에 성공하여 전투를 결판냈다. 켈트족 기병은 가까스로 탈출했다. 켈트족 보병은 바다와 세 로마 군단 사이에 막혀 탈출할 수 없었다. 켈트족 1만 명이 콘콜리타누스 왕과 함께 포로로 잡혔다. 또 다른 4만 명이 전장에서 죽었다. 아네로에스투스와 그의 측근은 켈트족 관습대로 자결했다.

공격받는 켈트족의 영토

승리는 완벽했고 로마 인은 알프스 이남 켈트족을 완벽 제압하여 켈트족 침입의 재발을 막기로 결심했다. 다음 해(로마 건국 530년, 기원전 224년) 아무 저항도 없이 보이이족과 린고네스족이, 그 이듬해(로마 건국 531년, 기원전 223년) 아나레스족이 투항했다. 그 결과 아펜니노 산맥에서 파두스 강에 이르는 평야가 로마의 손에 들어왔다. 더욱 격렬한 전투를 치르고 나서 로마는 파두스 강의 북안을 정복했다. 가이우스 플라미니우스는 새로 얻은 아나레스 지역(오늘날 피아첸짜 근처)에서 강을 건넜다(로마 건국 531년, 기원전 223년). 그는 도강 도중에 그리고 도강 후에는 더욱 큰 손실을 입었고, 강을 등진 자신의 상황이 너무 위험하다는 것을 알았다. 자진해서 철수하기로 하고 무조건 항복을 했으며, 인수브레스 인은 어리석게도 그것을 용인했다. 케노마니족의 지역으로 간신히 빠져나오자마자 가이우스는 케노마니족과 연합하여 북쪽에서 인수브레스 지역으로 다시 쳐들어갔다. 켈트족은 손을 쓰기에는 너무 늦게 상황을 파악했다. 켈트족은 여신 사원에서 "불굴의 용사들"이라 불리는 황금 군기를 들고, 5만 명에 이르는 전군을 동원하여 로마군과 전투를 벌였다. 로마군은 불리한 형세였다. 배후는 강(오늘날 올리우스 강)으로 막혔고, 로마로 가는 길은 적이 차단하고 있어 퇴각은 물론 전투 지원도 케노마니족의 불확실한 우정에 의존할 수밖에 없는 상황이었다. 선택의 여지가 없었다. 강의 좌안에는 전투태세를 갖춘 켈트족이 위치했고, 우안에는 로마 군단에 맞서 인수브레스족이 위치해 있었다. 로마군은 다리를 끊었는바, 배후에 있던 의심스러운 동맹군의 공격을 차단하기 위해서였다.

로마에 정복된 켈트족

로마군의 퇴각로는 강에 차단되고, 로마로 가는 길은 적군에 장악되어 있었다. 하지만 로마군의 무기 및 훈련의 우수성이 개가를 올렸고 군단은 능력을 보여주었다. 로마 전술이 다시 한번 전략적 오류를 시정했다. 사령관이 아니라 병사와 장교들의 승리였으므로 개선식을 거행할 수 없다는 원로원의 적법한 결정에 반해 민회의 동의만으로 개선식을 거행했다. 인수브레스족은 기꺼이 강화조약을 맺을 수도 있었다. 하지만 로마가 무조건 항복을 요구함에 따라 타결되지 않고 있었다. 인수브레스족은 북부 부족들의 도움을 얻어, 이들에게서 확보한 용병 3만 명과 부족 병사들을 데리고, 이듬해(로마 건국 532년, 기원전 222년) 다시 한번 케노마니 지역에서 그들에게 쳐들어온 두 집정관 군단을 맞아 싸워야만 했다. 훨씬 격렬한 전투가 몇 번 더 있었다. 인수브레스족은 파두스 강 우안(오늘날 파비아 아래 카스테기오)의 로마 요새 클라스티디움을 공격했고, 이때 켈트족 왕 비르두마루스가 집정관 마르쿠스 마르켈루스의 손에 쓰러졌다. 이로써 켈트족이 절반이나 이긴 전투가 최종적으로는 로마군에게 유리하게 마무리되었다. 전투 이후 집정관 그나이우스 스키피오가 인수브레스의 수도인 메디올라눔을 습격하고, 이 도시와 코뭄 시를 점령하여 저항군을 괴멸했다.

따라서 이탈리아의 켈트족은 완패했다. 이전에 로마가 희랍인에게 해적 전쟁에서 로마 제해권과 희랍 제해권의 차이를 확실히 보여주었듯, 이번에는 이탈리아의 관문을 약탈자에게서 보호하는 데 있어, 희랍의 관문을 지키던 마케도니아와 확실히 다름을 입증했음은 물론, 외적을 맞아 흩어진 희랍과 달리, 로마는 내부의 모든 갈등에도 불구하고 외적을 맞아 일치단결했음을 입증했다.

전 이탈리아의 로마화

로마가 알프스 경계까지 진출함으로써, 파두스 강 유역의 평야 거주민은 모두 로마의 복속민이 되거나, 케노마니와 베네티 지역처럼 복속 동맹이 되었다. 승리의 열매를 거두고 그 지역을 로마화하기까지는 시간이 필요했다. 더구나 이 과정에서 로마의 방식은 동일하지도 않았다. 로마는 이탈리아 북서부 산악 지역 및 알프스에서 파두스 강에 이르는 먼 지역에 거주하던 주민에게는 더 관대했다. 반면 리구리아 인과 치렀던 수많은 전쟁(우선 로마 건국 516년, 기원전 238년)은 명목상 전쟁이었을 뿐 노예사냥처럼 보일 정도였다. 예를 들어 리구리아 지역과 그 계곡에 살던 주민은 로마 인에게 제압되었으며, 이 지역에서 로마 주권이라 함은 명목 이상의 것이었다. 또한 히스트리아 원정(로마 건국 533년, 기원전 221년)은 아드리아 해에서 해적들의 최후 은신처를 파괴하고 이탈리아 정복지와 반대쪽 점령지를 해안을 따라 연결하는 길을 확보하는 것이 목표였던 듯하다.

반면 파두스 강 이남의 켈트족은 괴멸되었다. 켈트족의 연대는 느슨해서 북부 켈트족 중 누구도 돈 때문이 아니면 이탈리아 동족을 돕지 않았다. 로마 인은 파두스 강 이남 지역민을 민족적 원수, 나아가 유산의 약탈자로 보았다. 로마 건국 522년(기원전 232년)에 이 지역 토지에 대한 광범위한 분배가 이루어졌고, 앙코나와 아리미눔 사이의 전역이 로마 식민지 건설단으로 채워졌다. 이들은 지역 공동체 조직을 두지 않고 도시 지역이나 농촌 지역에 정착했다. 이런 식으로 이주가 계속되었고, 반(半)야만적이고 농사는 부차적으로 여기며 성벽 없는 도시에서 거주하는 켈트족 같은 민족을 쫓아내는 것은 어렵지 않았다.

　대규모의 북부 도로가 80년쯤 전에는 오크리쿨룸을 지나 나르니아까지 미쳤고, 얼마 전에는 새로 건설한 요새인 스폴레티움까지 연장되었다(로마 건국 514년, 기원전 240년). 플라미니우스 대로라고 불린 이 도로는 당시(로마 건국 534년, 기원전 220년) 새롭게 형성된 도심 포룸 플라미니이(오늘날 포리그노 근처)를 지나 푸를로 협곡을 통해 아드리아 해까지 연장되었고, 이 해안을 따라 판눔(오늘날 파노)에서 아르미눔까지 이르렀다. 이것은 아펜니노 산맥을 가로지르고 이탈리아 양편 바다를 연결하는 첫 번째 고속도로였다. 로마 인은 새로 얻은 비옥한 지역을 로마식 도시로 뒤덮는 일에 전념했다. 적이 파두스 강을 넘어오는 것을 막기 위해 우안에 이미 요새 플라켄티아(오늘날 피아첸짜)를 건설했다. 거기서 멀지 않은 좌안에 크레모나가 닿아 있었고, 멀리 보이이 인에게서 빼앗은 지역에는 무티나(오늘날 모데나) 성벽이 확장되고 있었다. 이런 확장의 결과를 로마 인이 누리지 못하게 하는 사건이 갑자기 발발하기 직전, 로마는 이미 영토를 넓게 확보하고 도로를 연장해놓고 있었다.

제4장
하밀카르와 한니발

강화 이후 카르타고

로마 건국 513년(기원전 241년)에 있었던 로마와의 강화조약으로 카르타고 인은 평화를 얻었다. 하지만 대가는 가혹했다. 시킬리아 대부분 지역에서 징수되는 조공이 이제 카르타고가 아니라 적국의 금고로 들어간다는 것은 오히려 미미한 손실이었다. 훨씬 가혹했던 것은 동지중해에서 서지중해에 이르는 해상 노선을 독점할 수 있다는 희망을 버려야만 했다는 점, 따라서 카르타고 무역 정책 전체가 붕괴되었다는 점, 그때까지 독점하던 남서 지중해가 시킬리아 상실 이후 모든 민족이 통행할 수 있는 공해(公海)로 되었다는 점, 이탈리아 무역이 카르타고 무역과 완전히 분리되었다는 점 등이었다. 차분한 시돈 인들이었기에 이러한 사태에도 침착할 수 있었을지 모른다. 그들은 이미 유사한 타격을 경험한 바 있기 때문이다. 한때 독식했던 것을 마살리아 인, 에트루리아 인, 시킬리아 희랍인들과 나누어야 했다. 물론 현재 아직 가지고 있는 것, 즉 아프리카, 히스파니아, 대서양의 관문들만으로도 권력을 과시하며 번영된 삶을 살기에 충분했다. 하지만 이런 상황이 지속되리라고 누가 확신할 수 있겠는가?

사람들은 레굴루스가 요구했던 것과, 그 요구 사항이 관철될 뻔했던 것을 잊길 원했고, 그래서 잊을 수 있었다. 하지만 로마가 이탈리아에서 출발하여 성공적으로 수행했던 원정을 이제 릴뤼바이움에서 출발하여 다시 시도한다면, 적의 착각 또는 카르타고의 특별한 행운이 없는 한 카르타고의 패배가 분명했다. 당장은 평화를 누리고 있었다. 하지만 강화조약의 비준은 풍전등화와 같았다. 사람들은 로마의 여론이 강화조약 체결에 대해 어떻게 흘러가는지 알고 있었다. 로마가 아직은 아프리카 정복을 생각하지 않고 이탈리아로 만족하는 것도 가능했다. 그러나 카르타고의 국가적 존립이 로마의 이런 자족에 달려 있다는 사실 자체가 카르타고 인으로서는 불쾌했다. 이탈리아 정책을 펴는 데 있어, 로마 인이 아프리카의 이웃 나라를 절멸시키는 것보다 그저 복속시키는 것을 적절한 조치로 여긴다고 누가 보장할 수 있겠는가?

카르타고의 주화파(主和派)

요컨대 카르타고는 로마 건국 513년의 강화를 정전(停戰)으로 볼 수밖에 없었고, 그 강화를 불가피한 전쟁 재개의 준비에 이용해야 했다.

패전에 대한 복수가 아니었고, 상실한 것을 되찾기 위함은 더더욱 아니었고, 다만 국가의 존립이 적의 재량에 좌우되지 않는 상황을 확보하려는 것이 그 목적이었다. 발발 자체는 확실하지만 시기는 불확실한 전쟁을 목전에 둔 약소국의 경우, 똑똑하고 결단력 있고 헌신적인 사람들은 최대한 유리한 시점에 전쟁을 시작하려 할 것이고 정치적 수세를 전략적 공세로 만회하려 할 것이다. 하지만 그들은 나태하고 겁 많은 돈의 노예들, 노회한 자들, 어리석은 자들 때문에, 오로지 평화 속에 살다가 죽기 위해 시간을 버는 것, 그리하여 최후의 결전은 될 수 있는 한 뒤로 미룰 생각뿐인 자들 때문에 사방에서 생기는 온갖 장애물을 보게 될 것이다. 그렇게 카르타고에도 주화파와 주전파가 있었다. 물론 두 당파의 대립은 이미 보수파와 개혁파 사이에 존재하던 정치적 대립과 맥을 같이했다. 보수파를 지지한 것은 카르타고의 정부, 즉 소위 '위대한' 한노가 수장으로 있는 원로회와 판관단이었고, 개혁파를 지지한 것은 민중 지도자들, 즉 저명한 하스드루발과 시킬리아 파견군의 장교들이었다. 애국지사들은 하밀카르가 이끈 시킬리아 파견군이 거두었던 큰 성공에서—실패로 끝나긴 했지만—엄청난 위험에서 나라를 구할 수 있는 약속의 길을 보았다. 리뷔아 내전 때문에 그들 사이의 반목이 잠시 멈추었으나, 그때까지 이미 두 당파 사이에 격렬한 분쟁이 오랫동안 존재했을 것이다.

리뷔아 내전이 어떻게 발발됐는지는 기술했다. 지배 당파가 시킬리아 장교들의 모든 사전 예방 조치를 무력화시킨 무능한 행정으로 반란을 부추겼고, 비인간적인 통치 체제로 반란을 혁명으로 전화(轉化)시켰고, 특히 영도자로서 군대를 망친 한노의 군사적 무능력이 국가를 나락의 직전까지 몰아간 후, 정부는 가장 긴박한 시점에 에이륵테의 영웅 하밀카르 바르카스에게 앞서의 실수 및 잘못에서 기인한 결과들로부터 정부를 구하라고 요청했다. 그는 명령을 받아들였고, 한노가 동료로 임명됐을 때에도 사직하지 않는 대범함을 보여주었다. 분노한 군대가 한노를 거부했을 때도 하밀카르는 정부의 간청을 받아들여 재차 공동 명령권을 용인했다. 이런 정적과 동료에도 불구하고, 그는 반란군에 대한 영향력, 누미디아 족장들과의 능란한 협상, 조직가이자 군사령관으로서 발군의 천재성 등으로 믿을 수 없을 만큼 짧은 시간에 반란을 완전히 제압할 수 있었고, 분노한 아프리카를 다시 순종하도록 만들었다(로마 건국 517년, 기원전 237년 말).

애국지사들은 내전 동안 침묵했다. 전쟁이 끝난 후에야 큰 소리로 발언했다. 통치 과두정의 부패 혹은 부패 가능성, 무능력, 파벌 정치, 친로마적 행태 등이 내란 중에 적나라하게 드러났다. 또한 사르디니아의 강탈과, 로마가 당시 취하던 위협적인 태도를 보면서 아무리 어리석은 사람일지라도, 로마의 선전포고가 다모클레스의 검처럼 항상 카르타고의 머리 위에 걸려 있음을, 그리고 현 상황에서 카르타고가 로마와 전쟁을 벌이면 카르타고의 리뷔아 지배권이 필연적으로 끝장난다는 점을 알았을 것이다. 조국의 미래를 회의적으로 바라보면서 대서양에 위치한 섬으로 이주하라고 권고한 자들이 카르타고에 적지 않았을 것이다. 누가 그들을 탓할 수 있겠는가? 그러나 영혼이 고귀한 자들은 나라를 버리고 자신만 구하는 것을 떳떳치 못하게 여길 테고, 본성이 위대한 자들은, 많은 착실한 사람들이 회의적으로 여긴 바로 그것에서 열정을 발견하는 특권을 갖는다.

사람들은 로마의 새 조건들을 받아들였다. 새로운 증오를 옛 증오에 덧붙이면서 순종하고, 증오를 조심스럽게 마음속에 담고 잊지 않는 것(이것이 조롱당한 민족의 마지막 자산이다) 외에 카르타고에게 다른 방법이 없었다. 사람들은 곧 정치적 개혁으로 나아갔다.[1] 통치 세력의 개선 불가능성에 대하여 충분히 확신하게 되었다. 예컨대 하밀카르가 정부의 수권도 없이 시킬리아 병사들에게 금전을 약속했으므로 용병 반란 전쟁의 책임을 져야 한다면서 그에게 소를 제기한 정부의 단순함 혹은 뻔뻔함을 보면, 통치 세력은 최근의 내전을 통해서 원한을 버리지도 더 큰 지혜를 배우지도 못했다는 점을 알 수 있다. 카르타고의 장교들과 민중 지도자들이 이렇게까지 부패한 조국의 환부를 드러내려 했다면, 이들은 카르타고에서 큰 저항에 직면했을 것이다. 카르타고의 통치자들과 이미—거의 반역에 가까운—관계를 맺고 있던 로마와는 더 큰 충돌에 직면했을 것이다. 모든 것이 불리하기만 한 가운데에서 무엇보다 큰 어려움은, 로마도 친로마적 통치 세력도 모르게, 조국을 구할 수단을 이들이 스스로 마련해야 한다는 점이었다.

---

[1] 이 사건의 경과에 대하여 우리는 완전치 못할 뿐만 아니라 편파적인 정보를 갖고 있을 뿐이다. 물론 카르타고 주화파의 입장이 로마 연대기작가들이 취한 입장이 되었기 때문이다. 그렇지만 우리가 갖는 파편화되고 불분명한 보고들—가장 중요한 것으로서 Polyb. 3, 8의 파비우스의 보고; App. Hisp. 4; Diod. 25 p. 567가 있다—에서도 당파들의 관계가 아주 명확하게 드러난다. "혁명적 결합"(ἑταιρεία πονηροτάτων ἀνθρώπων)을 추악하게 만드는 그 반대자들의 저열한 험담을 네포스의 저작(Ham. 3)에서 찾아 볼 수 있다. 이와 비슷한 사례들이 더 있을 것이다.

총사령관 하밀카르

그리하여 정부는 손대지 않게 되었으며 집정 대신들은 특권과 공공재산에 대한 권리를 그대로 누렸다. 다만 리뷔아 내란 막바지에 카르타고 군대를 지휘하던 최고 사령관 두 명 중에서 한노를 해임하는 동시에, 다른 한 명인 하밀카르를 전체 아프리카 총사령관으로 지명하자는 제안이 있었으며 그대로 관철되었다. 그리하여 하밀카르는 임기 제한 없는 총사령관직을 제안 받았는바, 이는 정부의 간섭 없이 독자적으로 운신할 수 있는 권한을 가진 자리였으며—그의 정적들은 이를 두고 불법적인 독재 권력이라고 불렀으며 카토는 독재라고 칭했다—민회의 의결만으로 책임을 묻고 해임할 수 있었다.[2] 심지어 후임자 결정에 있어서도 중앙정부가 아니라 군대에, 다시 말해 조약 문서에 총사령관과 함께 이름을 올리는 카르타고 출신 군원로들이나 고급 장교들에게 그 권한이 있었다. 물론 인준권은 민회가 갖고 있었다. 이것이 일종의 월권이든 아니든, 분명한 점은 주전파가 군대를 그들의 권력 기반으로 생각하며 장악했다는 것이다.

하밀카르가 받아들인 이런 제안이 비합리적이지는 않았다. 누미디아 인과의 전쟁은 끝이 보이지 않았던 것이다. 카르타고는 내륙의 도시, 일백 성문의 테베사를 잠시 점령했을 뿐이었다. 멀리 최전방에서 벌어지는 전쟁을 지속적으로 수행하는 것은 새로운 아프리카 총사령

---

[2] 바르카스 집안은 중요한 국가 조약을 체결했으며 정부의 인준은 요식행위에 지나지 않았다 (Poly. 3, 21). 로마는 그 집안과 원로원에 항의했다(Poly. 3, 15). 카르타고에 대한 바르카스 집안의 지위는 네덜란드 의회에 대한 오렌지공의 그것과 흡사하다.

관에게 떨어진 임무였다. 주변 지역의 안전을 보장받은 카르타고 정부로서는, 민회가 나름대로 판단하여 결정한 문제를 두고 왈가왈부할 만큼 이 문제가 중요해 보이지 않았던 것이다. 이 문제로 불거질 파장을 로마도 전혀 인식하지 못했던 것 같다.

하밀카르의 전략

그리하여 시킬리아 전쟁과 리뷔아 전쟁에서 조국의 수호자로 지목될 운명이었음을 입증한 인물이 카르타고 군대의 선봉에 서게 되었다. 불가능한 인간 도전을 하밀카르만큼 위대하게 수행한 인물은 없을 것이다. 군대는 조국을 지켜야 했다. 하지만 어떤 군대가? 카르타고 시민군은 하밀카르의 지휘 아래 리뷔아 전쟁에서 나쁘지 않았다. 하지만 심각한 위기에 국가의 상인과 장인들을 전장으로 한 번 인솔하는 일과 군인으로 만드는 일은 별개임을 하밀카르는 잘 알고 있었다. 카르타고의 애국지사들은 탁월한 장교들을 제공했지만, 자연스럽게 거의 배타적으로 식자 계층을 대변하고 있었다. 하밀카르는 시민군을 갖지 못했고 리뷔아-페니키아계 기병대가 고작이었는바, 리뷔아에서 강제 징집으로 군대를 확보하고 용병을 고용하는 것을 의미했다. 이는 하밀카르와 같은 장군에게만 가능한 일이었으며, 그런 그에게도 정부가 용병에게 임금을 제때 지급할 수 있을 경우에만 가능한 일이었다. 그러나 카르타고의 국가 수입은 급박한 내부 일에 사용되어야 했으며, 외부의 적과 싸우는 군대에게까지 오지 않음을 하밀카르는 시킬리아 전쟁에서 경험했다. 따라서 전쟁 비용을 자체 조달해야 했기에 몬테 펠레그리노에서 소규모로 시도했던 일을 이제 대규모로 시행해야 했다.

더 나아가 하밀카르는 군대의 지휘관이었을 뿐만 아니라 당파의 우두머리였다. 그를 몰아낼 기회를 끈질기게 엿보며 기다리는 타협 불가능의 집권 당파에 맞서기 위해 그는 시민 대중의 지지에 기대야만 했다. 이들의 지도자는 청렴하고 고결했지만, 대중은 뿌리까지 썩어 이문이 생기지 않으면 아무것도 하지 않을 만큼 지독한 부패에 익숙해져 있었다. 일시적인 위기 혹은 열정이 일을 몇 번 관철시킬 수도 있었다. 이는 돈이라면 뭐든 해결되는 사회에서도 간혹 일어나는 일이다. 하지만 일이 잘 풀린 경우라도 족히 몇 년이 지나서야 비로소 실행 가능한 전략을 카르타고 시민사회가 지속적으로 지원하기를 원한다면, 하밀카르는 대중의 호의적 분위기를 조성할 수 있도록 고향의 당여(黨與)들에게 돈을 계속 보내야 했다. 이렇게 그는 그들을 구해도 좋다는 허락을 대중에게 구걸하거나 구매하지 않을 수 없었다. 그는 자국민 가운데 그에게 패배하여 증오하는 정적들의 억지에 굴욕을 견디며 말수를 줄여, 목적을 위해 시급한 양보를 얻어내지 않을 수 없었다. 그는 국가의 주인이라고 자칭하는 원로들에게, 자신의 계획은 물론 그들에 대한 자신의 경멸을 숨기지 않을 수 없었다. 위대한 남자는 이렇게 소수의 동지들과 함께 안팎의 적들 사이에서, 군중 혹은 원로들의 우유부단함에 버티고, 양자를 속이는 동시에 달래며, 오로지 군자금과 병사를 확보하려는 일념으로, 제아무리 훌륭한 군대로 맞서도 물리치는 것은 불가능해 보이는 국가와 전쟁하기 위해 견뎌야 했다. 당시 그의 나이는 갓 삼십을 넘겼다. 하지만 이제 막 자신의 길에 들어선 청년은 과업을 완수하지 못할 것이며, 자신에게는 약속의 땅을 멀찍이 바라보는 것만 허락되었음을 알고 있는 듯했다. 그는 카르타고를 떠나면서 당시 아홉 살이던 아들에게, 최고신의 제단에 걸고 로마에 대해 영원한 증오를 품으리라 맹세케 했던 것이다. 그는 한니발과 한니발의 동생 하스드루발과 마고를—이들을 그는 '사자의 혈통'이라고 불렀다—병영에서 자기 계획과, 자기 재능과, 자기 증오의 상속자로 키웠다.

리뷔아의 신임 최고 사령관은 용병 반란이 마무리된 직후(대략 로마 건국 518년, 기원전 236년 봄) 카르타고를 출발했다. 그는 서아프리카의 자유 리뷔아 인에 대한 원정을 생각한 듯했다. 코끼리 부대를 갖춘 강력한 군대는 해안선을 따라 이동했고 그에게는 충실한 전우 하스드루발이 이끄는 함대가 뒤따랐다. 사람들은 급보를 들었다. 사령관이 헤라클레스 기둥에 이르러 바다를 건넜으며 히스파니아에 상륙했고, 히스파니아 원주민을 상대로 전쟁을 벌인다는 것이었다. 그들을 괴롭힌 적이 없는 사람들과 정부의 지시도 없이 전쟁을 벌인 것에 대하여 카르타고는 문제를 제기했다. 하지만 그가 아프리카 문제를 소홀히 하지 않았다는 점에서는 정부도 문제를 제기할 여지가 없었다. 누미디아 인이 또 다시 반란을 일으켰을 때, 하밀카르의 부하 장군 하스드루발이 확실하게 단속했으며, 상당 기간 이들은 국경에서 조용히 있게 되었고 그간 독립을 누리던 대다수 부족이 순순히 조공했던 것이다.

하밀카르가 히스파니아에서 구체적으로 무슨 일을 했는지까지 우리로서는 더 이상 추적할 길이 없다. 하밀카르가 죽고 한 세대 후에 히스파니아에서, 당시에도 생생히 남은 하밀카르의 흔적을 보았던 노(老)카토는 카르타고에 대한 증오심에도 불구하고, 어떤 제왕도 바르카스 집안의 하밀카르에 견줄 만한 사람은 없다고 소리 높이지 않을 수 없었다. 하지만 그의 업적 가운데 대략적으로나마 알 수 있는 것은, 하밀카르가 군사령관이자 국정 책임자로서 인생의 마지막 9년 동안(로마 건국 518~526년, 기원전 236~228년), 한창 나이에 용감히 싸우다 전사할 때까지 — 게르하르트 폰 샤른호르스트처럼 — 전장에서 이룩한 것들이다. 이 무렵 그의 계획은 무르익기 시작했다. 또한 그의 전사 이후 8년 동안(로마 건국 527~534년, 기원전 227~220년) 관직과 계획을 이어받은 사위 하스드루발이 이미 시작된 일들을 장인의 뜻에 따라 완성한 것들도 그러하다.

하밀카르에 의해 히스파니아에 세워진 것은 가데스에서 카르타고에 이르는 보호권과 히스파니아 해안을 따라 건설된 리뷔아 보호령의 작은 무역항들이 아니라 카르타고 제국이었다. 하스드루발은 이를 정치가적 노련함으로 확고하게 다졌던 것이다. 히스파니아에서 가장 아름다운 지역인 남부 해안과 동부 해안은 카르타고의 속주가 되었다. 많은 도시가 건설되었는데, 특히 남부 해안에서 유일하게 좋은 항구에는 건설자의 왕궁을 갖춘 히스파니아의 카르타고Carthago nova(신(新)카르타고, 오늘날의 카르타헤나)가 하스드루발에 의해 만들어졌다. 농업이 번창했으며, 더욱이 우연히 발견된 신카르타고의 은광 —이 광산이 한 세기 후에는 250만 탈러(3,600만 세스테르티우스)의 은을 매년 생산했다—을 중심으로 한 광업도 그러했다. 이베르 강에 이르는 모든 공동체는 카르타고에 종속되었으며 매년 조공했다. 하스두르발은 정략혼인 등의 모든 수단을 동원하여 카르타고와의 이해관계를 엮으려고 노력했다. 그리하여 카르타고는 히스파니아에서 자국의 상업 및 수공업에 필요한 유통시장을 발견했다. 속주의 수입은 군대를 먹여 살렸을 뿐만 아니라, 그 잉여는 본국으로 보내져 미래를 위해 비축되었다. 하지만 속주들 나름대로 군대를 양병했는바, 카르타고에 복속된 지역에서 주기적으로 반란이 일어났다. 전쟁 포로들은 카르타고 군대로 편입되었으며, 보충병들이 독립 공동체에서 모집되었고, 용병 자원도 풍부했다. 오랜 세월 전장을 누빈 병사들은 히스파니아를 제2의 고향으로 여기게 되었으며, 애국심보다 사령관에 대한 충성심과 부대 소속감을 갖게 되었다. 용감한 이베리아 인 및 켈트족과의 끝없는 전쟁을 거치면서 누미디아 기병대는 쓸모 있는 보병으로 변모했다.

카르타고 정부와 바르카스 집안

카르타고로부터 바르카스 집안은 독자적 행동을 허락받았다. 정규적인 시민의 의무가 요구되지 않았으며 오히려 특혜가 주어졌다. 시킬리아와 사르디니아에서 상실했던 상업 무역이 히스파니아에서 부활했다. 빛나는 승리와 중요한 성과를 거둔 만큼 히스파니아 전쟁과 히스파니아 군대의 중요도는 상승했으며 몇몇 위기 상황, 특히 하밀카르가 사망한 때 히스파니아에 상당 규모의 아프리카 군단이 파견될 정도였다. 따라서 집권 당파는 좋든 싫든 침묵할 수밖에 없었으며, 할 수 있는 일은 자기들끼리 혹은 로마 동지들과 함께 민중 선동적 총사령관과 그 무리를 욕하는 것뿐이었다.

로마 정부와 바르카스 집안

로마에서는 히스파니아 문제를 심각하게 받아들이는 일은 벌어지지 않았다. 로마가 대응을 전혀 하지 않은 가장 두드러진 이유는 멀리 떨어진 이베리아 반도의 상황을 잘 모른다는 것이었다. 이는 하밀카르가 자신의 원대한 포부를 실현하기 위해 아프리카보다 이베리아 반도를 선택한 가장 큰 이유—그렇지 않다면 선택하지 않았을지도 모를 일이다—이기도 했을 것이다. 카르타고 장군들이, 히스파니아의 지리와 지역 정보 조사차 파견된 로마 대사들에게, 전부 전쟁배상금을 즉시 지불하기 위해 벌이는 사업이라고 둘러댔을 때 이런 주장을 원로원은 신뢰하지 않았다. 하지만 원로원은 하밀카르가 세운 계획의 우선적 목표가, 빼앗긴 섬들의 조세 및 교역에 대한 대안을 히스파니아에서 찾는 것이라고만 여긴 듯하다. 또 카르타고의 공격전, 특히 히스파니아에서 이탈리아로 침입하는 일은, 드러나는 정보와 문제 상황을 전체적으로 볼 때 전혀 불가능한 일이라고 치부했다. 카르타고의 주화파 일부는 더 많이 알고 있었음이 자명하다. 하지만 자신들의 통찰, 즉 카르타고 정부로서는 더 이상 저지하지 못할 폭풍이 임박했음을 로마 인에게 설명하려고 하지 않았다. 그것은 상황을 호전시키기는커녕 위기로 몰아갈 수도 있었기 때문이다. 사실 그들이 설명했더라면, 로마는 이 당파적 고발을 매우 신중히 받아들였을 것이다.

히스파니아에서 상상을 초월할 정도로 신속하고 강력하게 확장된 카르타고의 세력은 로마 인의 관심과 우려를 점차 불러일으켰다. 사실 전쟁이 발발하기 몇 년 전부터 로마는 그에 대한 제재를 가하기 시작했다. 로마 건국 528년(기원전 226년)경 로마는 희랍 문명에 새로이 감화되어, 히스파니아 동해안의 희랍 도시 혹은 반(半)희랍 도시, 자퀸토스 또는 사군툼(오늘날 발렌시아에서 멀지 않은 무르비에드로)과 엠포리아이(오늘날 암푸리아스)와 동맹했다. 이를 카르타고의 총사령관 하스드루발에게 통보하는 동시에 이베르 강을 넘어 점령하지 말라 경고했고, 이에 그도 동의했다. 이 경고는 육로로의 이탈리아 침입을 막기 위한 것이 결코 아니었는바, 이를 감행한다면 조약만으로 저지될 일이 아니었다. 다만 로마를 위협하기 시작한 히스파니아의 카르타고 물리력을 제한하기 위한 조치였으며, 다른 한편으로 히스파니아로의 상륙 전쟁이 불가피할 경우를 대비하여 로마가 보호하는 이베르 강과 퓌레네 산맥 사이의 자유 공동체에 확실한 발판을 마련하려는 조치였을 뿐이다.

카르타고와의 전쟁이 임박한 데 대해 원로원은 전쟁이 불가피하다고 판단했지만, 몇 군단을 히스파니아로 파병해야 한다는 불편함과, 히스파니아가 없었을 때보다 카르타고가 재정 및 병력의 형편이 개선되었다는 상황 이외 다른 것은 염려하지 않았다. 하지만 다른 무엇보다 로마 건국 536년(기원전 218년) 당시의 원정 계획이 증명하듯 다음 전쟁은 아프리카에서 시작하고 끝냄으로써 히스파니아 문제도 동시에 해결하기로 확정되어 있었다. 선전포고는 없었다. 처음 몇 년간 카르타고의 전쟁배상금이 들어왔고, 이어 하밀카르가 사망했기 때문이었다. 친구나 적 모두는 하밀카르의 사망으로 야망도 묻혔다고 생각한 것이다. 개전을 오래 지체하는 것은 현명하지 않음을 원로원이 이해하기 시작한 마지막 몇 년 동안, 파두스 강 유역의 켈트족부터 확실히 단속할 합리적인 이유가 마침내 생겼다.

민족 생존의 위협을 느낀 켈트족이 알프스 이북 갈리아 인을 이탈리아로 재차 끌어들여 굉장히 위협적인 원정을 다시 시작하려 했고, 이를 위해 로마가 벌이는 모든 심각한 전쟁을 선제적으로 이용하려 했다. 로마 인이 카르타고 주화파를 고려하거나 기존 조약을 준수하려 했기에 전쟁이 지연되지는 않았음이 분명하다. 게다가 전쟁을 원한다면 히스파니아 갈등이 매순간 구실을 제공하고 있었다. 로마의 태도가 전혀 불가해한 것은 아니다. 하지만 로마 원로원이 사안을 근시안적으로 처리한 것도 부정할 수 없는 사실이다. 이는 실수였고, 원로원은 켈트족 사안에서도 더더욱 납득할 수 없는 실수를 저질렀다. 사안에 대한 이해가 대담하고 조직력이 신속한 데 있어 퓌로스나 미트리다테스 등 로마의 적이 대체로 앞설 때, 로마 국가 정책의 장점은 끈기와 지략과 지속성에 있었는데 말이다.

한니발

행운의 여신은 하밀카르의 천재적인 계획을 그렇게 축복했다. 전쟁의 수단이 준비되어 있었다. 전투를 연전연승으로 장식할 강력한 군대와 언제나 가득한 군자금이 있었다. 하지만 전쟁에 적절한 시점과 올바른 방향을 찾기 위해서는 영도자가 필요했다. 민족의 절망적인 상황에서 생존의 길을 이성과 감성으로써 찾던 사람은, 그 길을 향해 비로소 발돋움하던 순간 더 이상 이 세상에 없었다. 후계자 하스드루발이 전쟁을 미룬 것이, 적시가 아니라고 생각한 때문인지, 군사령관이라기보다 정치가에 가까웠던 그가 계획을 수행하기에는 미숙하다고 자평한 때문인지는 확실하지 않다. 로마 건국 534년(기원전 220년) 초 하스드루발이 살해당하자, 히스파니아 군대의 카르타고 장교들은 하밀카르의 장남 한니발에게 후임을 맡겼다. 로마 건국 505년(기원전 249년)에 태어나 29세의 청년일 뿐이었지만 그는 당시 이미 많은 것을 경험했다. 그의 첫 기억은 아버지가 먼 이국땅에서 전쟁을 수행하여, 몬테 펠레그리노에서 승리한 것이었다. 카툴루스와의 강화를 보았고, 불패의 아버지가 겪은 힘겨운 귀국길과 리뷔아 전쟁의 참상을 보았다. 그는 소년에 불과할 때 아버지를 따라 병영으로 갔고 곧 두각을 드러냈다. 날렵하고 강인한 외모의 그는 달리기에 능하고 칼을 잘 썼을 뿐만 아니라, 말 다루는 데 민첩하고 용감한 기수이기도 했다. 그는 짧은 수면에도 건강을 잃지 않았고, 병사 음식을 기꺼이 먹을 줄도 같이 굶을 줄도 알았다. 그는 어린 시절을 병영에서 보내는 와중에도 당시 페니키아 귀족이 받는 교육을 받았다. 희랍어를 스파르타 사람 소실로스에게 배웠으며, 군사령관으로 선출된 이후에는 공문서를 직접 희랍어로 작성할 수 있을 정도였다. 성장하면서 한니발은 부친의 군대에 들어가 주목을 받으며 첫 복무를 했고 부친이 전사하는 것을 보았다. 마침내 한니발은 누이의 남편 하스드루발의 지휘 아래 기병대를 맡았고 지도자적 자질뿐만 아니라 뛰어난 용맹성을 통해 두각을 나타냈다. 동지들은 한목소리로 이제 한니발, 즉 검증된 젊은 장군을 총사령관으로 선출했고, 그는 아버지와 매부의 숙원을 이루게 되었다. 유산을 이어받았고 그렇게 할 수 있었다.

동시대인들은 그의 성격에서 온갖 결점을 찾아내려 했다. 로마 인은 그가 잔인하다고 했고, 카르타고 인은 그가 탐욕스럽다고 했다. 분명 그가 잔인하기는 했다. 하지만 오리엔트적 본성상 증오심을 불태운 것뿐이다. 또 그는 탐욕스러웠다. 하지만 군자금 및 군수품이 부족하지 않게 군사령관이면 누구나 가지려 한 수준이었다. 분노와 시기와 비열함이 그를 뒤덮었지만, 그런 이야기가 순수하고 위대한 그의 초상을 흐리게 하지 못했다. 자살했다는 끔찍한 이야기를 제외한다면, 그리고 부하 장수 한니발 모노마코스와 삼니움 출신 마고의 과실로 덮어쓴 오명을 제외한다면, 한니발에 관한 이야기 어디에도 당시 상황과 국제법에 따라서 그가 책임져야 할 것은 전혀 등장하지 않는다. 모두 동의하는 것은, 그가 보기 드물 정도로 사려와 열의, 신중함과 열정을 모두 갖춘 인물이라는 점이다. 그는 페니키아 인의 특징 중 하나인 창조적 전술에 특히 밝았는데, 진기하고 예측하기 힘든 온갖 행로와 매복, 작전을 구사했고, 전례 없이 적의 특징을 세심하게 연구했다. 한니발은 타의 추종을 불허하는 첩보 활동을 벌여서 적의 동태를 파악했으며 로마에도 간자를 풀었다. 직접 변장하여 가발을 쓰고 수단과 방법을 가리지 않고 정탐하곤 했다. 이 시기의 모든 역사 기록은 한니발의 천재적인 전략과 이에 못지않은 정치적 재능을 증언한다. 정치적 재능은 로마와의 강화조약 이후 그의 카르타고 국제개혁에서, 그리고 그가 망명객으로 지중해 동부의 통치자들에게 끼친 전례 없는 영향력에서 잘 드러난다. 그가 사람을 얼마나 잘 다루었는지는, 다양한 언어를 쓰는 여러 종족으로 구성된 군대를 완벽히 통솔하여 가장 힘든 시기에도 군대가 반란을 일으키지 않았다는 사실이 입증한다. 그는 위대한 사내였다. 가는 곳마다 모든 시선이 그를 향했다.

로마와 카르타고의 갈등

한니발은 취임 직후(로마 건국 534년, 기원전 220년 봄) 개전을 결정했다. 켈트족 지역은 여전히 준동하고, 로마와 마케도니아의 전쟁이 임박한 것으로 보이던 이때, 로마군이 자신들 편의대로 아프리카에 상륙하여 먼저 전쟁을 시작하기 전에 바로 공격에 나서 전쟁을 원하는 방향으로 이끌 마땅한 이유가 한니발에게 있었다. 약탈을 통하여 군자금은 이미 충분히 확보되어 있었고, 군대도 즉시 행군 준비를 마쳤다. 그러나 카르타고는 로마를 향해 선전포고를 하려 하지 않았다. 히스파니아에서 군사령관으로서 하스드루발의 자리가 후임자를 얻었던 반면, 카르타고에서 애국적 민중 지도자로서 하스드루발의 자리는 적임자를 찾지 못했던 것이다. 이때 본국에서는 주화파가 우위를 점하고 정치적 탄핵으로써 주전파 지도층을 몰아붙이고 있었다. 이미 하밀카르의 계획을 한 번 손상했던 그들은 히스파니아에서 명령권을 행사하는 일개 청년이 국고로 애국심을 발휘하도록 놓아두려 하지 않았다. 그리고 한니발도 카르타고의 합법 정부가 반대하는데 자신이 공공연히 불법적으로 선전포고하는 것은 원치 않았다. 그는 사군툼 인이 로마와의 평화조약을 깨도록 부추겼다. 그러나 그들의 행동은 로마에 불만을 호소하는 정도로 그쳤다. 그는 로마 사절단이 오자 무례하게 대우함으로써 선전포고를 유도했다. 그러나 사절단은 사태를 간파했다. 그들은 히스파니아에서는 침묵하다가, 카르타고에서 항의했고, 로마 국내에서는 한니발이 공격 준비를 마쳐 전쟁이 임박해 있다고 보고했다.

그렇게 시간이 흘렀다. 하스드루발과 비슷한 시점에 비명횡사한 마케도니아 왕 안티고노스 도손의 사망 소식은 이미 전해져 있었다. 로마 인은 알프스 이남 갈리아에서 요새를 평소의 두 배 속도와 활력으로 건설함으로써 일뤼리아의 반란을 다음 해 봄에 진압하려 했다. 하루가 급했다. 한니발은 결심했다. 사군툼이 카르타고의 속국인 토르볼레타에 침략 행위를 감행함에 따라 자신이 공격할 수밖에 없다고 카르타고에 간략히 알렸다. 회답이 오기도 전에 그는 로마 건국 535년(기원전 219년) 봄 로마와 동맹한 도시에 포위 공격을 시작했다. 로마 자체에 대한 공격이나 진배없었다. 카르타고 인이 서로 생각하고 권고했던 바는, 요크의 항복 시 일각에서 가졌던 생각에 견줄 수 있을 것이다. 모든 '저명인사'가 '수권 없이' 이루어진 공격을 인정하지 않겠다고 했다. 극히 뻔뻔한 장교를 사임시키거나 적에게 넘겨주자는 이야기가 나돌았다. 그러나 카르타고 평의회가 현실적으로 로마보다 자국 군대와 민중을 더 두려워했는지, 이미 취해진 조치를 되돌리기란 불가능하다는 것이 대세였는지, 아니면 단순한 관성에 따라 특정한 저항을 물리쳤는지 알 수 없으나, 아무튼 사람들은 결국 아무것도 하지 않기로, 즉 전쟁을 직접 수행하지도 전쟁이 벌어지는 것을 막지도 않기로 결정했다.

히스파니아 도시들은 자기를 지키는 방법을 알고 있었고, 사군툼도 스스로를 방어했다. 로마군이 사군툼 보호를 위한 활력을 약간이나마 가졌더라면, 그리고 사군툼에 대한 카르타고 포위 공격이 지속되던 8개월간 로마군이 하찮은 일뤼리아 강도떼를 상대로 시간을 낭비하지 않았더라면, 해상과 적절한 상륙지를 확보해 유리했던 로마군은 사군툼에 대한 보호 약속을 못 지키는 수모를 겪지 않았을 것이고, 이후 전쟁을 다른 방향으로 끌고 갔을 것이다. 그러나 로마군은 태만히 행동했고 도시는 결국 함락되었다. 한니발이 전리품을 카르타고로 보내자, 그간 사태에 관하여 전혀 모르던 많은 사람이 애국심과 전쟁욕으로 불타올랐다. 전리품을 그렇게 분배함으로써 로마와의 화해 가능성은 사라졌다. 그리하여 사군툼 함락 이후 로마 사절단이 카르타고에 도착하여 병영의 사령관과 원로들을 넘기라 요구했을 때, 그리고 로마 대변인이 카르타고의 변명을 막으며 회담을 중단시키고, 옷자락을 손에 쥐고 옷 안에 평화와 전쟁이 있는데 둘 중 무엇을 선택할지는 카르타고 원로회의 몫이라 했을 때, 원로들은 용기를 잃지 않고 오히려 로마 인에게 달려 있다고 답했다. 그러자 로마 대변인이 전쟁을 제시했고 원로회의는 이를 받아들였다(로마 건국 536년, 기원전 218년 봄).

이탈리아로의 진격 준비

사군툼 인의 불굴의 저항으로 꼬박 1년을 헛되이 보낸 한니발은 공격을 준비하고 히스파니아와 아프리카를 방위하기 위해 로마 건국 535/536년(기원전 219/218년) 겨울 동안은 관례대로 신카르타고에 돌아가 있었다. 그는 그 두 지역에서 아버지나 매부처럼 최고 명령권을 가졌기에 고국 땅을 방위하기 위해 조치하는 것도 그의 책무였다. 병력은 다해서 보병 약 12만 명, 기병 1만 6,000명에 달했다. 고국에 남았던 코끼리와 전함 외에도, 코끼리 58마리와 병력이 탄 5단 노선 32척, 병력이 타지 않은 5단 노선 18척이 있었다. 경무장 부대에 속한 소수의 리구리아 병사를 제외하고, 카르타고 군대에 용병은 전무했다. 일부 페니키아족 부대를 포함하여, 주요 병력은 징병된 카르타고 신민, 즉 리뷔아 인과 히스파니아 인으로 편성되었다. 인간을 잘 이해했던 사령관은 그들의 충성심을 확보하기 위해 신뢰의 징표로 모두에게 겨울 동안 휴가를 주었다. 편협하고 배타적인 페니키아 애국심을 공유하고 있지 않던 리뷔아 인에게 사령관은, 승리자로서 아프리카에 돌아가게 된다면 카르타고 시민권을 부여하겠다고 맹세했다. 그러나 이 부대들이 이탈리아 원정만을 위한 것은 아니었다. 약 2만 명은 아프리카에 보내졌는데, 소수는 수도 카르타고와 페니키아족의 고유 영토로, 다수는 아프리카 서쪽 끝으로 갔다. 히스파니아 수비를 위해서는 보병 1만 2,000명과 기병 2,500명, 코끼리 절반, 정박해 있던 전함들이 남았다. 히스파니아에서의 최고 명령권 및 통치권은 한니발의 동생 하스드루발이 가졌다. 수도는 긴급 시에 대비해 자원이 충분했기에, 카르타고 고유 영토에 대해서는 병력이 비교적 약하게 배치되었다. 수월하게 징병되던 히스파니아에서도 당장은 소수의 보병으로도 충분했다. 반면 원래 아프리카 병력인 말과 코끼리의 병력 중 상당 부분은 아프리카에 머물렀다. 주된 관심사는 히스파니아와 아프리카의 연락망을 확보하는 것이었다. 이 목적을 위해 히스파니아에는 함대가 상주했고, 서아프리카에는 강력한 부대가 배치되었다. 히스파니아 공동체에서 끌려온 인질들을 사군툼 요새에 억류시키는 정책을 통해 병사의 충성심을 확보하는 한편, 동아프리카 부대는 주로 히스파니아로, 히스파니아 부대는 서아프리카로, 서아프리카 부대는 카르타고로 병사들을 각각 징병지가 아닌 곳에 파견하는 병력 재배치 정책도 부대의 충성을 위해 동원되었다.

이렇게 방위 조치는 충분했다. 반면 공격에 관해서는 5단 노선 20척으로 구성된 함대가 병사를 1,000명씩 싣고 카르타고에서 와 이탈리아 서해안을 초토화시킬 예정이었다. 또 다른 25척의 함대는 다시 릴뤼바이움에 자리 잡을 예정이었다. 한니발은 이 정도의 노력은 정부에 기대할 수 있다고 믿었다. 의심의 여지 없이 하밀카르의 원래 계획이었던바, 한니발은 주력군을 이끌고 이탈리아로 친히 진격하기로 결심했다. 카르타고에 대한 공격이 리뷔아에서만 가능했듯, 로마에 대한 결정적 공격은 이탈리아에서만 가능했던 것이다. 로마도 카르타고와 일전을 벌이기를 원했고, 카르타고도 전쟁의 목적을 미리부터 시킬리아와 같은 2차적 작전이나 수비만으로 한정하지 않았다. 어떤 경우든 패배로 인한 타격은 동일하겠지만, 승리한다면 그 성과가 남다를 것이기 때문이었다.

공격 방법

어떻게 이탈리아를 공격할 수 있었을까? 이탈리아 반도는 수륙 양면에서 접근할 수 있었다. 그러나 이탈리아 진격이 절망적 모험이 아니라 전략적 목표를 둔 군사적 원정이 되려면, 더 구체적인 작전기지가 필요했다. 이때 로마가 바다를 지배했으므로, 한니발도 어느 함대나 항구 요새 하나에만 의지할 수 없었다. 이탈리아 연방 동맹체의 영역에 믿을 만한 기지를 둘 수 있던 것도 아니었다. 전혀 다른 시기이긴 하지만, 앞서 이탈리아 동맹 공동체가 희랍의 지원을 받는 퓌로스의 공격에 버텼다면, 이제 카르타고 사령관의 등장에 붕괴한다는 것은 있을 수 없는 일이었다. 상호 결합된 로마 요새와 폐쇄적인 연방 동맹 공동체 틈에서 이탈리아 침략군은 분쇄될 것이 자명한 일이었다. 러시아 원정 중 나폴레옹을 편들던 폴란드처럼, 리구리아와 켈트족 지역만이 한니발을 편들 법했다. 이탈리아로부터의 독립 전쟁을 중단하지 않고 여전히 들끓던 종족들은 이탈리아 인과는 혈통도 전혀 달랐고, 로마가 일찍이 건설한 요새 및 도로망에 의하여 포위되어 존립 자체를 위협받고 있었기 때문에, 수많은 히스파니아 켈트족을 편입시킨 카르타고 군을 자신들의 구원자로 보았고 카르타고 군의 제1 지원 세력으로서 보급과 징병을 위한 지역이 될 수밖에 없었다. 이미 보이이인 및 인수브레스 인과는 형식적 조약이 체결되어 있었다. 그리하여 카르타고 군에게 길 안내자를 보내어 자신들과 친족 관계인 종족에게 영접 받고 행군 중에 보급도 받을 수 있게 해주었고, 더 나아가 카르타고 군이 이탈리아에 상륙하자마자 자신들은 로마에 봉기할 것을 약속했다.

로마와 지중해 동부 간의 역학 관계가 결국 이 지역에도 시작되었다. 셀라시아 승리로 펠로폰네소스 지배권을 재확인한 마케도니아는 로마와 긴장 관계에 있었다. 로마 연방을 버리고 마케도니아 동맹 세력에 붙어, 로마에 의하여 지위를 박탈당한 망명자 파로스의 데메트리오스는 마케도니아 궁정에서 살았다. 로마 인이 그의 인도를 요구했지만 마케도니아 궁정은 거절했다. 히스파니아의 바이티스 강(오늘날 과달키비르 강)에서 오는 군대와 마케도니아의 카라수 강에서 오는 군대가 공동의 적에 대항하기 위해 어디선가 결합할 수 있다면, 그것은 파두스 강 유역에서만 가능했다. 이렇듯 모든 상황이 북이탈리아를 가리키고 있었다. 이미 로마 건국 524년(기원전 230년)에 리구리아에서 로마 인들을 크게 놀라게 한 적 있는 카르타고 정찰대도 한니발에게, 부친의 눈길이 진작 그곳을 향하고 있었다고 알려주었다.

한니발이 해로보다 육로를 선호한 이유는 분명치 않다. 로마의 제해권이나 로마와 마살리아의 동맹이 게누아 상륙을 봉쇄한 것이 아님은 분명하며 사태의 추이가 이를 증명한다. 이 문제에 충분히 답하기에 전승에는 추측으로도 채워지지 않을 정도로, 사건과 밀접한 요소가 많이 빠져 있다. 한니발은 두 안 중에 택일해야 했다. 잘 알지 못하며 예측 불가능한 사고를 안고 있는 바닷길과 해상 전투보다는, 차라리 보이이 인과 인수브레스 인들의 보증을 고려하는 것이 그나마 더 나아보였다. 그도 그럴 것이 게누아에 상륙하더라도 상륙부대가 산악지대를 통과해야 했고, 게누아에서 아펜니노 산맥을 통과하는 길이 알프스 산맥 한가운데를 통과하는 것보다 덜 위험한지도 불확실했기 때문이다. 아무튼 그가 선택한 길은 아주 오래된 켈트족 통행로였고, 그 길로 앞서 몇 배나 더 큰 군대가 통과하기도 했었다. 켈트족의 동맹자이자 구원자인 그가 이 길을 통과하기로 한 것은 무모한 행동이 아니었다.

한니발의 출발

한니발은 계절이 바뀌자 대규모 육군으로 편성된 군대를 신카르타고에 소집한다. 군대는 보병 9만 명에 기병 1만 2,000명이었는데, 2/3는 아프리카 출신이었고 나머지는 히스파니아 출신이었다. 동행한 코끼리 37마리는 켈트족에게 강한 인상을 주기 위해서였지 실제 전투용은 아니었다. 한니발의 육군은 지난날 크산티포스가 이끌던 육군과는 전혀 달랐으며, 코끼리 부대 뒤에 숨는 부대가 더 이상 아니었다. 적군은 물론 아군에게도 심각한 위해를 가할 만한 코끼리 부대의 양면성을 사령관도 충분히 알았기에, 이를 제한적으로 조심스럽게 사용했다. 한니발은 군대와 함께 로마 건국 536년(기원전 218년) 이른 봄 신카르타고를 떠나 이베르 강(오늘날 에브로 강)으로 이동한다. 그는 자신의 방책, 특히 켈트족과의 연합, 원정의 방법 및 목표를 병사들에게 설명했고, 오랜 전쟁 경험으로 군사적 본능을 갖춘 일반 병사들도 사령관의 분명한 야망과 확고한 의지를 알았으며, 멀고먼 낯선 원정 길에 사령관을 결연히 따랐다. 그가 열정적인 연설로 병사들에게 조국의 상황을 설명하며, 소중한 고향을 내놓고 사랑하는 사령관과 참모들을 보내라는, 로마의 참혹한 요구 사항을 들려주었을 때 병사와 시민들의 가슴은 불타올랐다.

로마의 상황

로마 또한, 기초가 튼튼하고 현명한 귀족정체에서 발생할 수 있는 난항을 겪고 있었다. 그들은 자신들이 원하는 바를 잘 알고 있었다. 그것을 이루려는 시도가 없었던 것은 아니지만 적시에 제대로 이루어진 것은 하나도 없었다. 알프스 관문을 진작 장악할 수 있었고 켈트족과의 문제도 매듭지을 수 있었다. 켈트족은 여전히 두려운 존재였고 알프스 관문은 열려 있었다. 로마 건국 513년(기원전 241년)의 강화조약을 숙고하면 카르타고와 화친할 수 있었고, 또는 진작 복속시킬 수도 있었다. 하지만 이 강화조약은 사르디니아를 강탈함으로써 사실상 무효가 되었으며, 카르타고의 힘은 20년 동안 아무런 방해도 받지 않는 가운데 다시 강해졌다. 마케도니아와의 친선을 유지하기 용이했음에도 사소한 일 때문에 이런 친선 관계마저 상실했다. 국제 관계를 적절히 파악하고 이끌 정치가가 없었음이 분명하다. 사방에 부족하거나 넘치는 것 투성이었다.

이제 전쟁이 시작되었으며 그들은 적이 시기와 장소를 결정하게 내버려두었다. 군사적 우위에 대한 확고한 자신감 때문에 로마는 곧 있을 군사 작전의 목표와 그 전개에 대해 아무런 계획도 수립하지 않았다. 로마는 동원 가능한 50만 병력을 가지고 있었다. 기병만은 카르타고 기병에 뒤떨어졌으며 상대적으로 숫자도 열세였는바 로마는 참전 병력 총원의 1/10이, 카르타고는 1/8이 기병이었다. 로마가 아드리아 해에서 서해로 불러들인 220척의 함대에 상응하는 해군력은 어떤 참전국에도 없었다. 이런 압도적인 군사적 우위를 제대로 활용하는 것은 당연한 일이었다. 전쟁은 군대가 아프리카에 상륙하면서 시작되리라는 생각이 오래전부터 굳어져 있었다. 일련의 사건을 겪으면서 로마 인은 아프리카와 히스파니아에 동시 상륙하는 것을 전쟁 계획에 포함해야 했는데, 카르타고 성벽 앞에서 히스파니아 부대와 맞닥뜨리지 않기 위해서는 어쩔 수 없었다. 이런 계획에 따라 로마는 로마 건국 535년(기원전 219년) 초 한니발이 사군툼을 공격함으로써 실제적으로 개전되었을 때, 도시가 함락되기 전에 군대부터 파견했어야 했다. 하지만 로마는 명예에 못지않게 이익을 놓고 망설였다. 8개월을 버틴 끝에 사군툼은 점령되었고, 도시가 적에게 넘어갈 때까지 로마는 히스파니아 상륙군조차 꾸리지 못하고 있었다. 그 사이 이베르 강과 퓌레네 산맥 사이의 지역은 공격을 받지 않았다. 이곳 원주민은 로마의 자연스러운 동맹이었으며 로마 밀사를 통해 사군툼처럼 신속한 지원을 약속받은 바 있었다. 해로로 이탈리아에서 카탈로니아에 도착하는 데 걸리는 시간은 신카르타고에서 육로로 오는 데 걸리는 시간보다 짧았던 것이다. 공식적인 선전포고를 주고받는 사이에 로마가 카르타고처럼 4월에 출발했다면, 한니발은 로마 군단을 이베르 강 전선에서 맞이했을 수도 있다.

군대와 함대의 상당 부분은 아프리카 원정을 준비했으며 다른 집정관 푸블리우스 코르넬리우스 스키피오는 이베르 강으로 가도록 명령

받았다. 하지만 스피키오는 시간을 지체했으며 파두스 강 유역에서 반란이 일어나자 수송선에 오를 준비가 된 부대를 반란 지역에 투입하고 히스파니아 원정 군단을 새로 소집했다. 한니발은 이베르 강에서 강력한 저항에 부딪혔지만 지역민의 저항일 뿐이었다. 이들과의 전투를 한니발은 병력 1/4을 희생하면서까지 불과 몇 달 만에 마무리 지었으며 곧장 퓌레네 산맥의 전선에 당도했다. 당시 여건을 고려할 때, 그에게 중요한 것은 병사의 피가 아니라 시간이었다. 로마 군단의 지체로 히스파니아 동맹군이 다시 한번 희생을 치렀다는 점, 그런 지체가 애초 발생하지 않을 수 있었다는 점 등은 충분히 예측 가능했다. 카르타고의 이탈리아 원정을 로마 건국 536년(기원전 218년)에는 로마인 누구도 생각하지 못했으나, 로마군이 히스파니아에 제때에만 도착했다면 원정 자체를 막을 수 있었을 것이다. 한니발은 '히스파니아 왕국'을 포기하면서까지 이탈리아로 쳐들어갈 의사는 전혀 없었으며, 그렇게까지 절망한 사람은 아니었다. 그가 사군툼 공격과 카탈로니아 정복에 쏟아 부은 시간, 또 이베르 강에서 퓌레네 산맥까지 획득한 새 점령지를 지키고자 남긴 상당수의 병력 등을 보건대 분명한 것은, 그가 히스파니아를 놓고 로마군과 싸웠다면 히스파니아를 결코 빼앗기지 않았으리라는 점이다. 그리고 중요한 것은 로마 인이 그의 히스파니아 출발 시점을 몇 주만이라도 늦추었다면, 한니발이 알프스에 도착하기 전에 겨울이 알프스 산길을 봉쇄했을 것인바, 로마의 아프리카 원정군은 걱정 없이 목적지로 떠날 수 있었을 것이다.

갈리아에 도착한 한니발

퓌레네 산맥에 도착하여 한니발은 군대 일부를 고향으로 돌려보냈다. 이는 원정 초기부터 결정된 것으로, 병사들에게 사령관이 승리를 확신함을 보여주기 위한 조치였으며 살아서 귀향할 수 없는 원정이라는 생각을 사전에 막기 위한 조치이기도 했다. 보병 5만 명과 기병 9,000명으로 구성된 순수 고참병 부대는 퓌레네 산맥을 쉽게 통과했으며 이후 해안선을 따라 나르보와 네마우숨(오늘날 님*Nimes*)을 거쳐 켈트족 영토를 지나 행군했다. 일부 지역은 진작부터 관계를 맺던 곳이었고, 일부 지역은 카르타고의 자본 혹은 무력으로 길을 열기도 했다. 로마 건국 535년 7월이 되어서야 카르타고 군대는 아비뇽을 바라보는 로다누스 강(오늘날 론 강) 앞에 도착했다. 여기서 제대로 된 저항이 있을 듯했다. 집정관 스키피오는 히스파니아로 향하던 길에 마살리아에 기착했을 때(대략 6월 말), 한니발이 이베르 강은 물론이려니와 벌써 퓌레네 산맥을 넘었다는 보고를 받았다. 로마 인은 이 보고를 통해 처음으로 한니발의 방향과 목적지를 확인할 수 있었던 것으로 보인다. 이에 집정관은 히스파니아 원정을 일단 포기하고 지역의 켈트족과 연계하여―당시 그 지역의 켈트족은 마살리아의 영향권이었거니와 로마에 복속하고 있었다―카르타고 군대를 로다누스 강에서 만나 도강을 막고 이탈리아 원정을 저지하기로 결정했다.

한니발에게는 행운이었는바 도강 예상 지점을 켈트족 병사들만 지키던 시점에 도착했고, 집정관은 보병 2만 2,000명과 기병 2,000명으로 구성된 군단과 함께 아직도 마살리아에, 그러니까 도강 지점에서 하류로 사흘 행군 거리에 주둔하고 있었다. 켈트족 부대의 전령이 달려가 집정관에게 이를 알렸다. 한니발이 강력한 기병과 코끼리 부대를 포함한 부대 전체와 함께 적이 지켜보는 가운데 스키피오가 도착하기 전에 도강하려 한다는 것이었다. 그에게는 배가 한 척도 없었는데, 그의 명령대로 배를 가진 인근 사람들에게서 어떤 값에든 사들이고 부족한 배는 근처 나무를 베어 만들어, 엄청난 수의 보병이 하루만에 강을 건널 수도 있다고 했다. 이러는 동안 보밀카르의 아들 한노가 이끄는 강력한 부대는 맹렬한 기세로 아비뇽의 상류 지역으로 올라가 이틀 행군 거리에서, 아무도 지키고 있지 않은 도강 지점을 확보했다. 여기서 급조한 뗏목으로 로다누스 강을 건넜으며 하류로 방향을 돌려, 한니발의 본대가 도강하지 못하게 막고 있던 켈트족 부대의 후미를 공격하려 했다. 로다누스 강에 도착한 이후 5일째 되던 날, 한노가 후미를 공격한 이후 3일째 되던 날 아침, 강 건너에서 한노의 부대가 연기 신호를 보냈는바, 이것은 한니발이 그토록 기다리던 도강 신호였다. 적의 배들이 움직이기 시작한 것을 감지하고 강둑을 지키려고 서두르던 켈트족은 진영 후미에서 갑자기 솟는 불길을 보았다. 혼비백산하는 가운데 방어할 생각도, 도강을 저지할 엄두도 내지 못하고 그들은 도망치기에 바빴다.

마살리아의 스키피오

그동안 스키피오는 마살리아에서 로다누스 강 건너편을 점령할 적절한 방법에 대해 군사 회의를 했고 켈트족 지도자들의 긴급 보고를 받고도 서둘러 출발하지 않았다. 스키피오는 그 보고를 신뢰하지 않았기에 로마 기병대를 얼마간 보내 로다누스 강의 좌안을 정찰하기로 결정했다. 기병 정찰대는 모든 적군이 로다누스 강 좌안에 이미 도착하고 우안에 남은 코끼리들을 데려오는 일에 몰두 중인 카르타고 부대를 만났다. 기병대는 아비뇽 부근에서 정찰을 마치고 복귀하다가 카르타고 부대와 격렬한 전투—이 전투가 로마 인과 페니키아 인이 맞붙은 첫 번째 교전이었다—를 벌였고, 서둘러 복귀하여 최고 사령부에 상황을 보고했다. 스키피오는 부대를 이끌고 아비뇽으로 황급히 출발했다. 하지만 그곳에 스키피오가 들어섰을 때는 이미, 코끼리 부대의 도강을 엄호하고자 남았던 카르타고 기병대조차 떠난 지 3일이나 지났을 때였다. 집정관은 실추된 명예를 안은 채 지친 군대와 함께 마살리아로 회군하며 카르타고 인의 '비겁한 도주'를 비난할 수 있을 뿐이었다.

로다누스 강을 통과하다

첫째로 로마 인은 이렇게 단지 태만 때문에 동맹국들과 중요 방어선을 세 번이나 방치했고, 둘째로 첫 실패 이후 이를 만회하려고 태만함을 성급함으로 바꾸어 역시 잘못을 저지름으로써, 성공을 위한 고찰이 전혀 없이 좀 더 명확히 했어야 할 일을 뒤늦게 처리했으며, 더군다나 잘못을 만회할 실제적 수단을 그 때문에 놓쳐버렸다. 한니발이 로다누스 강 건너 켈트족 영역에 진출한 이래로, 그가 알프스에 당도하지 못하게 할 제약이 더 이상 존재하지 않았다. 하지만 스키피오가 첫 보고를 받고 전 군단을 이탈리아로 인솔했다면—파두스 강까지는 게누아를 거쳐 행군할 경우 이레가 소요된다—그리고 자신의 부대를 파두스 강 계곡의 소규모 아군과 합류시켰다면, 적어도 거기서 적에게 위협을 줄 수 있었을 것이다. 하지만 스키피오는 아비뇽으로 진군하면서 시간을 낭비했고, 다른 면에서는 유능했지만, 군대의 임무를 상황에 맞추어 변경할 정치적 용기나 군사적 통찰력은 없었다. 스키피오는 형제 그나이우스에게 주력 부대를 맡겨 히스파니아로 보냈고 자신은 소수의 병력만 이끌고 피사이로 돌아갔다.

한니발의 알프스 통과

한니발은 로다누스 강을 건넌 후, 확대 군사 회의를 통해 병사들과 원정의 목적을 논의했으며, 파두스 강 계곡에서 온 켈트족 수장 마길루스가 통역관을 통해 병사들에게 연설하도록 했다. 그는 어떤 제약도 받지 않고 알프스 협곡에 이르렀다. 알프스 협곡 중 어디를 선택하냐는 문제에 있어 지름길인지 혹은 협곡 주민의 성향이 호전적인지 등은 우선적인 고려 대상이 아니었다. 그렇다고 우회하거나 주민과 전투하느라 시간을 낭비해서는 안 되기도 했다. 한니발은 군수품, 강력한 기병대, 코끼리 부대의 이동에 용이한 협곡을 택해야 했으며, 또한 군대가 충분한 생존 수단을 평화적으로든 강압적으로든 얻을 수 있는 길을 택해야 했다. 한니발이 군량을 실은 수송 부대가 뒤따라오도록 채비했지만, 큰 손실에도 불구하고 아직 5만 명에 이르는 병사들에게는 며칠분에 지나지 않았기 때문이다. 한니발이 해안 도로를 원정로에서 배제한 것은 로마군이 도로를 봉쇄해서가 아니라 해안 도로를 선택하면 목표 지점에서 벗어날 수 있다는 생각 때문이었는바, 이 해안 도로를 제외하고 그 옛날 갈리아에서 이탈리아에 이르는 주요 도로는 알프스 협곡 도로 2개뿐이었다.[3] 하나는 코티우스 알프스(오늘날 몽주네브르)를 건너 타우리니 인의 영토(오늘날 수사 혹은 페네스트렐레를 거쳐 토리노까지)에 이르는 협곡 도로였고, 다른 하나는 그라이우스 알프스(오늘날 작은 성 베른하르트)를 건너 살라시족 영토(아오스타와 이브레아까지)에 이르는 협곡 도로였다. 코티우스 알프스 협곡 도로는 단거리이지만 로다누스 강 계곡을 지나면서부터 거칠고 메마른 산악 지대를 경유하여 길도 없고 불모지인 드라크 강 계곡과 로망슈 및 상부 뒤랑스로 이어진다. 이 길은 최소 7~8일의 산악 행군을 요했다. 여기에 이후 폼페이우스에 이르러 알프스 남북 갈리아를 더 짧게 연결하기 위한 군사 도로가 건설된다.

작은 성 베른하르트의 협곡 도로는 상대적으로 긴 여정이었다. 하지만 이 길은 로다누스 강 동쪽 기슭에 자리한 첫 알프스 고지를 넘기만 하면 상부 이자라 강의 계곡으로 이어져 그르노블로부터 샹베리를 경유하여 작은 성 베른하르트까지 이르는 소위 고지 알프스 산맥이

---

[3] 몽스니(Mont Cenis)를 건너는 경로는 중세에 처음으로 군사 도로가 되었다. 동쪽의 협곡 도로들, 예로 펜니누스 알프스, 그러니까 큰 성 베른하르트를 건너는 협곡 도로 등은 카이사르와 아우구스투스 때문에 처음으로 군사 도로가 되었을 것이기에 여기서는 고려하지 않았다.

펼쳐지는데, 전체 알프스 계곡에서 가장 넓고 비옥하며 인구가 많은 곳이었다. 작은 성 베른하르트를 경유하는 길의 고도가 자연적으로 형성된 알프스 협곡 가운데 가장 낮지는 않았지만 그럼에도 불구하고 단연 평탄한 길이었다. 현대식 도로가 깔리지 않은 상태에서도 이 길로 1815년 오스트리아 군대는 대포를 끌고 알프스 산맥을 통과했다. 산등성이 두 개로 이어진 이 길은 옛날부터 켈트 지역에서 이탈리아로 넘어오는 가장 큰 군사 도로였다. 사실 카르타고 군대도 대안이 없었다. 한니발과 동맹한 이탈리아 켈트족이 작은 성 베른하르트에 이르기까지 거주했다는 것, 그리고 몽주네브르를 경유하는 협곡은 고대로부터 인수브레스족과 불편한 관계였던 타우리니족의 영토부터 통과하게 되어 있었다는 사실 등은 우연의 일치일 뿐, 한니발이 길을 선택하는 데 결정적 동기는 아니었다.

그리하여 카르타고 군대는 이자라 강 상류 계곡을 목표로 처음에는 로다누스 강을 따라 거슬러 올라갔는데, 추측할 수 있는 가장 가까운 길, 그러니까 이자라 강 하류에서 강의 좌안을 따라 발랑스에서 그르노블로 이어지는 길이 아니라, 알로브로게스족의 '섬'이라 할 비옥하고 인구밀도가 높은 저지대를 지나 행군했다. 이 저지대는 북서쪽에 로다누스 강, 남쪽에 이자라 강, 동쪽에 알프스 산맥으로 둘러싸여 있었다. 이곳을 선택한 것은 지름길이 길도 없는 산골로 난 반면, 이 '섬'은 평탄하고 비옥했으며 상부 이자라 강과의 접경에는 산악 절벽이 단 하나만 있었기 때문이다. 로다누스 강을 따라가다 이 섬을 가로질러 알프스 절벽 아래 이르는 행군에는 16일이 소요되었다. 행군은 별 어려움 없이 진행되었다. 한니발은 이 섬에서 강력한 알로브로게스

수령 둘 사이의 반목을 활용하여 가장 강력한 수령에게 다음과 같은 의무를 부여했다. 즉 카르타고 인이 평야를 지나는 내내 길을 안내할 것과 식량을 지원하고 병사에게 무기와 의류, 신발을 제공할 것을 약속받았다.

하지만 첫 번째 알프스 산줄기를 넘어가는 길이 가파르고 절벽처럼 솟아 있어—도보 가능한 고갯길은 (오늘날의 몽듀샤를 경유하는) 하나뿐이었다—진군이 끝날 뻔했다. 알로브로게스족은 그 고갯길에 밀집해 살고 있었다. 한니발은 이 상황을 충분히 숙지하고 있었기에 매복 공격을 피하기 위해 고갯길 입구에서 일단 숙영지를 갖추고 해가 지기를 기다렸다. 일몰 직후 켈트족이 근처 도시의 집들로 흩어지기를 기다려 야간에 고갯길을 넘기 시작했다. 그렇게 고갯마루에 올랐다. 하지만 고갯마루로부터 부흐제 호수로 이어지는 매우 가파른 경로에서 노새와 말이 떨어졌다. 기습에 적합한 장소에서 행군하는 군대에 가해진 켈트족의 공격은 그 자체보다는 기습 결과로 야기된 혼란 때문에 더욱 큰 불편을 초래했다. 한니발이 경무장 보병들과 함께 아래로 알로브로게스족을 덮침으로써, 힘들이지 않고 그들에게 큰 손실을 안겨 산속으로 쫓아내긴 했지만, 그로 인한 혼란의 피해는 전투의 소음 때문에 보급 부대에게 특히 극심했다.

그렇게 한니발은 많은 손실을 겪으면서 평야 지대에 도착했고 곧 인근 도시를 공격했다. 한니발은 야만인을 겁주고 응징함과 동시에 노새와 말에서 입은 손실을 만회하고자 했다. 한니발 부대는 아름다운 샹베리 계곡에서 하루 휴식을 취한 후, 행군하여 이자라 강을 따라 상류로 올라갔다. 한니발은 넓고 비옥한 땅에서 어떤 부족함이나 공격도 겪지 않고 계속 전진했다. 한니발 부대가 나흘째에 계곡이 좁아지는 케우트로네스족의 영토(오늘날 따로뻬즈)로 들어섰을 때, 다시금 조심할 수밖에 없는 상황에 처했다. 케우트로네스족은 국경(꽁블랑 근처)까지 나와 한니발 부대를 나뭇가지와 화환으로 환영하며 가축과 안내인과 볼모를 제공했으며 한니발 부대는 우방의 영토를 지나가듯 케우트로네스 영토를 지나갔다. 하지만 한니발 부대가 이자라 강을 벗어나 르클뤼 개천을 따라 좁고 가파른 골짜기에 올라 작은 성 베른하르트 고갯길을 향해 알프스 산자락에 근접했을 때, 케우트로네스족 수비대가 한니발 부대의 후방에 갑자기 출현했고, 일부는 계곡을 따라 한니발 부대의 좌우를 둘러싸 수송대와 군수품을 차단하려고 했다. 하지만 케우트로네스족의 공격이 다만 영토를 지키고 전리품을 넉넉히 얻으려는 목적임을 간파한 한니발은 수송대와 기병대를 앞세우고 보병을 총동원하여 행렬을 엄호했다. 산비탈을 따라 행진하는 보병에게 날아드는 돌 때문에 생기는 상당한 손실을 막지 못했지만 이로써 한니발은 적군의 목적을 좌절시켰다.

작은 성 베른하르트 고갯길의 오르막을 바라보며 기슭에 홀로 서있는 '흰 바위' 절벽(오늘날도 라로슈블랑슈라 불림)에 한니발은 보병을 거느리고 진영을 갖추어, 밤새 힘겹게 올라가는 말과 노새들을 엄호했다. 그리고 지속적인 유혈 전투를 겪으면서 전진한 끝에 다음 날 고갯마루에 도착했다. 도리아 강이 발원하는 작은 호수를 중심으로 반경 3.7킬로미터에 걸쳐 고원이 펼쳐져 있었고, 방어에 유리한 지형을 갖춘 이곳에서 그는 휴식을 명했다. 그런데 이때 병사의 영혼을 잠식하는 사기 저하가 시작되었다. 점차 힘들어지는 길, 떨어져가는 보급품,

반격하기 힘든 적들의 지속적 공격, 좁은 길을 통과하는 행군, 대폭 줄어든 행렬, 낙오자 및 부상자들의 절망적 상태, 열정적인 지휘관과 측근에게만 가능할 듯한 목표 등이 이제 아프리카와 히스파니아의 고참 병사들에게까지 영향을 미치기 시작했다. 하지만 사령관은 확고했다. 다수의 낙오자가 다시 합류했고, 우호적인 켈트족이 가까이 있었으며, 분기점을 넘어섬으로써 행군을 아주 쉽게 해줄 내리막길이 나타났기 때문이다. 잠시 쉰 후 용기를 새로이 다지고 마지막으로 내리막길 행군이라는 도전에 나섰다. 부대는 적으로부터 그다지 괴롭힘을 당하지 않았다. 하지만 오르막길에서 인근 부족의 습격으로 불편했다면, 내리막길에서는 성큼 다가온 계절의 변화 때문에—이미 9월 초였다—불편했다. 도리아 강을 따라서 가파른 산등성이에 갓 내린 눈 때문에 길이 보이지 않고 미끄러웠다. 길을 잃은 사람과 가축들이 미끄러져 넘어지거나 낭떠러지로 떨어지기도 했다. 그렇게 첫날의 행군이 끝날 무렵 마침내 200보 정도의 짧은 구간이 나타났다. 그곳은 가파르게 솟은 크라몽 산의 절벽에서 눈사태가 계속 쏟아지는 지역이었으며, 여름에도 기온이 낮아 1년 내내 눈이 쌓여 있는 곳이었다. 보병대는 통과했다. 그러나 말과 코끼리들은 금방 내린 눈이 얇게 쌓여 미끈한 얼음판 위를 지나갈 수 없었기에, 사령관은 보급품, 기병대, 코끼리들을 데리고 힘겨운 구간 위쪽에 숙영했다.

다음 날에 기병대는 말과 노새를 위한 길을 힘겹게 텄다. 그러나 인력을 교대하며 3일간 계속 작업한 후에야 아사 직전의 코끼리들도 구간 아래쪽으로 옮길 수 있었다. 사흘을 지체한 후 부대 전체가 다시 모였고, 이후 점점 더 넓고 비옥해지는 도리아 강의 골짜기를 통과하는 3일간의 행군으로 부대는 9월 중순경 드디어 이브레아 평원에 도착했다. 인수브레스 인의 예속민으로 그곳에 살고 있던 살라시 부족은 카르타고 인을 동맹자와 해방자로서 환영했고, 지친 병사들은 이곳 마을에서 숙영하면서 유례없던 좋은 음식과 14일의 휴가로 노고를 털고 원기를 회복했다. 예컨대 로마군이 토리노 인근에서, 충분히 휴식하고 전투 준비를 마친 병력 3만 명을 전투에 즉각 투입하여 승리했다면, 한니발의 원대한 계획은 가망이 없을지도 모른다. 한니발을 위해 다행인 것이, 로마군은 이번에도 자신들이 있어야 할 곳에 없었고 휴식이 절실히 필요한 적군을 괴롭히지 않고 가만히 놔두었다.[4]

---

[4] 이 유명한 원정은 많은 논쟁의 대상이었는데, 그와 관련된 지형학적 문제들은 위컴과 크레이머의 모범적인 연구에 의하여 처리된 것으로, 또 본질적인 부분은 해결된 것으로 볼 수 있다. 시기에 관한 난제들에 대해서만 첨언하겠다.

한니발이 작은 성 베른하르트 고갯마루에 도달했을 때, "봉우리들이 이미 눈으로 깊이 덮이기 시작했다"(Polyb. 3, 54). 즉 노면이 이미 눈으로 덮여 있었는데(Polyb. 3, 55), 대부분 새로 내린 것이 아니라 눈사태로 쌓인 눈이었다. 작은 성 베른하르트에서 겨울은 성 미카엘 축일에 시작되고 눈은 9월부터 내린다. 8월 말에 앞서 언급한 두 영국인이 산을 올랐을 때는 길에 눈이 거의 없었다. 그러나 산비탈 양편에는 눈이 덮여 있었다. 이런 상황을 고려하면 한니발은 9월 초에 고개에 도착한 듯하다. 그곳에 "이미 겨울이 다가온 때" 그가 도착한 것도 위의 상황과 결코 모순되지 않는다. "συνάπτειν τὴν τῆς πλειάδος δύσιν"(Polyb. 3, 54)도 그 이상의 의미는 아니기 때문이다. 플레이아데스 성단의 혼몰일(10월 26일)을 의미하는 것은 결코 아니다(C. L. Ideler, *Lehrbuch der Chronologie*. Berlin 1831. Bd. 1, S. 241 참조).

한니발이 9일 후, 즉 9월 중순에 이탈리아로 왔을 때, 그때부터 12월 말(περὶ χειμερινὰς τροπάς, Polyb. 3, 72) 트레비아 전투까지 있었던 일련의 사건 중 예컨대 아프리카에 배정된 부대가 릴뤼바이움에서 플라켄티아로 이동 배치되기도 했다. 더 나아가 그해 3월 말경(ὑπὸ τὴν ἑαρινὴν ὥραν, Polyb. 3, 34) 군대 집회에서 행군 날이 공지되고 5개월(또는 App. Hisp. 7, 4에 따르면 6개월)간 계속된 것과도 부합한다. 또 한니발이 9월 초 작은 성 베른하르트 고갯마루에 있었다면, 로다누스 강에서 그 곳까지 30일을 썼으므로 로다누스 강에는 8월 초에 도착한 것이다. 그곳에서 스키피오는 여름이 시작될 때(Polyb. 3, 41), 즉 늦어도 6월 초에 출항했는데, 매우 더디게 나갔거나 마살리아에서 이상할 정도로 오래 머물렀음에 틀림없다.

결과

목표는 이루었으나 희생도 컸다. 퓌레네 산맥의 애로(隘路)에서는 고참병 5만 명으로 구성된 보병과 고참병 9,000명으로 구성된 기병이 있었지만, 그중 절반 이상이 전투와 행군과 도강 등으로 희생되었다. 이제 한니발도 계산에 따르면 보병이 2만 명—그중 3/5은 리뷔아 인이고, 2/5는 히스파니아 인이었다—기병이 6,000명을 넘지 않는다고 직접 말했다. 일부 기병이 낙마로 부상했지만 기병의 손실은 보병에 비하여 그나마 적었는데, 사령관이 선발된 기병대를 조심스럽게 활용했던 것도 있지만, 누미디아 기병대 자체가 탁월했기 때문이다. 행군의 지속 여부에 영향을 미칠 만큼 심각한 예측 불허의 사고는 특별히 없었다. 오히려 780킬로미터의 행군, 평균적으로 33일의 행군은 뜻밖의 행운 덕분에, 그리고 더더욱 예기치 못했던 적의 실수 덕에 가능했다. 희생은 그 정도로 끝나지 않았다. 군대는 피로에 시달려 사기가 완전히 저하되었기에, 다시 전투가 가능하게 준비되려면 상당히 긴 휴식이 필요했다. 결국 이 군사 작전은 그 가치가 의심스럽고, 한니발 자신조차 이 작전을 성공적으로 보았는지 의문이다. 하지만 이러한 사태에 관해 사령관을 무조건 비난해서는 안 된다. 그가 추구한 작전 계획에 흠결이 있기는 했지만, 그가 그러한 흠결을 예상했어야 한다고 요구할 수도 없고—여하튼 그는 미지의 야만인 땅을 통과하지 않았는가?—해안 도로를 따라 갔다든지 신카르타고나 카르타고 항구에서 배로 출항했다든지 하는 다른 계획을 택했더라면 덜 위험했으리라는 확실성도 없기 때문이다. 세세한 부분까지 미치는 거장답고 용의주도한 작전 실행은 경탄할 만하다. 그리고 운명의 호의이든, 사령관의 전술이든, 종국에 무엇이 결정적이었든, 로마와의 전쟁을 이탈리아 반도에서 수행한다는 하밀카르의 과업이 실현되었다. 이러한 행군을 기획한 것은 그의 정신이었다. 슈타인과 샤른호르스트의 업적이 요크와 블뤼히어의 업적보다 고되고 위대했듯, 역사 기록들도 한결같이 준비의 마지막 고리인 알프스 통과를 트라시메누스 호수 전투와 칸나이 전투보다 훨씬 경이롭게 보고 있다.

제5장
칸나이 전투까지의 한니발 전쟁

한니발과 이탈리아 켈트족

카르타고 군대가 알프스 이남에 출현함으로써 상황이 급변했으며, 로마가 수립한 전쟁 계획은 허사가 되었다. 로마 군단 둘 중 하나는 히스파니아에 상륙하여 그곳에서 이미 교전 중이었다. 따라서 이들을 불러들이는 것은 불가능했다. 다른 로마 군단은 집정관 티베리우스 셈프로니우스가 아프리카로 인솔했는데, 다행히 아직 시킬리아에 있었다. 로마 인의 우유부단함도 이번만은 유용성을 입증한 셈이었다. 이탈리아와 시킬리아로 향하던 카르타고 함대 둘 중 하나는 폭풍우에 휩쓸린 데다 일부가 메사나에서 쉬라쿠사이의 함대에 나포되었다. 다른 함대는 릴뤼바이움을 기습하려 릴뤼바이움 항구 앞에서 해전을 벌였으나 패했다. 하지만 이탈리아 해역에 적함이 출몰하는 것을 불편하게 생각한 집정관은 아프리카로 가기 전에 시킬리아 주변의 작은 섬들을 장악하고 이탈리아를 침공하려는 카르타고 함대를 몰아내기로 결정했다. 멜리타 섬을 정벌하고 리파라 제도에 숨었을 것으로 보이던 적 함대―실제 이들은 비보(오늘날 몬테레오네)에 상륙하여 브레티움 해안 지대를 약탈하고 있었다―를 찾아다니는 사이에, 그리고 마침내 아프리카 해안에서 적합한 상륙 지점을 알아보고 있었을 때 이미 여름은 끝나고 있었다. 최대한 빨리 귀환하여 고향을 방어하라는 원로원의 명령이 떨어졌을 때, 육군과 함대는 그런 이유에서 아직 릴뤼바이움에 머물고 있었던 것이다.

이렇게 두 로마 군단―군단 개개는 한니발의 전체 병력과 맞먹었다―은 파두스 강 계곡에서 너무 멀리 있었고, 로마는 이 지역에서의 공격에 전혀 대비하지 못하고 있었다. 물론 그곳에는 카르타고 군이 도착하기 이전에 발생한 켈트족 반란을 진압하려고 소집되었던 로마 병력이 남아 있었다. 플라켄티아와 크레모나 각지에서 6,000명의 식민지 이주민을 위한 로마 요새 설치를 계기로, 그리고 보이이족의 땅인 무티나에 요새 설치를 준비한 것을 계기로, 로마 건국 536년(기원전 218년)―한니발과 협의하기 이전이었다―봄에 반란이 일어났으며 인수브레스 인도 곧 여기에 동참했다. 이미 무티나 지역에 거주하던 식민지 이주민들은 갑작스러운 공격에 도성으로 도망했다. 아리미눔을 다스리던 총독 루키우스 만리우스는 휘하의 군단을 이끌고, 봉쇄된 식민지 이주민들을 구출하기 위해 급히 달려갔다. 하지만 그는 숲에서 기습 공격을 받아 막대한 손실을 입었으며, 유일한 대안은 고지에 주둔지를 확보하고, 로마에서 출발한 다른 로마 군단이 법무관 루키우스 아틸리우스의 지휘 아래 군대와 도성을 해방시켜 켈트족의 반란을 잠시나마 제압할 때까지 기다리는 것뿐이었다. 보이이족의 성급한 반란은 한편으로 스피키오가 이끄는 히스파니아 원정군의 출발을 지연시켰다는 점에서 한니발의 계획을 도운 측면이 있는가 하면, 다른 한편으로 성급한 반란이 없었다면 한니발이 도착했을 때 로마 요새들 주변을 제외한 파두스 강 계곡 전체가 비무장 상태로 노출될 수 있었다는 측면에서 한니발 원정에 손실을 끼친 것이기도 했다. 로마군 2개 군단이 병력이 심각하게 줄어 도합 2,000명도 되지 않았고, 이 인원은 켈트족 반란을 진압하기에는 충분했지만 알프스 협곡의 방어까지는 버거웠다. 8월 집정관 푸블리우스 스키피오가 병사들을 떼어놓고 마살리아에서 이탈리아로 돌아왔을 때에야 비로소 로마는 알프스 협곡의 위험성을 알게 되었다. 아니면 로마는 알프스 협곡을 지나는 무모한 도전을 알프스 자체가 허락하지 않을 것이라고 안이하게 생각했을 수도 있다. 따라서 로마의 전초부대는 결정적인 위치에 때맞춰 투입되지 못했다. 한니발은 병사들에게 충분한 시간의 휴식을 허락했다. 이후 한니발 부대에게 문을 열지 않는 타우리니 부족을 3일간 포위 공격으로 제압했으며, 파두스 강 계곡의 작전 명령권을 넘겨받은 스키피오가 카르타고의 진군을 막아서기 이전에 한니발은 파두스 강 상류 지역의 모든 리구리아 공동체와 모든 켈트족 공동체를 겁박하고 회유하여 자신의 동맹으로 만들었다.

스키피오는 아주 소규모의, 특히 기병이 현저히 부족한 군대를 이끌고 압도적인 적군의 진군을 저지하는 한편, 도처에서 발생하는 켈트족 반란을 제압하는 어려운 임무를 띠고 플라켄티아에서 파두스 강을 건넜을 것이고, 이후 파두스 강의 북쪽 강둑을 따라 한니발과 대적하기 위해 상류로 올라갔을 것이다. 반면 한니발은 타우리니 인의 도시를 접수한 이후, 보이이족과 인수브레스족을 돕기 위해 강 하류로 이동했다. 티키누스와 세시아 사이의 평야(베르켈라이에서 멀지 않은 곳)에서 로마 기병대는 소규모 보병만 대동하고 정찰 활동을 무리하게 펼치는 도중, 같은 목적으로 파견된 카르타고 기병대와 조우했다. 각 기병대는 사령관이 직접 지휘하고 있었다. 스키피오는 적의 우세에도 불구하고 전투를 받아들였고, 기병대 전방에 배치된 소규모 보병을 적의 강력한 기병대 공격으로 잃었다. 카르타고 기병대가 선두에서 로마 기병대와 겨루는 동안, 괴멸된 로마 보병을 몰아붙인 누미디아 기병대가 돌아와 로마군의 측면과 후면을 공격했다. 이것이 승패를 결정했다. 로마군의 손실은 매우 심각했다. 사령관으로서의 실수를 병사로서 만회하고 있던 집정관마저 심각한 부상을 입었으며 아들의 헌신으로 간신히 목숨을 건졌다. 당시 17세였던 아들이 용감하게 적을 공격하도록 부대원을 독려하며 앞장섰고, 그사이 집정관은 적을 따돌렸던 것이다. 이 전투로 적군의 위력을 실감한 스키피오는 약세의 병력을 배수진으로 배치한 실수를 깨닫고, 적 앞에서 파두스 강을 건너 우안으로 즉시 후퇴하기로 결심했다. 비교적 협소한 공간에 작전을 국한하고 불패의 로마군이라는 환상을 버림으로써 스키피오는 군사적 재능을 다시 찾았으며 이로써 젊은 적장의 무모한 계획을 잠시나마 마비시키는 데 성공했다. 한니발이 평야 전투를 준비하는 동안, 스키피오는 빠르게 계획을 마련하고 신속하게 다시 도강하여 일찍이 떠났던 강의 우안으로 무사히 돌아왔다. 그는 파두스 강의 다리를 끊었는바, 철거 작전을 맡았던 병사 600명은 적의 포로로 남겨둘 수밖에 없었다.

하지만 강 상류는 이미 한니발의 수중에 있었기에 한니발은 그곳으로 올라가 배다리를 만들어 며칠 만에 강의 우안에 이르렀고 곧 로마군을 추격했다. 이때 로마군은 플라켄티아 전방의 평야에 자리를 잡고 있었다. 로마군 내의 켈트족 병사들이 반역을 꾀하고 주변의 켈트족이 다시 반란을 일으키자, 집정관은 평야를 비우고 트레비아 강 후방의 고지에 진지를 구축하지 않을 수 없었다. 이 작전은 별다른 손실 없이 마무리되었는바, 그들을 추격하던 누미디아 기병대가 로마군이 버리고 떠난 숙영지를 약탈하고 방화하는 데 시간을 낭비했기 때문이다. 고지는 좌측으로 아펜니노 산맥에 이어지고 우측으로 파두스 강과 플라켄티아 요새에 닿아있는 유리한 지형이었으며, 그 계절에는 무시할 수 없는 유량을 가진 트레비아 강이 전방을 막고 있었기 때문에, 물론 스키피오는 클라스티디움(오늘날 카스테기오)의 많은 군량—이때 그의 주둔지와 클라스티디움의 연결을 적군이 끊었다—은 찾아올 수 없었지만, 크레모나 인을 제외한 인근의 모든 켈트족이 일으킨 반란을 막을 수 없었어도 한니발이 더 이상 진군하지 못하도록 완벽하게 막아내는 데는 성공했다. 한니발도 이에 막혀 로마군 방어에 맞서 숙영지를 마련하지 않을 수 없었다. 스키피오가 확보한 지역과 인수브레스족에 대한 크레모나 인의 위협 때문에 켈트족 반란군의 주력은 카르타고 군과 즉시 연합할 수 없었으며, 또한 그 사이 릴뤼바이움에서 출발하여 아리미눔에 도착해 있던 다른 로마 군단은 반란 지역의 한가운데를 통과하여 별 어려움 없이 플라켄티아에 도착하여 파두스 강의 로마군과 합류할 수 있었다.

이로써 스키피오는 힘겨운 과제를 성공적으로 완수했다. 이제 로마 군단은 4만 명에 이르렀고 기병의 수가 늘지는 않았지만 보병으로는 적군에 대항할 만했다. 로마 군단은 그저 현 위치를 지키고 기다리며, 적군으로 하여금 겨울에 도강하여 로마군 주둔지를 공격하게 하거나 진군을 유보하고 힘겨운 숙영지에서 켈트족의 변덕을 맛보게끔 만들었어야 했다. 벌써 12월이었고 이런 방식을 취할 경우 승리는 로마에 돌아가겠지만, 그렇다 하더라도 이것이 집정관 티베리우스 셈프로니우스의 승리가 아님은 명백한 사실이었다. 부상당한 스키피오를 대신하여 지휘권을 단독으로 행사하고 있던 그의 임기가 곧 몇 달 후 끝날 예정이었다. 한니발은 그를 알았기에 지체 없이 전장에 나서도록 자극했다. 친로마 성향의 켈트족 부락을 잔인하게 유린했으며, 이에 기병전이 발생하자 한니발은 적군에게 승리를 즐길 기회를 허락했다. 바로 다음날 폭우가 쏟아지는 날씨에, 로마 인이 생각도 못하던 때에 적의 공격이 시작되었다. 아침 일찍 로마의 경무장 보병은 적의 경무장 기병에게 공격당했다. 적군이 천천히 후퇴했고 로마군은 승세를 놓칠세라 불어난 트레비아 강을 맹렬히 건너갔다. 적의 기병이 갑자기 멈추었다. 로마군 선발대는 한니발이 선택한 전장에서 그의 주둔군과 마주하게 되었다. 로마군 주력이 서둘러 도강해 따라가지 않았다면 선발대는 전멸하고 말았을 것이다. 주력부대는 식사도 못하고 휴식도 없이 온몸이 젖은 채로 도착하여 전열을 가다듬는 데 분주했다. 기병은 늘 그렇듯 양쪽 날개에 위치했고 보병은 중앙을 맡았다. 경무장 보병은 양면에서 전초를 형성하여 전투를 시작했다. 로마군은

트레비아 전투
(기원전 218년)

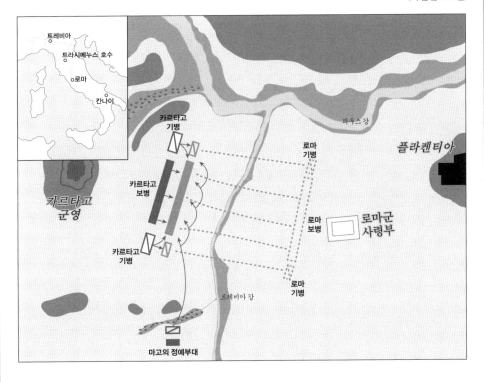

이미 밀리고 있던 차에 급격히 수세로 몰렸으며, 앞에서 달려오는 코끼리 부대와 좌우에서 몰려드는 수많은 카르타고 기병대를 맞아 싸우던 로마 기병대도 마찬가지였다.

하지만 로마군 보병은 이름값을 했는바, 전투 초반 적의 보병에 대하여 압도적인 수적 우위를 보였고, 로마 기병이 적의 기병 및 경무장 보병에 밀리며 로마 보병을 공격할 기회를 내주었을 때조차 전진하지 못했어도 후퇴하지 않고 제자리를 지켰다. 이때 후위에서 한니발의 막내 동생 마고가 지휘하는 카르타고 정예 부대—1,000명의 보병과 같은 수의 기병—가 로마 보병을 기습적으로 공격했다. 이들은 아군과 적군이 뒤엉킨 전장에 달려들었다. 보병의 좌우, 그리고 로마군 중앙의 마지막 대열이 이 기습 공격으로 괴멸되었다. 1만 명의 제1진 투창 부대는 밀집대형을 형성하여 카르타고 전열을 돌파하여 중앙을 비스듬히 뚫고 퇴로를 찾음에 따라 적의 보병, 특히 켈트족 반란군에 치명적인 손실을 안겨주었다. 이 용감한 로마 병사들은 적의 추격을 거의 받지 않고 플라켄티아에 도착했다. 대다수 로마군은 트레비아 강을 건너려다가 코끼리 부대와 경무장 보병들에게 도륙되었다. 일부 기병대 및 보병 중대만이 강을 도보로 건너 숙영지에 도착했고 여기까지 카르타고 인들이 추격하지는 않자 로마 병사들은 역시 도보로 플라켄티아[1]에 도착했다. 이 트레비아 전투만큼 로마 병사에게 명예

---

[1] 트레비아 전투에 관한 폴뤼비오스의 보고는 매우 분명하다. 플라켄티아가 트레비아 강의 우안에 파두스 강과 합류점에 위치한다면, 그리고 전투가 그 좌안에서 벌어지고 로마 숙영지는 우안에 있었다면—두 사항에 대한 논쟁이 있었음에도 불구하고 부정될 수 없는 것이다—무엇보다 로마 병사들은 플라켄티아와 숙영지에 도달하기 위해 트레비아 강을 건너야 했을 것이다. 숙영지로 가는 데 있어 병사들은 와해된 아군을 지나, 적의 포위를 뚫고 길을 내야 했을 것이고, 이

로운 전투는 없었으며, 동시에 사령관들에게 막대한 비난이 쏟아진 전투도 없었다. 물론 공정한 사람이라면, 최고 사령관직 임기가 특정한 날에 끝나는 제도가 군사적으로 전혀 적합하지 않다고, 엉겅퀴에서 무화과를 수확할 수는 없다고 판단했을 것이다. 전투의 승자도 승리의 대가를 톡톡히 치렀다. 손실은 대부분 켈트족 반란군에서 발생했지만, 이후 춥고 습한 겨울 날씨 때문에 한니발의 고참병 상당수와 한 마리를 제외한 모든 코끼리가 병으로 쓰러졌다.

북부 이탈리아의 주인이 된 한니발

침략군의 첫 번째 승리로 이제 켈트족 전 지역에서 아무런 걸림돌도 없이 민족적 반란이 일어나 조직을 갖추었다. 파두스 방면의 로마군단 생존자들은 플라켄티아와 크레모나의 요새들로 몸을 피했다. 본국과의 연락망이 완전히 차단되었고 이들은 군수품을 강을 통해서만 수

어 근접전을 벌이며 도강해야 했을 것이다. 반면 플라켄티아로 가는 것은 추격을 따돌린 후 수월하게 진행되었다. 병사들은 전장에서 멀리 떨어지게 되었으며 로마 요새의 방어 영역에 도달해 있었던 것이다. 증명할 수는 없지만, 병사들이 도착한 지점에 트레비아 강을 건너는 다리가 있고 반대편에는 플라켄티아 특공대가 교두보를 장악하고 있었을 가능성도 배제할 수는 없다. 분명한 것은 첫 번째 작전이 힘겨웠던 만큼 두 번째 작전은 간단했다는 점이다. 그리고 폴뤼비오스 자신이 군인이었는바 충분한 근거로써 당시 병사 1,000명에 관하여, 대오를 갖추고 플라켄티아로 달려갔다고만 적었을 뿐(3, 74, 6), 이 상황에서 그리 어렵지 않던 트레비아 도강에 관해서는 기록하지 않았다.
리비우스의 보고는 잘못되었는데, 카르타고 숙영지가 트레비아 강의 우안에 로마 숙영지가 좌안에 있었다고 전한다. 이 점은 거듭 지적되었다. 클라스티디움의 위치는 오늘날 카스테기오에서 발견된 명문들을 통해 확증되었다(Orelli-Henzen 5177).

송해야 했다. 집정관 티베리우스 셈프로니우스는 포로로 잡혔다가 기적적으로 탈출하여, 소수의 기병대를 이끌고 선거를 치르러 로마로 갔다. 한니발은 행군을 계속함으로써 혹독한 계절에 병사들의 건강을 위협하는 모험을 감행하지는 않았으며, 현 위치에서 겨울 숙영지를 구축했다. 대규모 요새들에 대한 본격적인 공격이 효과적이지 못할 것을 알았기에, 플라켄티아의 항구 및 여타 소규모 로마 거점들에 대한 공격으로써 적을 괴롭히는 데 만족했다. 한니발은 로마에 대한 갈리아의 반란을 조직하는 데 주력했고, 켈트족으로부터 보병 6만 명 이상과 기병 4천 명 이상을 자신의 부대로 징집했다.

한니발의 군사 정치적 상황

로마 건국 537년(기원전 217년)의 전쟁에 로마가 비상한 노력을 기울이지는 않았다. 원로원은 전투에 패했음에도 불구하고 상황이 결코 심각할 정도로 위험하지는 않다고 생각했으며 그런 판단이 부당한 것은 아니었다. 사르디니아, 시킬리아, 타렌툼으로 보낸 해안 수비대와 히스파니아로 보낸 증원군 이외에도, 두 명의 신임 집정관 가이우스 플라미니우스와 그나이우스 세르빌리우스는 병력을 필요한 만큼 보충 받아 4개 군단의 정원을 채웠으며, 기병대만은 증원 편성되었다. 두 집정관은 북쪽 경계를 수비하면서 로마에서 북쪽으로 이어지는 군사 도로 두 곳에 병력을 배치했다. 하나의 군사 도로는 서쪽으로 당시 아레티움까지, 다른 군사 도로는 동쪽으로 아리미눔까지 이어져 있었다. 가이우스 플라미니우스가 서쪽 도로를 맡았고, 그나이우스 세르빌리우스가 동쪽 도로를 맡았다. 여기서 두 집정관은 파두스 강 요새들에 억류되어 있던 병력에게 수로로 자신들과 합류하도록 했다. 또 날씨가 풀리고 좋은 계절이 시작되기를 기다리면서 아펜니노 산맥의 협곡을 방어적으로 확보하고, 공세로 전환하면서 파두스 강의 계곡까지 올라가 플라켄티아 근처도 손에 넣고자 했다.

하지만 한니발에게 파두스 강 계곡을 방어할 의사는 전혀 없었다. 그는 로마 인을 로마 인보다 더 잘 알고 있었다. 한니발은 자신이 압도적 열세임을, 트레비아 전투의 화려한 승리에도 불구하고 여전히 열세임을 꿰뚫어 보고 있었다. 또한 한니발은 로마의 굴복이라는 최종적 목표가 공포심이나 기습을 통해서가 아니라, 오만한 도시를 실제적으로 정복함으로써만 성취된다고 믿었다. 분명한 것은, 자신은 고향으로부터 불확실하고 불규칙적인 지원을 받으며 이탈리아에서는 변덕스러운 켈트족에 일단 의존해야 하는 데 반해, 이탈리아 연방은 정치적으로 안정되고 군사 지원에 있어 무한할 정도로 우위에 있었다는 사실이다. 페니키아 보병의 혼신의 노력에도 불구하고 로마 군단이 전술상 얼마나 뛰어난지는, 스키피오의 방어 작전과 트레비아에서 보였던 로마 보병대의 후퇴 작전으로써 분명히 입증되었다.

이 점을 잘 알던 한니발은, 이탈리아에서 드러난 그의 모든 행동 방식으로 보건대, 두 가지 기본 원칙에 충실했다. 첫째로 작전 계획과 교전 지역을 수시로 변경함으로써 전쟁을 일종의 모험처럼 이끈다는 것이었고, 둘째로 전쟁의 궁극적 목표는 군사적 성공이 아니라 정치적 성공에, 즉 이탈리아 연방의 점진적 분열과 최종적 붕괴에 달려 있다는 것이었다. 첫 번째 원칙은 필연적이었는바, 다각도의 열세에도 불구하고 팽팽한 균형을 이루기 위한 그의 유일한 무기는 군사적 천재성을 십분 발휘하는 것뿐이었는데, 그러려면 늘 예측 불가능한 전술 조합으로 적군을 유인할 수밖에 없었다. 전쟁이 교착상태에 빠지면 그가 패전하는 것이었다. 또한 한니발의 궁극적인 목표는 정치적 안목에 따른 것인데, 전투의 강력한 승자였지만 매번 수도 로마가 아니라 로마의 총사령관을 물리쳤을 뿐이며, 자신은 로마 장군들을 압도했지만 매번 전투에서 로마 병사가 카르타고 병사를 압도함을 그는 정확히 인식하고 있었다. 한니발이 행운의 정점에서도 이런 사실을 결코 잊지 않았다는 점은, 전투에서의 놀라운 승리를 능가하는 매우 경탄할 만한 일이었다.

한니발의 아펜니노 산맥 통과

바로 이것이, 한니발이 이탈리아를 상대로 한 자신의 새 작전기지를 포기하고 전장을 이탈리아로 옮긴 이유였다. 켈트족의 터전을 전쟁터로 만들지 말아달라는 켈트족의 요청이 있었기 때문은 아니다. 한니발은 모든 전쟁포로부터 풀어주었다. 로마 출신 포로들은 가려내 노예 사슬에 묶었고 — 한니발이 이때는 물론 다른 때에도 전장에서 사로잡은 전투 가능한 로마 인을 모조리 학살했다는 이야기는 분명 과장된 것이다 — 반면 전 이탈리아 연방 출신의 포로들은 몸값도 받지 않고 석방하여 고향으로 돌려보냈다. 석방된 포로들로 하여금 한니발은 이탈리아가 아니라 로마를 상대로 전쟁을 벌이려 한다는 것을 고향에 전하게 했다. 그리고 한니발은 모든 이탈리아 공동체에게 연방 가입 이전의 독립과 국경을 돌려준다는 것, 해방시킨 자는 피해방민을 위한 구원자이자 보복자가 되리라는 것을 전하게 했다.

실제 한니발은 겨울이 끝나자 파두스 계곡부터 험준한 아펜니노 산맥을 따라 행군로를 찾았다. 가이우스 플라미니우스는 에트루리아 군대와 함께 아레티움 근처에 임시로 주둔해 있었는데, 계절이 허락한다면, 그곳에서 아르노 계곡과 아펜니노 산맥 협곡의 방어를 위해 루카로 이동하려고 했다. 하지만 한니발이 가이우스 플라미니우스보다 앞섰다. 그는 최대한 서쪽으로, 그러니까 적으로부터 최대한 멀리 떨어진 곳에서 별 어려움 없이 아펜니노 산맥을 통과할 수 있었다. 하지만 한니발 부대가 통과하는 세르키오와 아르노 사이의 저지대 늪지는 겨울눈이 녹고 봄비마저 내려 범람해 있었는바, 야간에 쉴 만한 마른 땅을 전혀 찾지 못하고 나흘 내내 늪지를 통과해야 했다. 마른 곳이라고는 쌓아올린 짐꾸러미와 늪에 빠진 짐승들뿐이었다. 군대는 말할 수 없는 고통을 겪었다. 특히 카르타고 부대를 뒤따르던 켈트족 보병은 그나마 디딜 곳도 전혀 없는 길을 걸어 행군했다. 마고가 지휘하던 카르타고 기병대가 후위에서 탈영을 막지 않았다면, 의심할 여지 없이 엄청난 인원이 크게 불평하며 흩어져 버렸을 것이다. 전염병 때문에 말들이 쓰러지고 많은 병사가 목숨을 잃었다. 한니발조차 염증으로 한 눈을 잃었다.

플라미니우스

하지만 한니발은 목표를 이루었다. 그는 파이술라이(오늘날 피에솔레)에 군영을 마련했고, 그 사이 가이우스 플라미니우스는 아레티움 근처에서 적의 행군로를 봉쇄하기 위해 길이 열리기를 기다리고 있었다. 따라서 산악 통로를 봉쇄하는 데는 충분했지만 개활지에서 한니발을 상대하기에는 역부족인 집정관 플라미니우스에게 남아있는 최선책은, 방어선을 현 위치에 설치하고 아리미눔 근처에 주둔해 있던, 그러나 이제 그곳에는 필요 없어진 제2로마 군단이 달려오기를 기다리는 것이었을 수 있다. 하지만 플라미니우스 자신은 다르게 판단했다. 한 정파의 지도자로서 원로원의 권력을 제한하고자 자력으로 최고 관직에 올랐던 그는, 집정관 재임 내내 자신을 반대하는 귀족 당파의 음모 때문에 정부에 반감이 있었고, 귀족 당파의 당파적 구악(舊惡)에 맞선 정당한 투쟁에 경도되어 전통과 관습에 지나칠 정도로 거부감을 드러냈으며, 민중에 대한 맹목적 사랑과 귀족 당파에 대한 극심한 증오로 불타고 있었고, 더 나아가 이 모든 것들에 앞서 자신이 군사적 천재라는 생각에 사로잡혀 있었다.

로마 건국 531년(기원전 223년) 인수브레스 인들과 싸운 플라미니우스의 출정에 대해, 공정한 판관들이라면 무능한 장군들이 망친 것을 유능한 병사들이 종종 벌충한다는 사실(제3권 114쪽)을 입증한 사례로 보았을 텐데, 거꾸로 플라미니우스 본인과 지지자들은, 한니발에게 신속한 패전을 안겨주려면 가이우스 플라미니우스를 최고 사령관으로 세워야 한다는 주장의 결정적인 근거로서 제시했다. 이런 주장을 내세워 그는 두 번째로 집정관직에 올라, 이런 희망에 부풀어 비무장의 전리품 사냥꾼 다수가 막사에 모여 들었으며 냉정한 역사가의 단언에 따르면 그 규모가 군단 병력을 넘었다고 한다. 한니발도 계획을 이런 상황에 부분적으로 맞추었다. 한니발은 플라미니우스를 전혀 공격하지 않고 멀리 우회하여 행군하며, 약탈 행위에 정통했던 켈트족과 수많은 기병대를 동원하여 주변을 약탈했다. 자신들을 부자로 만들어주겠다고 약속한 영웅의 눈앞에서 자행된 약탈 행위의 피해자 다수가 터뜨린 탄원과 울분, 그리고 동료 집정관이 도착하기 전에 아무것도 독자적으로 수행할 힘도 결단력도 없음을 조롱하는 적의 태도는 플라미니우스에게 천재적 전략을 발휘하라고, 경솔하고 오만한 적에게 쓰디쓴 교훈을 가르쳐 주라고 속삭였음에 분명하다.

트라시메누스 호수 전투

이보다 완벽하게 성공한 군사 작전은 없었다. 집정관 플라미니우스는 한니발 부대를 서둘러 추격했다. 한니발은 아레티움을 지나 천천히 풍요로운 키아나 계곡을 통과하여 페루지아 방향으로 가고 있었다. 플라미니우스는 코르토나 지역에서 한니발을 따라잡았다. 로마군의 행군을 정확하게 알고 있었던 한니발은 교전 장소를 물색하며 충분한 시간을 보냈다. 그가 선택한 지역은 두 개의 가파른 산이 앞뒤로 놓인 좁은 통로였는데, 출구에는 높은 언덕이, 입구에는 트라시메누스 호수가 있었다. 플라미니우스는 주력 보병대를 데리고 좁은 입구를 봉쇄했다. 한니발의 경무장 보병대와 기병대가 앞뒤 양쪽에 매복해 있었다. 로마군은 망설이지 않고 종대로 늘어서서, 좁은 통로의 빈 입구로 들어섰다. 그들은 한니발 부대가 배치되어 있음을 짙은 아침 안개 때문에 전혀 알지 못했다. 로마의 선두 대열이 출구 언덕에 가까이 다가오자, 한니발은 공격 신호를 보냈다. 그와 동시에 한니발의 기병대가 주변 언덕들 뒤에서 나타나 통로 입구를 차단했다. 안개가 걷히자 언덕 가장자리에 좌우로 길게 늘어선 카르타고 병력이 보였다. 교전은 없고 살육만 있었다. 협곡 입구 밖의 로마 병력은 한니발의 기병대에 의해 호수 쪽으로 내몰렸다. 협로 안의 본진은 저항도 못한 채 몰살당하다시피 했고, 집정관을 비롯한 병력 대부분은 행군 대형을 유지한 상태로 죽임을 당했다. 로마군 선두 대열 보병 6,000명은 한니발의 중무장 보병을 뚫고 나왔다. 막강한 로마 군단의 힘을 또다시 과시한 것이다. 하지만 이들은 남은 병력과 분리된 채 어떤 정보도 없이 닥치는 대로 행군을 이어갔다. 다음날 자신들이 머물던 언덕에서 카르타고 기병대에 포위되었고 무조건 항복으로 자진 철수를 약속했으나 한니발은 이를 거부하며 전부 전쟁 포로로 사로잡았다. 사상자가 1만 5,000명이었고 다수는 전쟁 포로가 됨에 따라 로마 군단은 완전히 궤멸했다. 카르타고 사상자는 경미했는데 1,500명이었고, 대부분 켈트족이었다.[2]

---

[2] 교정되지 않은 달력에 따른 전투 날짜는 6월 23일인데, 교정 달력에 따르면 4월의 어느 날에 해당한다. 퀸투스 파비우스가 독재관직을 6개월 후인 가을 중엽에 내려놓았다고 할 때(Liv. 22. 31, 7; 32, 1), 독재관직의 시작은 5월 초가 분명하다. 이 당시 로마에서 달력에 대한 혼란(제2권 350쪽)은 매우 심각했다.

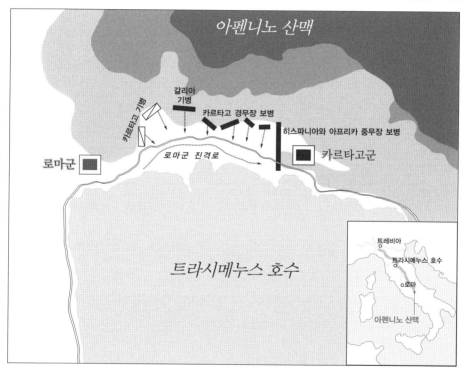

트라시메누스 호수 전투
(기원전 217년)

아펜니노 산맥

카르타고 기병

갈리아 기병

카르타고 경무장 보병

히스파니아와 아프리카 중무장 보병

로마군

로마군 진격로

카르타고군

트라시메누스 호수

트레비아

트라시메누스 호수

o 로마

아펜니노 산맥

이것으로 충분하지 못했는지, 트라시메누스 호수 전투 직후, 가이우스 켄테니우스가 이끄는 아르미눔 기병 4,000명이 그곳에 도착했다. 가이우스 세르빌리우스 본인은 천천히 뒤따르고 있었고 동료 집정관을 돕기 위해 급히 기병대부터 보냈던 것이다. 기병대도 마찬가지로 카르타고 군대에 포위되어 일부는 학살되었고 일부는 포로가 되었다. 로마는 에트루리아 전체를 잃었고 한니발은 어떤 방해도 없이 로마로 진군할 수 있었다. 로마는 최악의 경우를 대비해 냉정을 찾았다. 티베리스 강의 다리를 파괴했고 성벽을 보수하고 방어하도록 퀸투스 파비우스 막시무스를 독재관으로 임명했다. 수도 방어를 위해 예비군을 편성했다. 그뿐만 아니라 무력하게 무너진 군단을 대신하여 두 개의 새로운 군단을 소집했고 포위 공격의 경우 중요한 역할을 맡도록 함대도 배치했다.

이탈리아 동해안의 한니발

한니발은 퓌로스 왕보다 멀리 내다보았다. 로마로 진군하지 않았다. 그나이우스 세르빌리우스를 향해 진군하지도 않았다. 세르빌리우스는 유능한 사령관으로서 북쪽 도로에 연해 있는 요새들에서 군대를 이제껏 아무 피해 없이 잘 지키는 한편, 적에 대항하여 자신을 잘 유지하고 있던 것으로 보인다. 누구도 예기치 못한 일이 다시금 벌어졌다. 기습에 실패한 스폴레티움 요새를 지나쳐, 한니발은 움브리아를 관통하여 행군했는데, 로마의 많은 농장이 있던 피케눔 지역을 완전히 초토화시키고 아드리아 해의 바닷가에 멈추었다. 그의 군대에서 사람과 말 전부 그해 봄의 전투로 얻은 후유증에서 아직 회복을 못하고 있었다. 그는 군대가 이 아늑한 지역에서 가장 아름다운 계절에 회복할 수 있도록, 전리품인 대량의 로마 무기로써 리뷔아 보병을 로마식으로 재조직할 수 있도록 상당 기간의 휴식을 명했다. 더 나아가 해상을 통해 승보를 카르타고로 보냄으로써 고국과의 연락을 지속적으로 유지했다. 결국 군대가 충분히 회복하고 새 전술을 숙달했을 때 그는 다시 분연히 출정하여 해안을 따라 아래쪽, 그러니까 남부 이탈리아로 서서히 내려갔다.

남부 이탈리아 전쟁: 파비우스

이렇게 보병을 재조직하기로 결심했을 때 그의 판단은 정확했다. 수도 로마에 대한 공격을 기다리고 있던 적군을 깜짝 놀라게 할 작전을 구사하여, 그는 최소한 4주 동안 아무런 방해도 받지 않고 휴식을 취할 시간을 확보했다. 이로써 적의 땅 한가운데서 상대적으로 여전히 열세인 군대를 가지고 부대 체계를 완전히 뜯어고쳐, 무적 이탈리아 군단에 맞설 아프리카 군단을 새롭게 조직하려는 역사상 유례가 없는 무모한 실험을 단행하고자 했던 것이다. 이탈리아 연방이 이제 허물어지기 시작할 것이라는 그의 희망은 이루어지지 않았다. 로마 연방에 있어 주로 갈리아 용병을 써서 최근까지 독립 전쟁을 수행했던 에트루리아 인은 그리 중요하지 않았다. 특히 군사적 관점에서 보면 연방의 핵심은 라티움 공동체와 사비눔 공동체였는데, 한니발은 당연히 후자에게 접근했다. 하지만 도시마다 차례차례 성문을 걸어 잠갔다. 이탈리아 공동체 단 하나도 카르타고 인과 동맹을 맺지 않았다. 이것은 로마 인에게 큰, 아니 절대적인 이득이었다.

그렇지만 로마군이 전세를 지배하지 않은 상황에서 연방 구성국들의 신뢰 여부를 그러한 시험대에 맡기는 것이 얼마나 경솔할 수 있는지 수도 사람들도 인지하게 되었다. 독재관 퀸투스 파비우스는 로마에서 편성된 보충 군단과 아리미눔 군단을 하나로 합쳤다. 한니발이 로마 식민 도시 루케리아 요새를 지나 아르피로 행군했을 때, 아이카에서 한니발 부대의 우측면에 로마 군기들이 나타났다. 하지만 로마군의 지휘관은 선임자들과는 다르게 행동했다. 고령의 퀸투스 파비우스는 신중하고 심지가 굳은 사람으로 다른 이들에게는 소심하고 고집센 것처럼 보였다. 좋은 옛 시절, 무소불위 원로원의 정치적 권능, 민간인 시민 대표의 군 통수권 등의 열정적인 숭배자였던 파비우스는 헌신과 기원은 물론 체계적인 전략으로 국가의 안녕을 구하고자 했다. 가이우스 플라미니우스의 정적으로서 플라미니우스의 어리석은 전쟁 선동에 대한 대응으로 최전선에 불려 나온 퀸투스 파비우스는, 어떠한 대가를 치르고서라도 총력전을 하겠다고 결심했던 선임자의 의지에 못지않게, 총력전은 최대한 피한다는 결정을 내렸다. 또한 로마군이 건재하게 대치하는 한, 전략의 기본적인 요소들로써 한니발이 공세를 취하지 못하게 막고, 약탈에 의존하는 적군을 소규모 전투로 약화시켜 아사로 끝장내는 것이 어렵지 않으리라는 확신을 갖고 그는 병영에 임했다.

카푸아 진격과 아풀리아 전쟁

한니발은 로마와 로마군에 있던 첩자들의 민활한 활동에 기초하여 상황을 파악했고 언제나처럼 적장의 개성에 맞추어 야전 계획을 세웠다. 로마군을 지나쳐 아펜니노 산맥을 넘어 베네벤툼으로 이탈리아 심장부를 향하여 행군했다. 삼니움과 캄파니아의 접경에 있는 무방비 도시 텔레시아를 점령하고 그곳을 출발하여, 로마에 종속된 도시들 중 가장 중요한 데다 유일하게 얼마간 로마와 동등한 대우를 받던—이에 로마 정부는 여느 도시가 공격받을 때보다 더 큰 부담을 느꼈을 것이다—카푸아 쪽으로 나아갔다. 그는 그곳과 일정한 관계를 맺어 캄파니아 인이 로마 연방에서 이탈할 것이라는 희망을 품었다. 그러나 희망은 이루어지지 않았다. 그는 철수하여 아풀리아로 가는 도로에 들어섰다. 독재관 파비우스는 카르타고 군의 이런 출정을 고지에서 고지로 이동하면서 추적만 할 뿐, 병사의 역할을 무장하고 지켜보는 데 제한했다. 반면 누미디아 기병은 로마에 충성스러운 연방 구성국들을 광범위하게 약탈했고, 평원의 모든 마을을 불태워 없앴다. 결국 독재관은 분노한 로마 병사들이 바라마지 않던 기회를 허용했는바, 적을 공격했다. 한니발이 귀로(歸路)에 들어섰을 때, 파비우스는 볼투르누스 강의 좌안에 있던 도시 카실리눔(옛날의 카푸아 인근, 오늘날의 카푸아가 위치한 곳)에 막대한 병력을 주둔시키는 한편, 우안의 고지들을 주력군이 점거했다. 이로써 카푸아에서 돌아가려는 한니발의 길을 봉쇄했다. 게다가 4,000 병력의 한 부대는 강을 따라 이어진 도로를 차지하고 있었다.

그러자 한니발은 경무장병들에게 강변도로 바로 옆의 언덕으로 오르라 명령했고, 불타는 짚단을 뿔에 맨 황소들을 동원하여 횃불을 들고 야간 행군하는 카르타고 군처럼 보이게 만들라고 지시했다. 도로를 봉쇄하고 있던 로마군은 카르타고 군이 우회했으며 더 이상의 강변도로 방어는 불필요할 것이라고 판단하고, 이동하여 카르타고 군이 지나간 것으로 보이는 언덕으로 올라갔다. 그렇게 하여 무방비로 방치된 강변도로를 따라 한니발은 로마군과 조우하지 않고 전 병력과 함께 철수했으며 다음 날 아침에는 어려움 없이 — 로마군에게는 큰 손해였는데 — 경무장 보병 부대를 황소몰이 임무에서 복귀시켜 다시 원대로에 합류시켰다. 한니발은 방해받지 않고 북동쪽으로 행군을 이어갔으며, 히르피니 인, 캄파니아 인, 삼니움 인, 파일리그니 인, 프렌타니 인의 땅을 저항 없이 통과하면서 약탈한 후, 멀리 우회하여 전리품과 금고를 풍족하게 채우고 마침 추수가 시작되던 루케리아로 돌아왔다. 장거리 행군 중 어디에서도 실질적 저항은 없었지만, 연맹을 원하는 측도 만나지 못했다. 그는 겨울 숙영만 준비하면 된다고 상황을 인식하여, 군대가 나서서 동계 보급품을 적들의 영역에서 자력으로 획득하는 힘겨운 작전을 시작했다. 이를 위해 곡물과 가축 사료가 풍족히 제공되면서도 훌륭한 기병대로 완전히 통제할 만한 넓은 평원이 있는 북아풀리아 지역을 선택했다. 루케리아에서 북쪽으로 37킬로미터 떨어진 게루니움 부근에 참호형 겨울 숙영지가 건설되었다. 겨울 숙영지에서 전 병력의 2/3가 생필품을 구하기 위해 날마다 밖으로 나갔고 그 병력을 엄호하며 나머지 병력과 한니발은 진지를 수비했다.

파비우스와 미누키우스

로마군 숙영지에서 독재관 부재 시 최고 명령권을 대리 행사했던 기병대 지휘관 마르쿠스 미누키우스는 적군에게 접근하기에 적당한 기회라고 판단하고, 라리나테스 인의 땅에 진지를 건설했다. 그곳에 주둔한다는 사실만으로도 그는 적군의 보급 작전과 식량 획득을 부분적으로 저지했고, 카르타고의 소규모 부대들과 심지어 한니발을 상대로 거듭 승전함으로써 진격해오는 적을 몰아냈으며, 적이 게루니움 부근에 결집하게 만들었다. 이러한 승보가 고스란히 생생하게 전해지자 수도에서는 퀸투스 파비우스에 대한 비난이 폭풍처럼 몰아쳤다. 그의 생각이 부당한 것만은 아니었다. 로마군이 수비 위주의 작전을 펼치면서 적군의 보급로 차단을 주된 목표로 둔 것은 현명했다. 하지만 그의 독특한 수세 방식과 아사 작전은, 적군이 수적으로 비등한 로마군의 눈앞에서 중부 이탈리아 전체를 거침없이 황폐화시키며 조직적인 대규모 약탈로 겨울 식량을 충분히 마련하도록 허용했던 것이다. 파두스 강 계곡에서 군을 지휘할 때 푸블리우스 스키피오는 이런 수세적 작전을 수용하지 않았으며, 그를 흉내내려던 후임자의 시도는 카실리눔 부근에서 완벽히 실패하여 로마의 조롱꾼들에게 풍부한 소재를 제공했다. 한니발이 카르타고 군의 우월함과 로마군의 무력함을 입증했음에도 불구하고 이탈리아 공동체가 동요하지 않았다는 것이 오히려 놀라운 일이다. 하지만 이탈리아 공동체가 전쟁 부담을 이중으로 참아내며 로마군과 향토 군대마저 약탈을 자행하는 것을 얼마나 오래 견딜 수 있었겠는가? 로마군에 관련하여 이런 식의 전쟁 수행에는 총사령관이 필요 없다는 말까지 나왔다. 로마군의 핵심은 유능한 아리미눔 군단과, 마찬가지로 노련한 징집 보병들로 구성된 군단이 합해져 있었다. 최근의 패배에도 사기를 잃지 않은 로마군은 "한니발의 밥"인 사령관이 지시한 불명예스러운 임무에 반발하면서, 적에게 자신들을 이끌라고 성토했다. 민회에서 고집스러운 노인 파비우스에 반대하는 극한 발언들이 쏟아져 나왔다. 파비우스의 정적 지도자인 전직 법무관 가이우스 테렌티우스 바로는 불화를 주도하면서―독재관이 사실상 원로원에 의하여 임명되었고 보수 당파의 수호자 역할을 했다는 점을 잊어서는 안 된다―불만에 쌓인 병사들과 약탈된 토지의 소유자들을 지지하며, 위난의 시기에 최고 명령권이 분열되는 부조리한 상황을 제거하고자 마련된 독재관직을 퀸투스 파비우스 외에 예하 지휘관 마르쿠스 미누키우스에게도 부여한다는, 국헌에도 반하고 어리석은 민회 의결을 관철시켰다.[3]

이로써 두 개의 군대가 합쳐진 로마군의 위태로운 불화는 합목적적으로 해소되었다. 이후 로마군은 다시 나뉘었을 뿐만 아니라 각 부대에 지휘관이 따로 임명되었는데, 이 둘은 공공연히 정반대의 작전을 펼쳤다. 물론 퀸투스 파비우스는 '고의적인 무위'를 더더욱 고수했다. 마르쿠스 미누키우스는 자신의 독재관직을 전장에서 증명해 보일 것을 사실상 강요당하여 서둘러 소수의 병력만으로 공격에 나섰는바, 동료가 적시에 원군과 당도해 더 큰 불행을 저지하지 않았더라면 전

---

[3] 새로 독재관이 된 자가 자신의 승리를 기리려 세운 봉헌물의 명문은 *'Hercolei sacrom M. Minuci(us) C. f. dictator vovii'* 이다. 이 명문은 1862년 로마의 성 로렌쪼 성당에서 발견되었다.

멸했을 것이다. 결과적으로 파비우스의 수세적 저항 체계가 어느 정도 정당화되었다. 하지만 사실상 한니발은 이 전쟁에서 무력으로 달성할 수 있는 모든 것을 달성했다. 저돌적인 적이건 신중한 적이건 그 누구도 그의 주된 작전을 전혀 막지 못했다. 그리고 식량을 획득하는 데 어려움도 있기는 했지만 대체로 성공을 거두었고 게루니움 부근 숙영지에서 그의 군대는 겨울을 큰 어려움 없이 보냈다. 로마를 구한 것은 소심한 노인이 아니라 이탈리아 연맹의 확고한 결속력과—더욱 큰 이유일 텐데—카르타고 사내에 대한 서방인의 민족적 증오이다.

로마의 새로운 전쟁 준비

모든 실패에도 불구하고 로마의 자존심은 군사동맹들과 마찬가지로 굳건히 유지되고 있었다. 쉬라쿠사이의 히에론과 이탈리아의 희랍계 도시들이 전쟁에 쓰라고 보내온 선물들—희랍계 도시들의 경우, 한니발 전쟁의 영향을 여타 이탈리아 연방 도시들에 비해 크게 받지 않았는데 이들은 병력을 파견하진 않았던 것이다—을 로마는 정중히 사양했다. 로마는 일뤼리아 지역의 왕들에게 조공하라며 재촉했고, 나아가 마케도니아 왕에게는 파로스의 데메트리오스를 축출하도록 종용하는 사신을 재차 파견했다. 원로원의 대부분은, 최근 일련의 사건으로 타당성이 묵인된 파비우스의 지구전은 국가를 언젠가 기어이 결단낼 테니 이런 식의 전쟁을 철회해야 한다고 결심했다. 평민 독재관의 적극적인 전략이 실패했을 때 사람들은 반쪽짜리 잣대를 들이대며, 그에게 병력을 너무 적게 준 것에서 패전의 원인을 찾았다. 이런 실수를 만회하기 위해 로마 역사상 유례없는 규모의 군단을 편성하기로 결정했다.

전체는 8개 군단이었으며 각 군단의 병력은 평소의 2할 정도가 증편되었고 동맹군 증강도 그에 상응했다. 그 절반도 안 되는 적을 물리치기에 충분한 병력이었다. 그밖에도 법무관 루키우스 포스투미우스의 지휘 아래 1개 군단을 편성하여 파두스 강 계곡에 배치하여, 한니발 휘하에서 싸우는 켈트족 병사들이 귀향하도록 압력을 가하게 했다. 지각 있는 결정들이었다. 하지만 최고 사령관에 관한 결정도 마찬가지로 적절했어야 했다. 퀸투스 파비우스의 완고함과 이에 반대하는 민중 선동적 재촉이 독재관과 원로원 일반의 인기를 어느 때보다 떨어뜨렸다. 민중 지도자에게도 일말의 책임이 있겠지만, 원로원이 전쟁을 고의로 지연시키고 있다는 뜬소문까지 돌았다. 따라서 독재관 지명은 생각도 못하게 된 원로원은 그런 의심과 고집을 바로잡을 집정관을 제대로 선출하고자 노력했다. 이에 원로원은 원로 후보 중 한 명을 간신히 관철시켰다. 그는 루키우스 아이밀리우스 파울루스로 로마 건국 535년(기원전 219년) 일뤼리아 전쟁을 합리적으로 이끈 사람이었다(제3권 106쪽). 절대적 다수의 시민이 민중파 후보인 가이우스 테렌티우스 바로를 동료 집정관으로 선출했다. 그는 원로원에 대한 신랄한 비판 때문에, 그리고 특히 마르쿠스 미누키우스를 동료 독재관으로 선출하게 만든 것을 통해 알려진 무능한 사람이었다. 그가 민중에게 내세울 만한 것은 천한 가문과 안하무인의 파렴치함뿐이었다.

칸나이 전투

이처럼 로마에서 다음 전투를 위한 준비가 이루어지는 동안, 이미 아풀리아에서는 전쟁이 다시 시작되었다. 날씨가 풀리면서 겨울 숙영지를 떠날 수 있게 되자, 한니발은 언제나처럼 전쟁을 주도하며 공격적인 입장을 취했다. 게루니움을 출발하여 남쪽으로 방향을 잡았고 루케리아를 통과하여 아우피두스 강을 건넜다. 여기서 그는 칸나이 요새(오늘날의 카노사와 바르레타의 중간지역)를 장악했는데, 이 요새는 카누시움 평야를 관할하던 곳으로 당시 로마 인에게 주요 보급 기지로 쓰였다. 가을 중반 국헌의 규정에 따라 파비우스의 독재관 임기가 끝났을 때, 이제 그나이우스 세르빌리우스와 마르쿠스 레굴루스가 처음에는 집정관 자격으로, 다음에는 대리집정관 자격으로 지휘했는데 군대는 상실감을 극복하지 못하고 있었다. 군사적인 이유는 물론 정치적인 이유에서 한니발의 승승장구를 군사 행동으로 제지할 필요성은 점점 커졌다.

이에 원로원의 지시를 받고 새로운 최고 사령관 파울루스와 바로는 로마 건국 538년(기원전 216년) 초여름 아풀리아에 도착했다. 4개의 새로운 군단과, 동행하는 비슷한 규모의 이탈리아 연합 병력으로 구성된 로마 군대는 보병 8만 명(절반은 로마 시민이고 절반은 이탈리아 연방 시민), 기병 6,000명(1/3은 로마 시민이고 2/3는 이탈리아 연방 시민)으로 구성되었다. 이에 반해 한니발은 기병 1만 명을 갖고 있었지만, 보병은 약 4만 명에 불과했다. 한니발은 전투를 원했다. 앞서 설명한 일반적인 이유에서도 그랬지만, 특히 아풀리아의 평야 지대가 우세한 규모의 기병을 십분 활용할 기회를 한니발에게 제공함에도, 보병 규모가 두 배쯤 되는 적이 일련의 요새에 근거지를 확보함에 따라 곧 군수지원이 매우 어려워지리라고 한니발은 염려했던 것이다. 로마군 수뇌부도 앞서 말한 것처럼 대체로 전투를 결심하고 적군에게 다가가고 있었다. 하지만 로마군 수뇌부 중 더욱 신중한 사람들은 한니발의 상황을 간파해서 일단 기다리고 적군에 근접하여 군대를 배치함으로써 한니발이 군대를 물리거나 자신에게 불리한 지형에서 전투를 벌이도록 압박할 것을 주장했다.

한니발은 칸나이 근처 아우피두스 강 우안에 진지를 구축했다. 파울루스는 강의 좌우 양측에 진지를 구축했는데, 좌안에는 주력군을 두었고 우안에는 강력한 부대를 정면 배치하여 적의 수송을 방해하고 칸나이까지 위협할 수 있도록 했다. 모든 것이 속전속결에 달려있던 한니발은 즉시 병사 대부분을 데리고 도강해 좌안에서 싸움을 걸었으나 이에 파울루스는 말려들지 않았다. 그러나 평민 집정관이 한니발의 군사적 도발을 불쾌하게 여겼다. 진지를 지키기 위해서라기보다 칼을 휘두르기 위해 참전했다는 말을 하고는 했다. 적을 발견하는 즉시 공격하라고 명령했다. 집정관들은 어리석게도 인습에 젖어 참모회의의 결정권자를 매일 번갈아 맡았다. 따라서 다음날 사람들은 이 성마른 명령에 따르지 않을 수 없었다. 평민 집정관도 적의 우세한 기병대가 자유롭게 활동할 만한 들판의 넓은 좌안에서 전투를 벌이는 것은 피했다. 그는 로마군 전 병력을 우안에 집결시켰고, 카르타고 진지와 칸나이 주둔지 사이에 전선을 구축하여 칸나이를 위협하도록 지시했다. 또 1만 명의 부대는 좌안의 로마군 진지에 남아 있다가 전투가

칸나이 전투
(기원전 216년)

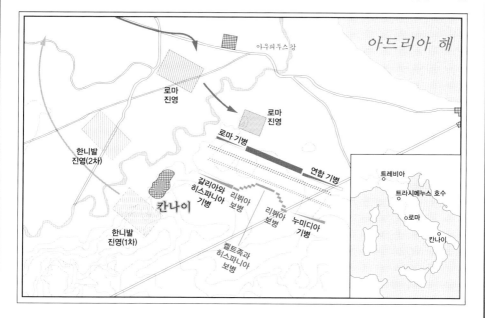

시작되면 카르타고 진지를 빼앗아 적군의 퇴로를 차단하라는 명령을
받았다.

로마군 대부분은 8월 2일(잘못된 날짜 계산에 따라), 정확한 날짜 계산
에 따르면 6월의 어느 날 동이 트자 이런 계절에는 수심이 깊지 않은
강을, 행군에 그리 문제되지 않는 깊이의 강을 건넜고, 제2 로마군 진
지 옆 칸나이 서쪽에 전열을 구축했다. 뒤따라 한니발도 강을 건넜다.
로마군 우익과 카르타고 군 좌익이 강을 사이에 두고 있었다. 로마 기
병이 양쪽 날개를 맡았는데 전력이 상대적으로 약한 로마 시민군이
파울루스의 지휘 아래 강변인 우측에 있었고, 전력이 강한 이탈리아
연방군은 바로의 지휘 아래 평야가 펼쳐진 좌측에서 싸웠다. 평상시
와 달리 일렬 종대로 병력이 대치된 중앙은 대리집정관 그나이우스
세르빌리우스가 지휘하는 보병이 맡았다. 이에 맞서 한니발은 보병을
반달 모양으로 배치했는데 켈트족 부대와 히스파니아 부대는 고유의
무장을 갖추고 돌출된 중앙을 맡았으며 로마 식 무장을 갖춘 리뷔아
부대는 뒤로 처진 양쪽 날개를 맡았다. 강변에는 중무장 기병 전체를
하스드루발의 지휘 하에 배치했으며 평야 쪽에는 누미디아 경기병을
배치했다. 경무장 부대의 전초전이 끝나자마자 전선 곳곳에서 전투가
시작되었다. 카르타고의 경기병이 바로의 중무장 기병에 맞섰는데,
누미디아 기병의 지속적인 공격 가운데 전투는 승패 없이 이어질 뿐
이었다. 반면 중앙의 로마 군단은 처음 맞붙은 히스파니아와 켈트족
부대를 완벽 제압했기에 진격을 서둘러 승세를 굳히고자 했다. 하지
만 그 와중에 우익에서 행운의 여신이 등을 돌렸다. 한니발은 로마군
왼쪽의 기병대를 묶어놓은 상태에서 하스드루발의 정규 기병대로 하

여금 로마의 중무장 기병대를 공격하게 했는바, 로마군 기병대는 완전히 제압됐다. 로마군 기병대는 용감하게 맞서다 끝내 처참하게 살육되었으며 이를 피한 나머지는 강으로 뛰어들거나 평야로 도망쳤다.

부상당한 파울루스는 로마 군단의 운명을 돌려놓거나 함께 하기 위해 중앙의 보병에게 달려갔다. 중앙의 보병 부대는 돌출된 적의 보병에 대한 승세를 굳히기 위해, 전방을 공격 대형으로 수정 배치하여 쐐기꼴로 적 중앙을 향해 돌격했다. 이런 대형으로 인해 오히려 로마군은 좌우로 나뉜 리뷔아 보병의 극심한 공격을 양면에서 받았고 로마군의 한 측면은 적의 공격을 막아내기 위해 돌격을 중단하지 않을 수 없었다. 그러자 앞쪽에 정체가 발생했으며 병력이 지나치게 밀집되면서 전투대형을 전개할 공간이 확보되지 않았다. 하스드루발은 파울루스의 우익을 분쇄한 이후 다시 기병대를 정비하여 로마군의 중앙을 돌아 바로가 이끄는 로마군 좌익을 뒤에서 공격했다. 누미디아 기병대와 싸우느라 분주했던 이탈리아 연방 기병대는 공격을 앞뒤로 동시에 받으며 흩어졌다. 하스드루발은 도망자 추격을 누미디아 기병대에게 맡기고 기병대를 재정비했고, 이들로 로마군의 중앙 보병을 후미에서 공격했다. 이 공격을 끝으로 승패가 갈렸다. 후퇴는 불가능했고 진지도 없었다.

대규모의 군대가 적에게 이토록 적은 손실만 입힌 채, 전쟁에서 이처럼 완벽하게 전멸한 사례는 칸나이의 로마군이 유일할 것이다. 한니발은 6,000명이 채 못 되는 병력을 잃었지만, 그 가운데 2/3은 로마 군단의 첫 공격이 집중되었던 켈트족이었다. 반면 전선에 배치된 로마군 7만 6,000명에서, 집정관 루키우스 파울루스와 대리집정관 그나이우스 세르빌리우스, 장교들의 2/3, 원로원 의원 80명을 포함한 시신 7만 구가 전장을 덮었다. 집정관 마르쿠스 바로만 재빨리 판단해 베누시아로 말을 몰아 목숨을 부지했다. 그는 이런 상황을 살아서 겪어야 했다. 또 로마 주둔지 방어군 1만 명 중 대부분은 포로가 되었다. 방어군 일부와 전선에 있던 병사 일부를 포함하여 겨우 몇천 명이 카누시움으로 탈출했다. 실로 이 해에 로마의 종말이 결정되기라도 한 것처럼, 갈리아로 파견된 군단마저 칸나이 전투가 끝나기 직전에 켈트족의 매복 공격을 당하여, 다음 해 집정관으로 지명된 사령관 루키우스 포스투미우스와 함께 궤멸되었다.

칸나이 전투의 결과

이런 전례 없는 승리는 결국, 한니발이 이탈리아로 오면서 염두에 두었던 대규모 정치적 연합을 가능케 했다. 한니발의 계획은 우선 자신의 군대를 기초로 했다. 하지만 맞서 싸울 상대편 힘을 정확히 인식한 상태에서 부대는 선발대에 지나지 않았다. 이를 선발대로 삼아 동서의 군사력을 점차 하나로 규합하여, 오만한 도시를 멸망시킬 만반의 준비를 하고자 했던 것이다.

히스파니아로부터 병력 지원 실패

한니발에게 가장 확실해 보였던 지원, 그러니까 히스파니아의 군수 보급이 그곳에 파견된 로마 총사령관 그나이우스 스키피오의 거칠고 대담한 등장으로 좌절되었다. 한니발이 로다누스 강을 건넌 후, 로마의 총사령관은 엠포리아이까지 배로 이동했고, 우선 퓌레네 산맥과 이베르 강 사이 해안 지역을 점령했으며, 이후 한노를 제압하고 내륙 지방까지 손에 넣었다(로마 건국 536년, 기원전 218년). 이듬해(로마 건국 537년, 기원전 217년) 스키피오는 카르타고 함대를 이베르 하구에서 완전히 격침시켰고, 또 파두스 강 계곡을 방어하던 동생 푸블리우스 스피키오가 이끌고 온 8,000명의 지원군과 연합하여 이베르 강을 건너 사군툼까지 진군하기도 했다. 이듬해(로마 건국 538년, 기원전 216년) 하스드루발은 아프리카로부터 지원군을 확보했으며, 형 한니발의 명령에 따라 퓌레네 산맥을 넘어 군대를 인솔하려고 했다. 하지만 스키피오 형제들은 하스드루발이 이베르 강을 넘으려 할 때 이를 저지해 크게 무찔렀다. 이때가 한니발이 이탈리아의 칸나이 전투에서 대승을 거둔 시점이었다. 강력한 켈티베리아 부족과 여타의 수많은 히스파니아 부족은 스키피오 형제들에게 붙었다. 스키피오 형제들은 바다와 퓌레네 산맥의 협곡을 차단했고, 믿음직한 마살리아 인들과 함께 갈리아의 해안 지역도 봉쇄했다. 이로써 한니발을 위해 히스파니아로부터 오는 지원은 예전 같지 않았다.

아프리카로부터 병력 지원

주지하다시피 이탈리아에 주둔 중인 총지휘관을 위한 카르타고의 지원은 여러 차례 있었다. 카르타고 함대는 이탈리아 해안과 로마 섬들을 위협했고 로마의 상륙작전에 맞서 아프리카를 방어했다. 하지만 그 정도가 전부였다. 더 이상의 전폭적인 지원을 막은 것은, 한니발이 이탈리아 어디에 있는지 불확실하고 이탈리아에 상륙할 항구를 찾기 힘들어서였다기보다, 오히려 히스파니아 군대는 그간 자체 해결해왔다는 오랜 세월의 관행, 그리고 무엇보다 화친 세력의 미움 때문이었다. 한니발은 용납할 수 없는 이런 비협조가 불쾌했다. 인솔해온 병사들이 군자금을 아꼈음에도 불구하고 금고는 차츰 고갈되었으며 임금 체불이 일어났고, 부하 고참병의 전열에서 병사들의 숫자가 줄기 시작했다. 하지만 칸나이의 승전보가 고향의 반대 당파를 침묵하게 만들었다. 카르타고 원로회의는 한니발 장군에게 일부는 아프리카로부터, 일부는 히스파니아로부터 대규모의 인적 물적인 지원을 하고 누미디아 기병 4,000명과 코끼리 40마리를 지원하며, 이탈리아에서뿐만 아니라 히스파니아에서도 적극적으로 참전하기로 결정했다.

카르타고와 마케도니아의 동맹

카르타고와 마케도니아 사이에 오랫동안 논의되던 군사동맹은 처음에는 안티고노스의 갑작스러운 죽음 때문에, 다음에는 후계자 필립포스의 우유부단함 때문에, 또 그와 희랍 동맹이 아이톨리아를 상대로 벌인 시기적절치 못한 전쟁(로마 건국 534~537년, 기원전 220~217년) 때문에 지지부진하고 있었다. 칸나이 전투가 끝나고 파로스의 데메트리오스가 일뤼리아 점유권을 마케도니아에 양도하겠다고 제안하자 그제야 필립포스도 귀를 기울였다. 물론 점유권을 로마에게서 빼앗기부터 해야만 했다. 비로소 마케도니아의 펠라 왕실이 카르타고와 계약을 맺고, 이탈리아 동해안에 마케도니아 군대를 상륙시키기로 했다. 대가로 마케도니아에게는 에페이로스의 로마 점령지들을 돌려주겠다는 확약이 이루어졌다.

카르타고와 쉬라쿠사이의 동맹

시킬리아에서는 평화 시기 동안 히에론 왕이 자국의 안전이 보장되는 한 중립 정책을 유지했고, 로마와 화친 이후 카르타고에 대해서도 위험한 갈등 상황에서 특히 곡물을 보냄으로써 호의적 태도를 보였다. 히에론은 카르타고와 로마 사이에 되풀이되는 외교 단절을 매우 못마땅하게 보았다. 그렇기는 해도 히에론은 단절을 막을 수 없었고, 단절이 시작되면 계산적인 충성을 로마에 바쳤다. 하지만 칸나이 전투 직후(로마 건국 538년, 기원전 216년 가을) 44년간 통치한 노령의 왕이 죽었다. 현명했던 노왕의 손자인 젊고 유약한 히에로니무스가 왕위를 승계했으며, 카르타고의 외교관들을 맞이했다. 그 자리에서 카르타고 외교단은 예전의 카르타고–시킬리아 국경까지의 시킬리아 땅을 기꺼이 약속했고, 왕의 마음이 풀리자, 시킬리아 섬 전체의 소유까지도 조약으로써 확약하겠다고 했는바, 히에로니무스는 경솔하게도 카르타고와 동맹하고 쉬라쿠사이를 위협하러 온 카르타고 함대에 쉬라쿠사이 함대를 편입시켰다. 릴뤼바이움에 머물면서, 아이가테스 섬 주위에 재차 주둔한 카르타고 함대를 견제하던 로마 함대에게 상황은 돌연 심각해졌다. 또한 로마에서 시킬리아로 출항할 준비를 마친 병력에게는 칸나이 전투 패배 이후 다른 임무가 주어졌다.

한니발의 카푸아와 남부 이탈리아 지배

하지만 다른 무엇보다 결정적인 것은, 힘들었던 전쟁 초기 2년 동안의 충격에도 흔들리지 않고 버틴 로마 연방이라는 건축물이, 마침내 결속력이 약해지기 시작했다는 것이다. 로마 식민도시 루케리아와 브룬디시움 때문에 심한 피해를 받았던 오래된 두 도시, 그러니까 아풀리아의 아르피와 메사피아의 우젠툼이 한니발 측으로 넘어갔다. 그리고 포위 공격을 당해야 했던 페텔리아와 콘센티아를 제외하고, 브루티움 지방의 모든 도시가 제일 먼저 돌아섰다. 루카니아의 상당 부분, 살레르눔 지역으로 이주된 피켄티아 인, 히르피니 인이 그러했고, 또 펜트리 인을 제외한 삼니움족이 그러했다. 마지막으로 이탈리아 제2의 도시였던 카푸아는 3만 명의 보병과 4,000명의 기병을 전장에 배치할 수 있었는바, 한니발 측으로 넘어감에 따라 주변 도시 아텔라와 칼라티아에도 영향을 미쳤다. 물론 로마와의 이해관계에 철저했던 귀족 당파는 대개 한니발의 편이 되는 것에 반대했는데, 특히 카푸아 귀족 당파의 반대가 심했고 이 때문에 내부 충돌이 계속되었다. 이것은 카푸아를 취함으로써 한니발이 얻게 될 이익을 적잖이 감소시켰다. 예를 들어 페니키아 인이 그곳에 진출한 이후에도 로마 연방을 옹호하던, 카푸아 귀족 당파의 지도자 중 하나인 데키무스 마기우스를 체포하여 카르타고로 압송할 필요가 있다고 한니발은 생각했는데, 이는 한니발 자신에게도 매우 불리한 것으로, 카르타고 장군과 캄파니아 인이 엄숙하게 약속한 자유와 주권을 하찮은 것으로 증명하는 꼴이 되었기 때문이다.

반면 남부 이탈리아의 희랍인은 로마 연방을 굳게 유지하고 있었는데 그도 그럴 것이 로마 수비대가 의무를 다하고 있었기도 하지만, 한편 카르타고 인에게 그리고 그들과 새로이 동맹한 루카니아 인과 브루티움 인에게 결정적인 반감을 가지고 있었으며, 또 로마에 충성했기 때문이었는데, 로마가 시시때때로 친(親)희랍주의 성향을 입증하려 노력하고 이탈리아에 거주하는 희랍인에게 각별한 온정을 베풀기 때문이었다. 그래서 캄파니아의 희랍인들, 특히 네아폴리스는 용감하게 한니발에 저항했다. 한니발의 직접적인 공격에 대해 대희랍의 레기온, 투리이, 메타폰티온과 타렌툼이 매우 위험한 상황에서도 저항했다. 크로톤과 로크리는 브루티움와 카르타고의 동맹군에게 공격을 당하는 한편 무조건 항복을 강요당했다. 그리고 크로톤 인들은 로크리로 끌려갔고, 이어 브루티움 인들이 크로톤의 주요 항구들을 점령하여 식민 도시를 건설했다. 남부 이탈리아의 라티움 식민지들, 그러니까 브룬디시움, 베누시아, 파이스툼, 코사, 칼레스가 로마를 계속 지지한 것은 당연한 일이었다. 이 도시들은 남의 땅을 차지한 정복자의 성채였는바, 주변 거주민의 땅에 정착하여 불화가 잦았던 곳이었다. 한니발이 약속을 지켜 이탈리아 공동체 전체에게 과거의 땅을 돌려준다면 타격을 크게 받을 입장이었던 것이다. 이는 모든 중부 이탈리아에도 해당되는 것으로, 로마 지배가 가장 먼저 이루어져 라티움의 관습과 언어가 이미 곳곳에 우위를 점하고 스스로를 지배자의 예속민보다 동료라 생각하고 있었지만 말이다. 그래서 카르타고 원로회의의 한니발 반대자들은, 카르타고가 무력으로 단 한 명의 로마 시민도, 단하나의 라티움 공동체도 복속시키지 못했다고 줄곧 헐뜯었다. 이렇게 강국 로마라는 건축물은, 성벽을 이루는 거석을 하나하나 빼기 전에는 절대 무너지지 않는 퀴클롭스의 성을 닮아 있었다.

로마군의 태도

그것이 꽃다운 병사들과 장교들, 전투력을 갖춘 전체 이탈리아 병사의 1/7이 쓰러진 칸나이 전투의 결과였다. 일부 어리석거나 형편없는 자들만이 아니라 로마 시민 전체가 책임져야 할, 중대한 정치적 실책에 따른 참혹하지만 당연한 형벌이었다. 작은 시골 소도시에 맞추어진 국가체제로는 거대 열강으로 발전하는 데 한계가 있었다. 전쟁에서 누가 로마 군대를 지휘할 것인지 매년 투표함이라는 판도라의 상자에 결정을 맡기는 것도 더 이상 불가능했다. 하지만 근본적인 국가개혁을, 실행한다고 하면 못할 것도 없었지만, 적어도 현시점에서는 착수할 수 없는 노릇이었기에, 우선은 당시 유일한 유력 기관인 원로원에 사실상의 전쟁 최고 지휘권, 다시 말해 군령권을 부여하고 그 임기를 연장하는 권한이 위임되었다. 민회는 이를 형식적으로만 추인하게 되었다. 힘들었던 히스파니아의 전장에서 보여준 스키피오 가문의 눈부신 성공은 그들의 방식으로 무엇을 얻을 수 있는지 보여주었다. 하지만 귀족정체를 취하고 있던 국가체제의 기본 틀을 비판하는 정치적 선동이 이미 이탈리아의 전쟁 수행을 좌우하고 있었다. 귀족이 외적과 음모를 꾸민다는 비이성적인 비난이 '국민'에게 깊은 인상을 주었던 것이다. 정치적 맹신에 의하여 구원자로 불린 가이우스 플라미니우스와 가이우스 바로는 둘 다 '신인'이자 순진한 민중의 친구로, 자신들의 계획 실행에 대한 동의를 시장에 모인 군중의 갈채 하에 얻었다. 그 결과가 트라시메누스 전투와 칸나이 전투였다.

물론 원로원이 이때는 레굴루스의 군대 절반을 아프리카에서 귀환시킬 때보다 자신의 소임을 잘 이해하고 있었고, 사태의 처분권을 장악하기를 원했거니와 당시의 무질서한 선동에 적극적으로 대처했다. 하지만 원로원도 첫 번째 패배 직후 주도권을 잠시 가졌을 때 당파적 이해로부터 자유롭지 못했다. 퀸투스 파비우스가 로마의 전쟁 선동가들과 비교될 수는 없겠지만, 전쟁을 군인으로서만 수행했다고 할 수는 없었다. 자신의 수세 작전을 완고히 고집했던 이유는 무엇보다 정적 가이우스 플라미니우스에 정치적으로 맞서기 위한 것이었으며, 그럼으로써 예하 지휘관들과의 불화를 해결하는 데 단합이 요구되던 시점에 사태를 악화시키고 말았던 것이다. 그 첫 번째 치명적 결과는, 바로 그러한 경우를 대비한 선조의 지혜인바, 원로원에게 위임된 독재관직이라는 가장 중요한 도구를 잃은 것이다. 두 번째는 간접적으로 칸나이 전투 자체였다. 하지만 로마 세력의 급격한 몰락은 퀸투스 파비우스나 가이우스 바로에게 책임이 있다기보다, 통치자와 피통치자 간의 불신, 원로원과 민회 사이의 분열 때문이었다. 국가의 구원과 재건이 가능했다면, 그것은 내부적으로 신뢰와 화합을 회복하는 데서 시작되어야 했다.

이를 간파하고, 자체로는 정당할 법한 모든 책임 논의는 접어둔 채 가장 중요한 일부터 처리한 것은 로마 원로원이 영원히 칭송될 만한 행위였다. 전장에서 지휘를 맡았던 모든 장군 중 바로가 홀로 로마에 귀환하던 때, 로마 원로원 의원들이 성문까지 나가 마중하며 조국의 구원을 포기하지 않은 것에 대해 그에게 감사를 표했을 때, 이는 참사를 미사어구로 감추려는 허언이 아니었고 가련한 사내를 향한 조롱도 아니었다. 말하자면 통치자와 피통치자 간의 평화 협정이었던 것이다. 절박한 시기의 엄중한 자각 앞에서 전쟁 선동은 잦아들었다. 그리고 로마 인은 어떻게 합심하여 위기를 벗어날 수 있는지만 생각했다. 이런 절체절명의 순간에 전쟁 공적보다는 국가 이익을 앞세우는 용기를 보여준 퀸투스 파비우스와 다른 원로원 의원들은 모든 점에서 선도적인 역할을 했으며, 시민들의 자신감과 미래에 대한 믿음을 회복시켜 주었다. 이탈리아는 이미 적에게 넘어갔고 수도 로마에도 주둔 병력이 거의 없던 시점에, 전투의 패배, 연방 도시의 배신, 진지와 무기고의 침탈 등을 보고하기 위해, 또 파두스 강 유역과 시킬리아를 위한 지원 병력을 요청하기 위해 전령이 로마로 오던 때에도 원로원은 확고하고 엄정하게 버티고 있었다.

군중이 성문에 모이는 것은 금지되었고, 구경꾼과 여자들은 집안에 있게 하라는 지시가 내려졌다. 전몰자를 위한 애도 기간은 30일로 제한되었고, 상복과 무관한 유쾌한 신에 대한 예배를 너무 오래 중단하지 않도록 했다. 장송곡이 울리지 않은 집이 거의 없을 정도로 전사자가 많았기 때문이다. 두 명의 유능한 군사대장 아피우스 클라우디우스와 푸블리우스 스키피오(아들)는 전장에서 살아남은 자들을 카누시움에 집합시켰다. 스키피오는 열정적인 기백과 추종자들의 칼로써, 조국의 상황에 절망하여 해외로 도피하려던 상류층 자제들의 생각을 바꿀 수 있었다. 집정관 가이우스 바로도 적은 병사들을 이끌고 합류했는데, 그곳에 약 두 군단 정도의 병력이 점차 모여들었다. 원로원은 이들을 강등시켜 재배치하여 치욕적이고 보상 없는 전시 근무를 명했고, 무능한 장군은 적당한 핑계를 붙여 로마로 소환했다. 갈리아 전쟁에서 실력이 입증된 법무관 마르쿠스 클라우디우스 마르켈루스는 함대로 오스티아 항에서 시킬리아까지 가던 중 최고 명령권을 받았다. 전투력을 제대로 갖춘 군대를 편성하기 위한 노력이 절정에 달했다. 공통의 위험에 대처하기 위해 라티움 지원병을 소집했다. 로마 자체는 모범을 보이며 나아갔고 소년을 포함하여 모든 남자에게 무장을 명했고, 채무노예나 범죄자에게도 무기를 들렸다. 8,000명에 이르는 국가 노예들까지 군대에 편입시켰다. 무기가 부족하여 예전의 전리품을 신전들에서 다시 꺼냈고, 도처의 공장 및 공방에서 무기를 제작했다. 원로원 의원은 겁먹은 애국지사들의 요구와 달리 라티움 인이 아닌 차순위의 로마 시민으로 보충했다. 한니발은 포로 문제를 로마 국고의 비용으로 해결할 것을 제안했으나, 이는 거절되었고 포로 대표들과 함께 온 카르타고 사절에게 도시 진입이 허락되지 않았다. 이로써 원로원은 강화를 고려하지 않는 듯했다. 로마가 평화 협상을 하려한다고 연방 도시들이 믿어서는 안 되었다. 나아가 로마 시민을 비롯한 모든 시민에게 강화는 없을 것이며 구원은 오로지 승전에 있음을명확히 인지시켜야 했다.

제6장
칸나이에서 자마에 이르는 한니발 전쟁

위기

이탈리아 원정에서 한니발이 목표로 삼은 것은 이탈리아 동맹의 붕괴였다. 세 번의 전투를 거치면서 목표는 가능한 범위 내에서 달성되었다. 칸나이 전투 이후에도 흔들리지 않은 희랍계 공동체와 라티움계 공동체 혹은 라티움화된 이탈리아 공동체는 결코 위협에 굴복하지 않을 테니 점령할 방법은 무력밖에 없음이 분명해졌다. 브루티움 지방의 페텔리아같은 남부 이탈리아의 소도시들이 절망적으로 고립된 상황에서 카르타고 군대를 막으며 보여준 용감한 최후는, 마르시 종족과 라티움 종족에게 갔을 때 한니발에게 닥칠 일을 분명하게 드러냈다. 이런 식으로 목표에 가까워질 수 있고 라티움계가 곧 로마에 반기를 들 것이라고 한니발이 생각했다면 헛된 희망임이 분명해졌다. 어떤 방법으로도 이탈리아 동맹은 한니발이 원하는 결과에 이르지 않을 것처럼 보였다.

카푸아는 즉시 한니발에게 캄파니아 시민을 무력행사에 강제로 동원할 권리가 없음을 분명히 했다. 시민들은 퓌로스가 타렌툼에서 했던 일을 잊지 않았으며, 어리석게도 로마는 물론 카르타고의 패권에서도 벗어날 수 있다고 생각했다. 삼니움과 루카니아는 더 이상, 퓌로스가 그들이 삼니움 청년들을 이끌고 로마에 항거하리라 생각했던 그런 지역이 아니었다. 곳곳에서 지리학적 신경 조직과 힘줄이 로마 요새망에 끊겼을 뿐만 아니라 로마의 오랜 통치로 인해 그들은 무기 잡는 법조차 잊어버렸던 것이다. 로마 군단의 소수 지원병들만 이곳 출신이었다. 묵은 원한이 사라졌으며 상당수의 개인들은 지배자인 로마 공동체와 이해관계로 복잡하게 얽혀 있었다. 로마 문제가 일단 사라진 듯하자 그들은 로마의 정복자에게 붙기는 했다. 하지만 작금의 사태는 자유의 문제가 아니라 다만 지배자를 로마에서 카르타고로 바꾸는 문제임을 느끼고 있었다. 그들로 하여금 정복자에게 의존하도록 만든 것은 열정이 아니라 절망이었다.

이런 상황에서 이탈리아 내의 전쟁은 제자리를 맴돌았다. 볼투르누스 강과 가르가누스 산괴까지 이탈리아 반도의 남부 지역을 정복한 한니발은 이 지역을 켈트족 영토처럼 간단히 포기할 수 없었고, 포기로 인해 손실을 입게 될 최전선을 방어해야만 했다. 그를 괴롭히는 사방의 로마 요새들과 북쪽에서 내려오는 로마 군대에 맞서 지역을 방어하고, 나아가 중부 이탈리아를 향한 어려운 공격을 이어가는 데 그가 가진 약 4만 명의 병력은 이탈리아 지원병을 고려하지 않는다면 턱없이 부족했다.

마르쿠스 클라우디우스 마르켈루스

무엇보다 한니발과 맞붙은 적장들이 달라졌다. 값비싼 경험을 통해 더욱 합리적인 전략 전술을 구사함으로써 로마 인은 검증된 사령관들에게 군대를 맡겼으며, 필요한 경우 상당 기간의 군 통수권을 허용했다. 이 사령관들은 적의 작전을 방관하지도, 적을 발견하자마자 달려들지도 않았다. 우유부단과 성급함의 중간을 유지하며 보루를 쌓은 주둔지의 사방 방어벽 아래 몸을 숨기고 있다가, 승리가 확실시되거나 치명적으로 패배하지는 않을 만한 곳에서 전투를 벌였다. 이러한 새로운 전략 전술의 중심은 마르쿠스 클라우디우스 마르켈루스였다. 칸나이 전투의 끔찍한 패전을 겪은 이후, 정확한 본능으로 원로원과 인민은 용감하고 전투 경험이 많은 이 인물에게 눈을 돌렸으며 즉시 사실상의 군 통수권을 부여했다. 그는 앞서 하밀카르를 상대로 했던 힘든 시킬리아 전투에서 많은 것을 배웠으며, 이후 켈트족을 상대로 했던 원정에서 지휘관의 재능은 물론 개인적인 용맹성을 입증했다. 50세를 훌쩍 넘긴 나이에도 그는 청년처럼 전투 의지를 불태웠고 불과 몇 해 전에는 사령관으로서 직접, 말 탄 적장을 베기도 했다(제3권 115쪽). 이런 전투 능력을 갖춘 집정관은 역사를 통틀어 그가 유일무이하다. 삶을 두 신성에 봉헌했는바 두 신성을 위해 카페나 성문 근처 신전을 건립했다. 그것은 명예와 용맹의 신성이었다. 누란의 위기에서 로마를 구하는 것은 한 개인이 아닌 인민 전체 특히 원로원의 과업이었지만, 이 공동 과업에서 마르쿠스 마르켈루스보다 많은 일을 해낸 개인은 없었다.

한니발의 캄파니아 무력시위

한니발은 전장을 벗어나 캄파니아로 향했다. 고금의 순진한 사람들은 한니발이 적의 수도를 공격했다면 종전할 수 있었을 것이라 생각하겠지만, 그는 로마를 누구보다 잘 알고 있었다. 오늘날의 전쟁학은 전장에서 전쟁의 승패가 갈린다고 주장하지만, 요새 공격 체계가 방어 체계에 비해 현저히 뒤떨어지던 과거에는 전장에서의 완승이 적의 수도 성벽 아래서 아예 무의미해지는 경우가 수없이 많았다. 카르타고의 원로회의와 인민을 로마의 원로원과 인민에 비교할 수는 없지만, 레굴루스의 첫 원정 직후 카르타고가 처했던 위험은, 칸나이 전투 직후 로마가 처한 위험에 비해 훨씬 심각했다. 그럼에도 불구하고 카르타고는 전쟁에서 완벽하게 승리했고 건재했었다. 따라서 어떤 증표를 보고 로마가 정복자에게 성문의 열쇠를 갖다 바치거나 불리하기만 한 화친을 받아들일 것이라고 누가 판단할 수 있겠는가? 쓸데없는 것을 확인하기 위해 가능하고 중요한 성과를 도외시하거나, 카누시움에 농성중인 수천의 로마 패잔병과 대적하며 시간을 낭비하는 대신, 한니발은 곧장 카푸아로 이동하여 로마가 병력을 투입할 시간을 주지 않았다. 이탈리아 제2의 도시 카푸아는 그의 무력시위 앞에 고심을 거듭한 끝에 투항하기로 결정했다. 한니발은 카푸아를 손에 넣음으로써 캄파니아 항구들을 장악할 수 있었을 것이다. 또 자신의 대단한 승전 덕분에 고향의 정적들로부터 힘겹게 얻은 보충병들을 캄파니아의 항구들을 통해 상륙시킬 수 있으리라 희망하기도 했을 것이다.

새로운 캄파니아 전투

한니발이 어디로 향했는지 알게 되자, 로마도 소수 병력만 남겨둔 채 아풀리아를 떠났으며 잔여 병력을 볼투르누스 강의 우안에 집결시켰다. 칸나이 전투에서 살아남은 두 개 군단과 마르쿠스 마르켈루스는 테아눔 시디키눔으로 행군했고, 그곳에는 그가 로마와 오스티아에서 우선 차출한 예비 병력이 와 있었다. 독재관 마르쿠스 유니우스가 새로 소집된 군단을 데리고 서둘러 뒤따라오는 동안, 가능하다면 캄파니아를 구하기 위해 볼투르누스 강변의 카실리눔으로 달려갔다. 그가 갔을 때 카푸아는 이미 적의 수중에 있었다. 반면 적군의 네아폴리스 공략은 여러 시도에도 불구하고 시민들의 용감한 저항에 부딪혀 실패로 끝났다. 따라서 로마는 중요한 항구도시로 병력을 적시에 투입할 수 있었다. 그 외 쿠마이와 누케리아의 두 해안 도시들도 여전히 로마를 지지했다. 놀라에서는 민중파와 원로원파가 카르타고에 붙을지 로마를 지지할지 분쟁하고 있었다. 민중파가 다수를 차지했다는 소식이 전해지자, 마르켈루스는 카이아티아에서 강을 건너 수에술라 산악을 끼고 적군을 우회하여 행군했고, 놀라에 제때 도착해 안팎의 적을 제압하는 데 성공했다. 일종의 우회 공격을 통해 한니발에게 상당한 손실을 입혔다. 한니발이 입은 첫 번째 패배로 기록된 로마의 승리는, 물질적 결과보다는 군사적 사기에 있어 매우 중요했다. 물론 캄파니아에서 누케리아와 아케라이가, 그리고 볼투르누스 전선의 중요 거점인 카실리눔이 이듬해(로마 건국 539년, 기원전 215년)까지 이어진 끈질긴 포위 공격으로 한니발에게 정복되었고, 끝까지 로마를 지지한 해당 도시의 원로들이 극형에 목숨을 잃었다. 이런 공포의 선전술은 부정적인 결과만 가져왔다.

로마 인은 초반의 약세 때문에 겪은 절체절명의 위기를 비교적 작은 손실만 입고 모면했다. 캄파니아의 전황이 정체되어 있었을 때 겨울이 왔고, 한니발은 카푸아에 겨울 숙영지를 마련했다. 지난 3년 동안 지붕 아래서 쉬지 못하던 군대에게 카푸아는 결코 안락하지 않았다. 다음 해(로마 건국 539년, 기원전 215년)의 전쟁 모습은 사뭇 달랐다. 능력이 입증된 사령관 마르쿠스 마르켈루스, 지난해의 전투에서 독재관의 기병대장으로 전공을 세운 티베리우스 셈프로니우스 그락쿠스, 노병 퀸투스 파비우스 막시무스가 전선에 섰다. 마르켈루스는 대리집정관이었고 나머지 두 명은 집정관이었다. 이들이 카푸아와 한니발을 포위 공격하는 임무를 띤 군대를 이끌고 있었다. 마르켈루스는 놀라와 수에술라에 주둔했고, 막시무스는 볼투르누스 강의 우안 칼레스에 병력을 배치했으며, 그락쿠스는 네아폴리스와 쿠마이를 방어하며 해안의 리테르눔에 위치를 잡았다. 쿠마이에서 4.4킬로미터 떨어진 하마이로 진격하여 쿠마이를 굴복시키려던 캄파니아 인들은 그락쿠스에 의해 심각한 손실을 입고 패퇴했다. 명예를 회복하기 위해 쿠마이에 도착한 한니발은 잠깐 동안 전투에 직접 참여하다가, 자신이 제안한 본격적인 전투가 받아들여지지 않자 실망한 채 카푸아로 돌아갔다. 로마 인은 캄파니아에서 그들이 점령한 지역을 그대로 유지했을 뿐만 아니라, 콤풀테리아 등 군소 도시들을 수복했다. 한니발의 동해안 연합군이 한니발에 대해 불평했다. 법무관 마르쿠스 발레리우스가 이끄는 로마 군단은 루케리아에서 주둔했으며, 로마 함대와 연합하여 이탈리아 동해안과 마케도니아의 움직임을 감시하는 한편, 놀라의 군대와 연계하여 반역에 참여한 삼니움과 루카니아와 히르피니 지역을 불태우고자 했다. 이들 지역민을 돕기 위해 한니발은 우선 가장 강력한 적장인 마르쿠스 마르켈루스에게 군대를 돌렸다. 하지만 마르켈루스는 놀라의 성벽 안에 몸을 감추고 싸웠으며 카르타고 군대를 상대로 작지 않은 승리를 거두었다. 카르타고 군대는 명예를 회복할 틈도 없이 캄파니아를 떠나 아르피로 행군하여, 적군이 아풀리아에서 병력을 전개하는 것을 막고자 했다. 티베리우스 그락쿠스는 병력을 데리고 카르타고 군대를 추격했다. 나머지 두 개의 로마 군단은 캄파니아에 남아, 날이 풀리면 시작될 카푸아 공격을 준비하기로 했다.

한니발의 방어전

찬란한 승전에도 불구하고 한니발의 혜안은 흐려지지 않았다. 그렇게 자신이 목표에 도달하지 못할 것임이 그에게 더욱더 분명해졌다. 그간 한니발이 승리를 거두는 데 결정적 역할을 했던 신속한 군대 이동,

모험처럼 여기저기로 이어진 전장 이동이 끝났고, 적군은 더욱 영리해졌다. 더군다나 한니발은 정복지를 방어해야 했기 때문에 더 이상의 모험은 거의 불가능했다. 그가 공격할 수 없고 방어마저 힘에 부치는 상황에서 적의 위험은 해마다 거세졌다. 과업의 나머지 절반인 라티움과 로마 정복을 자신과 이탈리아 동맹의 힘만으로는 쟁취할 수 없음이 명백해졌다. 이제 목표의 완수는 카르타고 원로회의에, 신카르타고의 군 수뇌부에, 그리고 펠라의 왕실과 쉬라쿠사이의 왕실에 달려 있었다. 아프리카, 히스파니아, 마케도니아 등 전체 세력이 공동의 적에 대항해 전력투구했다면, 그래서 남부 이탈리아가 서쪽, 남쪽, 동쪽에서 오는 육군과 해군의 집결지가 되었다면, 한니발은 그의 선봉대가 아주 훌륭하게 시작한 일을 마침내 끝마칠 수도 있었다. 본국에서 그에게 충분히 지원하는 것이 가장 당연하고도 쉬운 일이었을 것이다. 그리고 카르타고 정부는 의심의 여지 없이 그렇게 할 수 있었을 것이다. 카르타고 정부는 전쟁 중에도 거의 피해를 입지 않은 상태였고, 위험을 무릅쓰고 자력으로 싸우기로 결단한 소수의 애국지사들에 의해 파멸에서 완승으로 다가가고 있었기 때문이다.

쉬라쿠사이의 항구가 카르타고 인에게 개방되어 있고 마케도니아 인이 브룬디시움의 로마 함대를 견제하는 한에서, 페니키아 함대가 임의의 병력을 얼마든지 로크리나 크로톤에 상륙시킬 수도 있었음은, 4,000명의 아프리카 병력이 제약 없이 그 무렵 보밀카르의 인솔 하에 로크리를 상륙하여 한니발에게 인계되었다는 것과, 더 나아가 전부 잃은 상태에서 한니발이 아무 방해도 받지 않고 아프리카로 건너갔다는 것이 증명해준다. 하지만 칸나이 승리에 대한 처음의 감격이 사그라들자, 정치적 반대 당파를 물리치기 위해서라면 언제든 조국의 몰락마저 감수할 준비가 되어 있던 카르타고의 화친주의자들은 시민의 근시안적이며 나태한 태도에 기대, 지원군을 보내달라는 한니발 장군의 강력한 요청에 대해, 멍청하고도 사악하게 한니발이 진정한 승자라면 어떤 도움도 필요하지 않을 것이라는 답변과 함께 거부의사를 분명히 했다. 그들은 로마를 구하는 데 로마 원로원 못지않은 큰 힘을 보탠 셈이었다. 한니발은 병영에서 성장하여 정치적 당파 활동에는 익숙하지 않았다. 선친에게는 믿고 맡길 하스드루발이 있었던 반면, 한니발에게는 신임할 만한 민중 지도자가 없었다. 조국을 구할 수단이 바로 그 조국에 풍족히 있었음에도 불구하고 다른 나라에서 찾아야만 했다.

이때 그는 성공 가능성을 좀 더 전망한다면, 히스파니아에 남아있는 애국 당파의 군 지휘관들, 쉬라쿠사이에서 맺은 여러 친분 관계들, 그리고 필립포스의 개입 등에 의지해야 했을 것이다. 모든 것은 히스파니아, 쉬라쿠사이, 마케도니아의 군사력을 새롭게 이탈리아 전장으로 끌어들여 로마와 대결하게 하는 데 달려 있었다. 이를 달성하기 위해서 혹은 막기 위해서 히스파니아, 시킬리아, 희랍 곳곳에서 전쟁이 벌어졌다. 이런 전쟁은 모두 목표를 이루기 위한 수단이었지만, 종종 부당하게 더 높은 가치가 부여되기도 한다. 로마의 경우 근간은 방어전이었다. 방어전의 주요 과제는 퓌레네 산맥 통로를 확보하고 마케도니아 군대를 희랍에 묶어두며, 메사나를 방어하여 시킬리아와 이탈리아 연결을 저지하는 것이었다. 가능한 곳에서 방어를 공격으로 전환하여, 유리한 상황에서 페니키아 인을 히스파니아와 시킬리아로부터 쫓아내고 한니발과 쉬라쿠사이, 한니발과 필립포스 간의 연합을 저지하는 데까지 상황을 진전시키는 것도 당연히 과제였다. 얼마동안 이탈리아 전쟁 자체는 부차적인 것으로 밀려나 요새전이나 정찰전으로 규모가 축소되었으나, 주요 국면에서는 아무것도 결정되지 않았다. 그럼에도 불구하고 이탈리아에서 카르타고 인이 일반적으로 공세를 유지하는 한, 작전의 목표는 그대로 유지되었다. 모든 관심과 노력은 남부 이탈리아에 고립된 한니발이 이를 뚫고 나오느냐 혹은 한니발을 계속 고립시키느냐에 집중되었다.

일시적으로 좌절된 지원

칸나이 전투 직후, 한니발이 고려하던 모든 수단이 이탈리아로 들어올 수 있었다면, 한니발의 승리가 확실했었다. 하지만 히스파니아에 머물던 하스드루발의 상황도 이베르 강 전투 직후 상당히 심각했기에 카르타고 시민들이 칸나이 승전 이후 노력해서 모은 물자와 인력 대부분이 히스파니아로 투입되었으며, 그렇다고 해서 히스파니아의 전쟁 상황이 크게 나아진 것도 아니었다. 스키피오 부자는 다음 출정에서(로마 건국 539년, 기원전 215년) 전장을 이베르 강에서 바이티스 강(오늘날의 과달키비르 강)으로 옮겼고, 안달루시아 지방, 그러니까 카르타고 세력의 한가운데인 일리투르기와 인티빌리 부근에서 두 번의 승리를 거두었다. 사르디니아 섬에서 본토인과 연합한 카르타고 인들은, 히스파니아와 이탈리아 사이의 기착지인 이 섬을 완전히 장악할 수 있으리라 믿었다. 사르디니아 섬으로 로마 군단과 함께 파견된 티투스 만리우스 토르콰투스는 카르타고 상륙군을 섬멸했고, 섬을 재차 확실히 점령함으로써 로마 인의 안전을 보장했다(로마 건국 539년, 기원전 215년). 칸나이에서 시킬리아 섬으로 파견된 로마 군단은 섬의 동부와 북부에서 카르타고 인과 히에로니무스를 상대로 용감하게 싸워 큰 성과를 거뒀다. 히에로니무스는 로마 건국 539년(기원전 215년) 말 암살자에게 죽임을 당했다. 마케도니아와의 동맹 인준도 지연되었는데, 가장 큰 이유는 한니발에게 파송됐던 마케도니아 사절단이 돌아오다 로마 전함에 붙잡혔기 때문이다. 그래서 이탈리아 동해안으로부터의 침공은 잠정 중단되었다.

그렇게 번 시간을 이용하여 로마 인은 아주 중요한 거점인 브룬디시움을 처음에는 전함으로, 나중에는 그락쿠스의 도착 이전에 아풀리아 방어를 위해 소집되었던 군단으로 확고히 방어했고, 마케도니아의 선전포고 시에 마케도니아로 쳐들어갈 채비를 갖추었다. 또한 이탈리아 전쟁이 중단된 동안, 이탈리아 반도 외부의 카르타고 측에게는 새로운 군대나 전함을 이탈리아로 신속히 옮기려는 어떤 조치도 없었다. 반대로 로마 측에서는 이를 대비하여 힘을 최대한 발휘하여 모든 곳에서 방어 태세를 갖추었고 이런 방어전 과정에서 한니발의 천재성이 부족했던 곳에서는 승리를 거두기도 했다.

이에 반해 칸나이 승전이 카르타고에 한때 불러 일으킨 애국심은 이내 연기처럼 사라졌다. 자유롭게 구성되었지만 무시할 수 없을 수준의 카르타고 병력은 당파적 반대에 의해서 혹은 원로회의의 탁상공론을 어설프게 조율하는 과정에서 흩어져버렸다. 실제 이 병력은 어느 곳에서도 중요한 역할을 담당하지 못했고, 가장 절실하게 필요하던 곳에는 정작 매우 적은 병력만 도착했다. 로마 건국 539년(기원전 215년) 말 사려가 깊던 로마 정치가들은, 급박한 위험이 지나갔으며 영웅적 용기로 시작한 방어전을 곳곳에서 사력을 다해 지켜내는 일만 남았다고, 이제 곧 목표에 이를 것이라고 말했다.

시킬리아 전쟁의 종결

제일 먼저 시킬리아 전쟁이 종결되었다. 애초 시킬리아에서 전투를 벌일 계획이 한니발에게 없었으나, 반은 우연으로, 무엇보다 어리석은 히에로뉘모스의 유치한 허영 때문에 지상전이 발발했었다. 바로 이러한 이유에서 카르타고 원로회의도 이 지상전에 각별한 애정을 쏟았다. 히에로뉘모스가 로마 건국 539년(기원전 215년) 말에 살해된 후, 그가 추진했던 정책을 시민들이 견지할 것인지는 매우 불확실해 보였다. 누구보다 로마에 붙으려 했던 도시는 바로 쉬라쿠사이였다. 왜냐하면 로마에 대해 카르타고가 최종적으로 승리한다면 시킬리아 전체에 대한 지배권만큼은 카르타고에게 갈 것이 분명한 상황에서, 카르타고가 쉬라쿠사이 인에게 제시한 약속을 실제로 준수하리라고 볼 수는 없었기 때문이다. 다른 한편으로 로마 인의 위협적인 작전에 겁을 먹었기 때문에, 쉬라쿠사이 시민들은 늦지 않게 로마 연방에 복귀함으로써 과거를 잊게 하고 싶었다. 로마는 이탈리아와 아프리카의 가교로서 중요한 시킬리아 섬을 다시 완전히 장악하기 위해 모든 것을 동원하여 로마 건국 540년(기원전 214년) 총사령관 마르쿠스 마르켈루스와 함께 시킬리아로 파견했던 것이다.

하지만 히에로뉘모스의 사후 시민의 자유라는 옛 가치를 부활시키려는 시도와 공석의 왕좌에 대한 무수한 경쟁자의 약진이 거칠게 뒤엉킨 엄청난 혼란 속에서 쉬라쿠사이를 실질적으로 지배한 것은 외국 용병 대장들이었는데, 한니발을 대신한 유능한 사절인 히포크라테스와 에피퀴데스는 여기서 쉬라쿠사이의 강화 시도를 좌절시킬 기회를 포착했다. 그는 자유라는 이름으로 민중을 자극했다. 최근 다시 로마에 굴복한 레온티니 인에게 로마 인이 부과했다는 끔찍한 처벌을 한없이 과장한 묘사는 더 나은 형편의 시민들에게도 로마와의 관계를 재건하기에는 너무 늦지 않았을까 하는 의구심을 불러일으켰다. 마지막으로 용병 중에는 상당수의 로마 탈영병이 있었고, 그들은 특히 로마 함대에서 도망친 노잡이들이었는데, 쉬라쿠사이 시민이 로마와 강화하면 바로 그것이 자신들의 사형선고라고 굳게 믿었다. 그리하여 시민은 지도자들을 살해했고 로마와의 휴전은 깨졌으며, 히포크라테스와 에피퀴데스가 도시의 통치권을 장악했다. 집정관은 포위를 개시할 수밖에 없었다. 그러나 박식한 수학자로 유명한, 쉬라쿠사이의 공학자 아르키메데스가 특히 활약한 완벽한 수비 체계 때문에, 로마군은 8개월간의 포위 공격 후 결국, 포위를 해상과 육상에서의 봉쇄로 전환할 수밖에 없었다.

쉬라쿠사이의 정복

그때까지 함대만으로 쉬라쿠사이를 원조했던 카르타고는 쉬라쿠사이가 로마에 대해 다시 봉기했다는 소식을 접하자, 히밀코 휘하의 강력한 보병 부대를 시킬리아로 파견했고, 부대는 아무런 방해를 받지 않고 헤라클레이아 미노아에 상륙하여 곧바로 중요 도시 아크라가스를 점령했다. 히밀코와 결합하기 위해 과감하고 유능한 히포크라테스는 쉬라쿠사이에서 부대 하나를 이끌고 왔다. 쉬라쿠사이 점령군과 두 적군 부대 사이에 놓인 마르켈루스의 상황은 심각해지기 시작했다. 하지만 이탈리아에서 도착한 지원군에 힘입어 섬에서 자신의 위치를 지켜냈으며 쉬라쿠사이에 대한 봉쇄를 이어갔다. 적군에게 직접적으로 몰려서가 아니라, 로마 인이 섬에서 보여준 가혹함, 특히 로마 주둔군에 의한 엔나 시민의 학살 때문에 내륙의 소도시 대부분이 카르타고 쪽으로 넘어갔다. 로마 건국 542년(기원전 212년)에 쉬라쿠사이 포위군은 도시의 축제 기간에 기나긴 외벽 중 보초가 허술한 부분으로 기어올라 도심 외곽, 그러니까 섬(오르튀기아)과 해안의 도심(아크라디나)을 연결하며 내륙으로 뻗은 교외로 침입하는 데 성공했다. 이로써 교외 및 섬 내륙에서 쉬라쿠사이 도심으로 향하는 주도로를 보호하던 교외 지역 서단에 있던 에우리알로스 요새는 도심과 단절되었고 오래지 않아 로마군에게 점령되었다.

　그렇게 도시의 포위가 로마군에게 유리한 쪽으로 전개되기 시작했을 때, 히밀코와 히포크라테스 지휘 하의 두 군대는 포위군을 뚫으려 접근했고, 카르타고 함대의 상륙 시도와 쉬라쿠사이 주둔군의 일제

공격에 힘입어, 로마 진지로 동시에 공격했다. 하지만 공격은 사방에서 격퇴되었고 히밀코와 히포크라테스의 두 부대는 인근의 아나포스 강을 따라 늪지대에 진지를 구축하는 것으로 만족해야 했다. 그러나 이 늪지대는 한여름과 가을에 그곳에 머무는 자들에게 치명적인 역병을 발생시켰다. 그래서 종종 역병 덕에 도시가 안전했는데, 실로 시민의 용기보다도 역병이 더 자주 그러했다. 과거 디오뉘시오스 제1세 치하에 쉬라쿠사이를 포위 공격하던 카르타고의 두 부대는 성벽 아래에서 역병에 몰살당한 적도 있었다. 이제 운명은 도시에게 유리했던 고유한 방어 방법으로 패망의 길을 만들어 주었다. 마르켈루스의 군대는 교외에 진을 쳤기에 별 타격을 입지 않은 반면, 카르타고와 쉬라쿠사이 군의 진지는 열병 때문에 황폐화되었다. 히포크라테스는 죽었고, 히밀코와 아프리카 병사 대다수가 함께 쓰러졌다.

두 부대의 생존자들은 대부분 시킬리아 출신인데 이웃 도시들로 흩어졌다. 카르타고 군은 여전히 도시를 바다 쪽에서 구하려 했다. 그러나 제독 보밀카르는 로마 함대가 싸움을 걸어오자 회피했다. 이제 명령권자였던 에피퀴데스 자신도 도시를 잃은 것으로 치고 아크라가스로 도망갔다. 쉬라쿠사이는 로마에 항복하려 했다. 협상은 이미 개시되었다. 하지만 탈영병들 때문에 또다시 결렬되었다. 재차 발생한 군인들의 반란에서 시민의 지도자들과 상당수의 저명인사들이 맞아 죽었고 도시의 통치 및 방어가 외부 군대에 의하여 그 부대장들에게 맡겨졌다. 이제 마르켈루스는 그중 한 명과 협상하게 되었다. 이 협상에서 그는 아직 자유로운 도심 구역 중 하나인 오르튀기아 섬을 획득했다. 이어 시민들은 아크라디나 성문도 자의로 그에게 열어 주었다(로마 건국 542년, 기원전 212년 가을). 자비가 허락된다면, 명백한 주권 없이 절실하게 몇 번이나 외부 군대의 폭정을 벗어나려고 시도한 바로 이 도시에 대해, 연방 의무를 위반한 공동체이니 만큼 부족한 로마 형법의 원칙에 따라 처벌하더라도, 자비를 베풀 수도 있었다. 그러나 많은 시민 외에 아르키메데스마저 목숨을 잃은 부유한 상업 도시에 대하여 마르켈루스는 약탈을 자행함으로써 전사로서의 명예를 더럽혔다. 쉬라쿠사이 인들이 이 저명한 사령관에 대하여 뒤늦게 성토했으나 원로원은 듣지 않았을 뿐 아니라 전리품을 돌려주지도 않았고, 도시에 자유를 주지도 않았다. 쉬라쿠사이와 이전의 쉬라쿠사이 예속 도시들은 로마에게 조공하는 공동체가 되었다. 레온티니 지역이 로마 영역으로 되고 종전 소유자들이 임차인이 된 반면, 타우로메니움과 네에톤만이 메사나와 동일한 권리를 얻었다. 그리고 이후 계속해서 쉬라쿠사이 시민에게는 쉬라쿠사이 항구를 통제하는 도심 구역인 오르튀기아 섬의 거주가 금지되었다.

시킬리아 유격전

따라서 카르타고는 시킬리아를 상실한 영토로 여겼다. 하지만 한니발의 천재성이 여기서도 멀리까지 미쳤다. 한니발은 한노와 에피퀴데스 휘하에서 별다른 계획이나 활동 없이 아크라가스에 주둔하던 카르타고 군대로 리뷔아 기병대장 무티네스를 파견했다. 그는 누미디아 기병대의 지휘권을 넘겨받아 잔여 병력을 데리고, 로마의 강압 정책이

유발한 적개심을 자극하여 시킬리아 섬 전체에 들불 같은 저항 세력을 조직했으며 성공적인 유격전을 광범위하게 수행했다. 심지어 히메라 강변에서 펼쳐진 카르타고 육군과 로마 육군의 전투에서는 마르켈루스를 상대로 성공적인 작전을 수행했다. 한니발과 카르타고 원로회의의 오랜 대립 관계는 여기서도 되풀이되었다. 카르타고 원로회의가 파견한 사령관은 질투와 시기심에 이끌려 한니발이 파견한 기병대장과 경쟁했으며, 무티네스와 누미디아 기병대는 배제한 채 단독으로 대리집정관 마르켈루스에 맞서 개전을 주장했고 이에 한노가 동의했다. 카르타고 군의 완벽한 패배였다. 무티네스는 이에 흔들리지 않았다. 그는 섬 내륙으로 들어갔으며 일부 소도시를 장악했고, 카르타고로부터 엄청난 지원 병력이 도착했으므로 점차 자신의 작전을 확대할 수 있었다. 그의 성공이 굉장한 빛을 발했으며, 최고 지휘관 한노는 그를 깎아내리는 데 달리 할 만한 일이 없어지자 마침내 경무장 기병대의 지휘권을 빼앗아 자신의 아들에게 주었다. 이에 지난 2년 동안 시킬리아 섬을 페니키아의 패권 아래 지켜냈던 누미디아 기병대는 인내심을 잃었다. 무티네스와 그의 기병대는 아들 한노의 명령을 거부하고, 로마군 사령관 마르쿠스 발레리우스 라이비누스와 협상해 아크라가스를 넘겨주었다. 한노는 작은 배로 도시를 빠져나와, 동포에게 한니발 휘하 장교의 배신 행위를 알리기 위해 카르타고로 갔다. 아크라가스 시내의 카르타고 주둔군은 로마군에게 살육되었으며 도시민을 노예로 팔았다(로마 건국 544년, 기원전 210년).

이후 로마는 로마 건국 540년(기원전 214년)의 상륙 때와 유사하게 도시가 적군에게 넘어가는 것을 막기 위해 시킬리아 인 중 친로마적

인 사람들을 골라 도시의 새로운 시민으로 정착시켰다. 이로써 아름 답던 옛 아크라가스가 사라졌다. 전체 시킬리아를 복속시키고 붕괴된 시킬리아의 평화와 질서를 회복시키기 위한 조치가 로마 입장에서 취해졌다. 내륙을 약탈하던 산적을 대대적으로 이탈리아 본토로 내몰아 그곳 레기온에서 한니발의 동맹 지역을 방화 약탈하도록 만들었다. 정부는 황폐된 경작지를 가능한 수단을 총동원하여 다시 경작 가능하게 만들려고 했다. 당시 카르타고 원로회의에서는 여전히, 해군을 시킬리아에 파병하여 전쟁을 재개하자는 말이 있었다. 하지만 그것은 계획으로 그쳤다.

마케도니아의 필립포스

마케도니아가 쉬라쿠사이보다 사태의 진행에 더 큰 영향력을 행사했을 수도 있다. 동지중해의 패권 국가들로부터는 이 순간 방해나 도움 그 무엇도 기대할 수 없었다. 필립포스의 태생적 동맹자였던 안티오코스 대왕은 라피아에서 이집트군에게 패전한 이후(로마 건국 537년, 기원전 217년) 프톨레마이오스 3세 필로파토르로부터 예전과 같은 자신의 지위와 통치를 보장받는 것만으로도 기뻐하지 않을 수 없었다. 프톨레마이오스 왕가와의 경쟁과 지속적인 전쟁 위협 때문에, 한편 내부적 권력 다툼, 소아시아와 박트리아와 사트라파 관할 지역에서 발생한 온갖 소요 때문에 안티오코스 대왕은 한니발의 생각과 같은 반로마 연맹에 참여할 형편이 아니었다. 다른 한편 이집트 왕국은 로마 쪽에 서기로 결정하고 동맹을 새로 맺었다(로마 건국 544년, 기원전 210년). 하지만 프톨레마이오스 필로파토르에게는 곡물 수송선을 통해 로마를 돕는 것 이상은 기대할 수 없었다. 마케도니아와 희랍이 이탈리아 전쟁에 결정적인 힘을 보태지 못한 것은 내분 때문이었다. 몇 년 동안만 서로 양보하고 공동의 적에 대항하여 힘을 합칠 수 있었다면 희랍의 이름은 구할 수 있었을 것이다. 이런 분위기가 희랍 전체에 확산되었다. 나우팍토스의 아겔라오스는 예언 같은 말을 했다. 희랍인이 현재 즐기는 운동 경기가 나중에는 사라질지도 모른다고 걱정했던 것이다. 서지중해로 시선을 돌려, 최고 실력자 하나가 나머지 모든 참전자에게 굴종의 멍에를 씌우는 일이 일어나지 않도록 하라고 경고했고, 그의 발언에 힘입어 필립포스와 아이톨리아의 강화조약이 성사되었다(로마 건국 537년, 기원전 217년). 이런 분위기에 아이톨리아 연맹이 즉시 아겔라오스를 사령관으로 임명한 것도 인상적인 일이다.

민족주의가 카르타고와 마찬가지로 희랍에서도 크게 일었다. 한순간 로마에 대항하는 전쟁을 위해 희랍 민족이 들불처럼 일어날 듯했다. 사령관으로서 적임자는 마케도니아의 필립포스뿐이었지만, 그에게는 이런 전쟁을 감행하는 데 필요한 민족적 열정이나 믿음이 부족했다. 희랍의 압제자에서 희랍의 수호자로 변신해야 하는 어려운 숙제를 그는 제대로 이해하지 못했다. 한니발과 동맹하는 일을 두고 보인 그의 미온적 태도는 결국 희랍의 민족 지사들이 보여준 초기의 열정에 찬물을 끼얹었다. 그리고 이후 로마에 맞서 전투를 시작했을 때 보인 지도력도 주변의 공감과 신뢰를 얻지 못했다. 칸나이 전투가 있던 해(로마 건국 538년, 기원전 216년)에 일뤼리아의 아폴로니아 지방을 점령하려는 첫 시도는 어처구니없이 좌절되었는바, 로마 함대가 아드리아 해를 향하고 있다는 뜬소문에 휘둘려 필립포스가 서둘러 회군했기 때문이다.

이는 로마와 공식적으로 단절되기 전에 벌어진 일이었다. 단절이 공식화되었을 때 적대국은 물론 동맹국도 마케도니아 군대가 남부 이탈리아에 상륙하기를 기다리고 있었다. 로마 건국 539년(기원전 215년) 이래로 브룬디시움에 로마 함대 및 육군이 마케도니아 군을 기다리며 주둔하고 있었다. 전함이 없던 필립포스는 일뤼리아 소형 선박을 전함으로 개조하여 군대를 수송하게 했다. 하지만 일이 본격적으로 진행되어갈 때 필립포스는 적의 5단 노선과 바다에서 교전할 용기가 없었다. 그래서 이탈리아 상륙을 시도하겠다는 동맹 한니발과의 약속을 이행하지 않았다. 대신 그는 뭔든 해야 했으므로 자신이 전리품으로 갖기로 한 에페이로스의 로마 소유 재산을 공격하기로 결심했다(로마 건국 540년, 기원전 214년). 사실 성공한다고 해도 얻을 만한 것은 없었다. 하지만 방어보다 공격이 낫다는 것을 잘 알던 로마 인들은, 필립포스의 바람대로 아드리아 해 건너편에서 공격을 수수방관하지 않았다. 로마 함대는 군단 일부를 싣고 브룬디시움을 떠나 에페이로스로 출발했다. 오리콘을 필립포스로부터 빼앗고 아폴로니아에 군대를 파견하여 마케도니아 주둔지를 공격했다. 이때 필립포스는 어중간한 태도에서 벗어나 아예 소극적인 태도를 취했으며, 이후 몇 년 동안 아무런 행동도 취하지 않은 채 전쟁 상태만 유지했다. 이에 불만을 드러내며 한니발은 필립포스의 우유부단함과 어리석음을 열정과 현명함으로 바꾸려고 했지만, 소용이 없었다.

이때 적대감을 다시 불러일으킨 것은 필립포스가 아니었다. 타렌툼 점령(로마 건국 542년, 기원전 212년)으로 한니발이 우선 마케도니아 군대를 상륙시키기에 적합한 해안 지역의 최고 항구를 확보했을 때, 로마 인은 멀리서 견제하여 마케도니아 인들이 이탈리아에 상륙할 엄두를 내지 못하도록 가능한 한 마케도니아에 붙잡아놓고자 했다. 희랍의 민족주의는 이미 오래전에 사라지고 없었다. 하지만 마케도니아와의 해묵은 적대감을 이용하고, 필립포스가 저지른 최근의 실책과 악행을 기회로 삼아, 로마 장군 라이비누스는 어렵지 않게 중소 희랍도시들을 로마의 후견 아래 묶어 반(反)마케도니아 세력을 규합할 수 있었다. 이들을 이끈 선봉은 아이톨리아 인들이었는데, 라이비누스는 회의에 직접 참석해 이들의 숙원인 아카르나니아의 영토를 보장함으로써 같은 편으로 끌어들이는 데 성공했다. 이들은 로마와 신뢰할 수 있는 조약을 맺어, 나머지 희랍인을 공동으로 약탈하여 영토는 아이톨리아 인이 갖고, 사람과 동산은 로마 인에게 귀속되도록 했다. 희랍 본토에서는 반마케도니아적 도시국가들이나 오히려 반아카이아적 도시국가들이 합류했다. 아티카 지방의 아테네, 펠로폰네소스 지방의 엘리스와 메세네, 특히 스파르타 등이었다. 이 무렵 안하무인의 군인 마카니다스는 스파르타의 낡은 국가체제를 쓸어버리고, 어린 펠롭스 왕의 이름으로 섭정하여 독재정을 옹립하고 용병에 기초한 정부를 수립했다. 그리고 마케도니아의 영원한 적대국들, 그러니까 야만적인 트라키아, 일뤼리아 부족의 족장들, 페르가몬의 왕 아탈로스가 이제 이득을 기대하며 로마와 동맹했다. 페르가몬의 왕 아탈로스는 주변의 두 희랍 강대국이 멸망하는 와중에 통찰력과 열정으로 이익을 쫓았고, 자신의 참여가 아직 가치가 있던 시점에 로마의 피호국가에 합류하는 대단한 영리함을 보여주었다.

성과 없는 전쟁

목적 없는 공방전을 계속하는 것은 기뻐할 일도 권장할 일도 아니었다. 어느 적대자들보다도 뛰어났던 필립포스는 사방의 공격을 열정과 용기로써 막고 있었지만, 이 엄청난 방어전에 전력은 점차 고갈되었다. 로마 함대와 연합하여 아카르나니아를 초토화시키며 로크리스와 테살리아를 위협하던 아이톨리아를 공격해야 했으며, 북쪽에서 쳐들어오는 야만족을 막아달라는 요청 때문에 방향을 곧 돌려야 했다. 다시 아카이아 인들이 아이톨리아와 스파르타의 약탈을 막아달라고 요청했고, 이어 페르가몬의 왕 아탈로스와 로마 장군 푸블리우스 술키피우스가 연합 함대로 동해안 지역을 위협했으며 에우보이아에 군대를 상륙시켰다. 전투 함대의 부족은 사방으로 뛰어야 하는 필립포스에게 큰 걸림돌이었다. 동맹국 비튀니아의 푸루시아스에게, 심지어는 한니발에게까지 전함을 빌려오기도 했다. 전쟁 말미에야 비로소 그는 진작부터 했어야 할 일에 착수하여, 전투함 100척을 건조하라고 지시했다. 명령대로 건조되었지만, 사용된 전함은 없었다.

필립포스와 희랍 도시국가들의 강화조약

희랍의 상황을 이해하고 이에 동정심을 가진 모든 사람은, 이는 매우 불길한 전쟁이며, 이로 인해 희랍 땅에 남은 마지막 힘이 산산이 부서지고 풍요했던 희랍 대지가 황폐화되리라고 한탄했다. 상업 도시국가들이던 로도스, 카오스, 뮈틸레네, 뷔잔티온, 아테네, 그리고 이집트도 중재에 나서려 했다. 사실 양쪽 당파는 공히 타협에 이르기에 충분한 여건을 갖고 있었다. 로마 연방의 주된 관심이던 아이톨리아 인들도 마케도니아 인들만큼이나 전쟁으로 많은 고생을 겪어야 했던 것이다. 아타마네스 인들의 약한 왕이 필립포스에게 굴복함으로써 아이톨리아 내륙이 마케도니아의 공격에 쉽게 노출된 이후에는 특히 그랬다. 또한 개중 일부가 로마 연방이 자신들에게 부여한 역할이 그다지 명예롭지 않을 뿐만 아니라 치명적이라는 것을 알게 되었다. 아이톨리아 인이 로마 인과 공동으로 희랍 시민들, 그러니까 안티퀴라, 오레오스, 뒤메, 아이기나 시민을 노예로 팔았을 때, 희랍 전역에 걸쳐 온통 분노의 목소리가 들끓었다. 하지만 아이톨리아 인들은 더 이상 자유롭지 못했는데 독자적으로 필립포스와 강화조약을 맺기 위해서는 많은 위험을 감수해야 했다. 또한 아이톨리아 인들은, 로마 인들이 이 전쟁을 그만두려 하지 않을 것임을 알고 있었다. 특히 로마 인들은 히스파니아와 이탈리아의 전황이 좋아질 경우, 자신들의 전함을 띄워 단독으로 이 전쟁을 이어갈 것이며, 그 부담과 피해를 대부분 아이톨리아에 지울 판이었다. 하지만 결국 아이톨리아 인들은 양편을 중재하려는 도시들에 귀기울이기로 결심했다. 로마 인들이 이를 방해하기 위해 여러 가지 노력을 했음에도 불구하고, 희랍 세력들 간의 강화조약이 로마 건국 548/549년(기원전 206/205년)에 체결되었다. 아이톨리아 인들은 압도적으로 강력한 동맹자 로마를 위험한 적대자로 만들었다.

필립포스와 로마와의 강화

그럼에도 불구하고 로마 원로원이 보기에 고갈된 국력을 모아 전쟁의 승패를 결정할 아프리카 원정을 준비하던 시점에, 동맹의 파기는 적절치 않았다. 아이톨리아 인들의 퇴각 이후 로마 인들은 각별한 노력 없이는 제대로 수행될 수 없는 필립포스와의 전쟁을 강화조약으로써 중단하는 것이 적절하다고 생각했다. 강화를 통해 상황은 대개 전쟁 이전의 상태로 돌아갔으며, 특히 로마는 아틴타니아의 쓸모없는 지역을 제외하고 에페이로스의 해안 지역의 전체 소유물을 그대로 유지하게 되었다. 이런 상황에 필립포스는 이런 조건으로 강화를 맺은 것이 다행이라고 평가했음이 틀림없다. 이로써, 얼마 지나지 않아 분명히 드러난 것인바, 역겨운 비인간적 만행 가운데 이어진 10년 전쟁이 희랍 땅에 안겨준 차마 형언할 수 없는 비참함은 헛된 노고로 끝나고 말았으며, 또한 한니발이 계획하고 전 희랍이 한때 가담했던 대담하고 적절한 연합은 좌절되어 회복 불가능하게 되었음이 분명해졌다.

히스파니아 전쟁

하밀카르와 한니발의 영향력이 크게 작용하던 히스파니아에서 전쟁은 더 심각했다. 지역 특유의 성격과 민족적 풍습이 함께 작용한 것인지 전쟁은 유례없을 정도의 공방전으로 이어지고 있었다. 아름다운 이베르 강 계곡과 비옥한 안달루시아 그리고 수많은 산으로 이어진 험준한 고지대에 살던 농부와 목동들을 무장 병력으로 소집하기는 쉬운 일이었지만, 이들로 하여금 적과 맞서게 하는, 아니 단순히 전열에 세워놓는 것조차 쉬운 일이 아니었다. 지역 도시들은 확고한 공동의 행동을 위해 하나로 뭉치지도 못했지만, 반대로 또 그만큼 각 도시의 시민은 각자 완강하게 압제자에게 맞서기도 했다. 모든 도시는 로마 인과 카르타고 인을 거의 구분하는 것 같지 않았다. 토착 원주민의 눈에, 이베르 강가나 바이티스 강가에 정착하여 반도의 크고 작은 부분을 차지한 성가신 외지인이란 점에서 그 둘은 차이가 없었다. 때문에 히스파니아 특유의 끈질긴 당파성은 이번 전쟁에서, 로마 측에서 사군툼 지역, 카르타고 측에서 아스타파 지역을 제외하고, 크게 두드러지지 않았다. 그럼에도 불구하고 양측의 전쟁은 이 지역에서, 로마 인이나 아프리카 인이나 충분한 자국 병력을 데려오지 못했기 때문에 선전전이었는바, 원주민 가운데 확고한 지지 세력을 얻지 못한 상태에서 일반적으로 공포와 금전 혹은 우연이 결정적인 역할을 하는 전쟁이었다. 전쟁은 끝이다 싶을 때 꺼져가는 잿더미 아래서 불길이 다시 일어나듯 끝없는 요새 공방전과 게릴라전으로 다시 시작되었다. 군대들은 백사장의 모래성처럼 나타났다 사라지고는 했다. 어제 언덕이 있던 곳에서 오늘은 그 흔적을 찾아볼 수 없었다. 전체적으로는 로마 측이 우위를 점했는데, 로마 인이 처음에 페니키아의 전제 정치로부터 히스파니아를 구원할 해방자로 등장한 때문이고, 한편으로 로마가 사령관들을 잘 선택한 때문이고, 또 이들을 따랐던 신뢰할 만한 군대의 핵심 역량이 더욱 강력한 때문이었다. 하지만 전승이 매우 불완전하고, 특히 연대기적으로 아주 혼란스럽기에 히스파니아 전쟁 과정에 대해 만족스럽게 기술하는 것은 불가능한 일이다.

스키피오 부자(父子)의 성공

이베리아 반도 두 로마 총독 그나이우스 스키피오와 푸블리우스 스키피오는 모두—특히 그나이우스는—좋은 군사령관이자 탁월한 행정가로서 임무 완수에 성공했다. 그들은 퓌레네 산맥의 문빗장을 확실하게 틀어쥐었으며, 적의 최고 사령관과 적 본부 간의 육상 통신망을 재건하려는 시도를 수많은 피를 흘리며 봉쇄했고, 히스파니아 신카르타고의 도시 설계를 좇아 타라코에 철옹성과 항구를 만들어 히스파니아에 새로운 로마를 건설했다. 그리고 로마군도 이미 로마 건국 539년(기원전 215년)에 안달루시아에서 승리를 거두었는데(제3권 208쪽), 이듬해(로마 건국 540년, 기원전 214년) 실시된 안달루시아 원정에서는 또다시 크나큰 성공을 거두었다. 로마군은 거의 헤라클레스 기둥까지 진격했고, 남부 히스파니아에서 피호 관계의 도시들을 확대했으며, 종국에는 사군툼을 탈환하고 재건함으로써—그리하여 동시에 민족의 해묵은 빚을 최대한 청산하면서—이베르 강에서 신카르타고에 이르는 도로 위에 중요한 거점을 확보하게 되었다. 스키피오 집안은 그렇게 카르타고 인을 히스파니아에서 거의 쫓아내는 한편, 오늘날의 오랑과 알제리를 지배하던 강력한 서아프리카의 제후 쉬팍스를 부추겨—쉬팍스는 로마 인과 동맹 관계였다(로마 건국 541년, 기원전 213년경)—서아프리카에도 위험한 적이 있음을 카르타고 인에게 상기시킬 수 있었다. 로마가 쉬팍스에게 병력을 붙일 수 있었다면, 그를 통해 대대적인 작전의 성공도 가능했다. 그러나 당시 이탈리아에서는 병사 한 명도 빼낼 수 없는 상황이었고, 히스파니아의 로마 군단은 너무 규모가 작아 쪼갤 수 없었다. 하지만 이미 쉬팍스 자신의 부대는 로마 장교들에게 훈련받고 지휘되었는데, 쉬팍스는 카르타고의 리뷔아 신민 중에 심각한 반란을 선동했으며, 이 때문에 히스파니아와 아프리카의 총독 하스드루발 바르카스가 직접 히스파니아 부대의 핵심 병력을 데리고 아프리카로 건너왔다. 그가 건너옴으로써 그곳에서 일대 반전이 이루어졌다. 오늘날의 콩스탄틴에 해당하는 지역을 통치하던 왕 갈라는 오래전부터 쉬팍스의 경쟁자였는데, 이때 카르타고 지지의 뜻을 밝혔고, 용감한 아들 마시니사는 쉬팍스를 공격하여 강화조약을 강요했다. 그밖에 이 리뷔아 전쟁에 관해서는 일반적으로, 마시니사의 승전 이후 벌어졌던 반란자들에 대한 끔찍한 처벌같은 이야기들이 전해진다.

이베르 강 이남 히스파니아

이러한 아프리카 상황의 전환은 히스파니아 전쟁에 대하여 중요한 의미를 지녔다. 하스드루발은 다시 히스파니아로 향할 수 있었는데(로마 건국 543년, 기원전 211년), 거기서부터 상당한 지원 병력과 마시니사 본인이 그를 따랐다. 적의 사령관이 없는 중에(로마 건국 541~542년, 기원전 213~212년) 카르타고의 영역에서 약탈과 선전전을 계속하던 스키피오 집안은 뜻밖에 훨씬 우위의 군대로부터 공격당한 것을 깨달았고, 이베르 강을 건너 후퇴하거나 히스파니아 인을 모아 군대로 편입시켜야 했다. 그들은 후자를 선택해 켈티베리아 인 2만 명을 용병으로 고용했고, 그 후 하스드루발 바르카스, 기스고의 아들 하스드루발, 그리고 마고가 각각 지휘하던 3개 군단에 적절히 대적하기 위해 군대를 분할했다. 이 부대는 이후 다시는 통합되지 않았다. 그리하여 그들에게 파멸의 길이 준비되고 있었다.

그나이우스가 로마군 전체의 1/3로 편성된 자신의 부대를 이끌고 히스파니아 군 전체와 함께, 하스드루발 바르카스에 대항하여 진지를 설치했을 때, 하스드루발 바르카스는 어려움 없이 일정액의 금전을 써서 히스파니아 병사들이 로마군에서 탈영하도록 만들었다. 이는 용병의 윤리에 따를 때 탈영일 뿐 고용주의 적에게 붙는 이적행위는 아니므로 결코 신뢰 위반으로 볼 수는 없었다. 로마군 총사령관은 가능한 한 서둘러 퇴각해야 했다. 그때 적군이 추격했다. 그러는 사이 푸블리우스 휘하의 두 번째 로마 부대는 기스고의 아들 하스드루발과 마고가 지휘하던 카르타고의 두 부대에게 격렬한 공격을 받았다. 마시니사의 과감한 기병대는 카르타고 군에게 결정적인 승기를 마련해 주었다. 로마 진영은 이미 거의 포위되었는데, 진작 공격 준비를 마친 히스파니아의 지원 부대가 접근한다면 완전히 포위될 형편이었다. 그들의 도착으로 틈이 메워져 완벽하게 포위되기 전에, 정예 병력으로 히스파니아 군에 대적한다는 대리집정관의 과감한 결단은 결과가 좋지 않았다. 처음에는 로마군이 유리했다. 하지만 급히 추격해 온 누미디아의 기병대가 로마군을 덮쳤고, 로마군이 절반의 승전을 마무리할 길은 물론 퇴로마저 막아버렸다. 카르타고 보병이 도착하여 로마 사령관을 쓰러뜨리고, 단순한 패전을 결국 참사로 바뀌어 놓았다.

이렇게 푸블리우스가 전사한 이후, 천천히 후퇴하면서 카르타고 부대 하나를 힘겹게 방어하던 그나이우스가 갑자기 세 부대로부터 동시에 기습 공격을 받았으며 누미디아 기병대에 의하여 퇴로가 완전히 차단되었다. 진지를 설치할 수 없는 민둥산 위로 몰려 로마 군단은 도륙되거나 포로로 잡혔다. 사령관에 관해서는 이후 확실한 정보를 얻을 수 없었다. 그나이우스 측근의 훌륭한 장교 가이우스 마르키우스가 소규모 부대 하나만을 구해 이베르 강 이편으로 인솔했으며, 부사령관 티투스 폰테이우스는 푸블리우스의 병사들 중 진지에 남은 자들을 데리고 그곳으로 건너오는 데 성공했다. 남부 히스파니아에 퍼져 있던 로마 주둔군도 대부분 이베르 강 이편으로 도망할 수 있었다. 이베르 강까지의 히스파니아를 카르타고 군이 방해받지 않고 지배했는데, 도강해 퓌레네 산맥을 열고 이탈리아와 연락할 수 있을 순간이 머지않은 듯했다.

그때 곤경에 빠진 로마 진영은 적당한 이를 지도자로 삼았다. 병사들은 연장자이며 능력 있는 장교들이 있었음에도 가이우스 마르키우스를 군대 지휘관으로 선출했다. 그리고 마르키우스의 능숙한 통솔 때문에—마찬가지로 큰 비중을 차지하는 바—세 명의 카르타고 장군들 사이의 질시와 불화 때문에 카르타고의 장군들은 이때 거둔 중요한 승전의 결실을 거두지 못했다. 카르타고 인이 이베르 강 건너로 보낸 군대들은 격퇴되었고, 로마가 새로운 군대와 사령관을 파견할 때까지 로마군은 잠정적으로 이베르 강을 경계로 시간을 벌 수 있었다. 이는 다행히도 카푸아를 다시 함락함으로써 이탈리아 전쟁의 전기가 마련되었기에 가능했던 것이다. 1만 2,000명으로 편성된 강력한 로마 군단이 대리법무관 가이우스 클라우디우스 네로의 지휘 하에 도착했다. 이로써 다시 무력의 평등이 실현되었다.

이듬해(로마 건국 544년, 기원전 210년)에 있었던 안달루시아 원정은 최고의 성과를 냈다. 이때 포위당한 하스드루발 바르카스는 비열한 기지와 노골적인 신의 위반으로 항복을 겨우 피할 수 있었다. 그런데 네로는 히스파니아 전쟁에 적절한 사령관이 아니었다. 장교로서는 유능했으나 가혹하고 성마른 성격 때문에 인기가 없었다. 그는 오래된 동맹을 재건하거나 새로이 맺는 데 소질이 별로 없었고, 카르타고 군이 스키피오 집안의 전사 이후 먼 히스파니아의 친구와 적을 부당하고 오만하게 대함에 따라 그들 모두가 카르타고의 적이 된 상황을 적절히 이용하지 못했다.

푸블리우스 스키피오

원로원은 히스파니아 전쟁의 의미와 특성을 정확하게 판단하고, 로마 함대에게 잡혀 온 우티카 인들로부터 카르타고 인들이 하스드루발과 마시니사가 이끄는 강력한 군대를 퓌레네 산맥 너머로 보내려고 큰 노력을 기울이고 있다는 것을 알게 되자, 히스파니아로 새로운 지원군과 더 높은 계급의 특별 사령관을 보내기로 결정했다. 그때 원로원은 사령관의 임명을 인민에게 위임하는 것이 좋겠다고 판단했다. 오랜 기간 동안—전해지는 이야기가 그러한데—아무도 이런 복잡하고도 위험한 임무를 떠맡으려는 사람이 나서지 않았다. 마침내 히스파니아에서 전사한 푸블리우스의 아들, 이름이 같은 27세의 젊은 장교, 그때까지 군사대장 및 안찰관직을 거친 푸블리우스 스키피오가 자청하고 나섰다. 로마 원로원이 소집한 민회에서 그토록 중요한 선택을 우연에 맡겼다는 사실도 놀랍지만, 그토록 중요한 직책에 노련하고 검증된 장교 중 누구도 지원하지 않을 만큼 로마에서 야망과 조국애가 시들어 버렸다는 점도 도저히 믿을 수 없는 이상한 일이다. 원로원은 티키누스 호수와 칸나이에서의 치열했던 전투 기간에 탁월한 실력을 보여주었지만, 대리법무관과 대리집정관이 되기 위해 필요했던 자격 요건이 충족되지 않았던, 하지만 재능 있고 검증된 이 젊은 장교에게 주목하고 있었고, 원로원으로서는 인민으로 하여금 유일한 지원자를 자격 부족에도 불구하고 좋게 받아들이도록 만드는 자연스러운 방법을 택했음이, 그와 동시에 청년 장교와 히스파니아 원정에 대해—분명 그 원정은 당시 전혀 인기가 없었다—대중적 인기가 만들어지게 했음이 분명하다. 아무튼 즉흥적으로 이루어졌다는 입후보의 기대 효과는 이러했고, 완전한 성공을 거두었다.

9년 전 티키누스 호수에서 아버지의 목숨을 구하고 이제 아버지의 죽음을 복수하러 원정에 나서겠다는 아들, 긴 고수머리의 남성적 미모를 가진 젊은이는 겸손하게 얼굴을 붉히며 더 나은 자가 없다면 위험한 자리를 자신이 맡겠다며 자원했다. 일개 군사대장이 이렇게 단한 번의 백인대 투표로 최고 정무관직에 올랐다. 이 모든 것은 로마의 시민과 농민에게 놀랍고도 잊히지 않을 인상을 남겼다.

푸블리우스 스키피오는 열정적이면서 타인을 열광시키는 품성을 가지고 있었다. 비록 그가 강철과 같은 의지로 세계가 새로운 궤도로 진입하도록 만들거나 몇 세기 동안 그 궤도를 달리게 만든 소수의 인물 가운데 하나도 아니고, 또는 운명의 수레가 그를 치고 지나갈 때까지 수년 동안은 그 고삐를 쥐었던 인물들에 속하지 않았을지라도 말이다. 푸블리우스 스키피오는 원로원의 위임을 받아 전투를 승리로 이끌고 여러 나라를 정복했다. 로마에서 자신의 군사적 영광에 힘입어 정치가로서도 높은 지위를 차지했다. 하지만 알렉산드로스나 카이사르에 미치기에는 부족했다. 적어도 장교로서 조국에 대하여 마르쿠스 마르켈루스를 능가하는 뛰어난 공을 세운 것도 아니었다. 정치적으로는, 비애국적이고 개인적인 자신의 정치 성향을 충분히 의식하지는 못했기 때문이겠지만, 사령관의 재능으로써 국가에 끼친 이익만큼 상처를 조국에 남겼다. 그럼에도 불구하고 품위를 갖춘 이 영웅에게는 특별한 매력이 있었다. 한편으로 믿음직하게, 한편으로 능숙하게 처신하면서 보여주는 긍정적이며 확신에 찬 열정이 눈부신 후광처럼 충만해 있었다. 그는 사람들의 마음을 뜨겁게 하는 충분한 열정을 갖고 있었으며, 또한 언제나 합리적인 것을 선택하면서도 대중의 의견을 완전히 배제하지는 않는 신중한 판단력을 갖고 있었다. 또 그는 자신이 신적인 영감을 지녔다고 믿는 대중에 동참할 만큼 순진하지도 않았고, 그런 믿음은 헛소문이라고 말할 정도로 솔직하지도 않았다. 물론 신의 특별한 은총을 타고난 사람이라는 확신은 내심 갖고 있었다. 한마디로 민중 위에 있으면서, 그에 못지않게 민중 밖에 있는 진정한 예언자의 품성을 지녔었다. 바위와 같이 굳건한 말과 왕과 같은 정신을 갖춘 사내, 왕이라는 평범한 직함을 받아들임으로써 자신을 욕보일 수 있다는 생각을 품은, 하지만 또 그만큼 공화정이라는 국가 체제에 자신도 구속되어 있음을 이해할 수 없었던 사내였다. 자의식이 너무 강하여 질시와 증오를 전혀 몰랐고, 다른 이의 공적도 어려움 없이 인정했으며, 타인의 실수도 자비심에 쉽게 용서했다. 탁월한 장교이자 세련된 외교관인 그는 두 직업의 부정적인 측면들은 갖지 않았다. 또 희랍적 교양을 완전한 로마의 민족정신에 통합시켰으며, 달변에 우아한 몸가짐으로 병사와 여자들의, 동포와 히스파니아 인의, 원로원 내 경쟁자들과 히스파니아의 심각한 적들의 마음을 동시에 빼앗았다. 그의 이름은 곧 모든 이의 입에 회자되었고, 국가에 승리와 평화를 가져다주는 운명을 타고난 별이 되었다.

스키피오의 히스파니아 원정

푸블리우스 스키피오는 로마 건국 544/545년(기원전 210년/209년)에 히스파니아로 출발했는데, 수적 우위의 강력한 군단과 완벽하게 준비된 함대를 대동했다. 네로를 대신하여 대리법무관 마르쿠스 실라누스가 젊은 총사령관을 동행하며 협력과 조언을 보태었고, 또 스키피오와 친분이 두터웠던 가이우스 라일리우스도 동행하며 원정군 함대를 맡았다. 스키피오의 공격은 역사상 상당히 과감하고 성공적인 기습 작전의 하나였다. 세 명의 카르타고 사령관 중 하스드루발 바르카스는 타구스 강의 발원지에, 기스고의 아들 하스드루발은 타구스 강의 하구에, 마고는 헤라클레스 기둥 근처에 주둔하고 있었다. 카르타고 인의 거점 도시 신카르타고까지는, 이들 중 제일 가까운 사람이 약 10일 행군 거리만큼 떨어져 있었다. 로마 건국 545년(기원전 209년) 이른 봄, 적군이 아직 움직이지 않고 있던 때에 스키피오는 신카르타고를 기습 공격했다. 그는 이베르 강의 하구로부터 며칠 만에 해안을 따라 그곳에 도착했으며, 3만 명에 이르는 모든 병사와 전함을 투입하여 1,000명이 채 안 되는 병력이 지키던 도시를 기습적으로 수륙에서 협공했다. 항구로 돌출된 곳에 위치한 도시는 삼면에서 로마 함대의 공격을 받았으며, 나머지 한 면에서는 로마 군단의 공격을 받았지만 아군으로부터는 어떤 도움도 받을 수 없었다. 도시 사령관 마고는 결연하게 도시를 지켰으며 성벽을 방어하기에 병력이 부족하자 시민을 무장시켰다. 휴전 제안이 있었지만 로마 인은 이를 단호하게 거절했으며, 일반적인 공성전을 전개하지 않고 육지 쪽에서 돌격 작전을 시작했다. 돌격 부대는 좁은 도로를 뚫고 도시를 맹렬하게 공격했다. 지친 선두를 대신할 새로운 대열을 계속해서 바꾸어 투입했다. 가뜩이나 약세의 수비군은 극도로 지쳐버렸지만 그렇다고 로마군이 돌파에 성공한 것도 아니었다. 스키피오가 돌파 공격의 성공을 기대한 것은 아니었다. 돌격 부대는 항구 쪽 수비병을 육지로 돌리기 위한 기만책이었으며, 항구의 일부가 썰물 시간대에 바닥을 드러낸다는 것을 알고 있던 스키피오는 항구 쪽에서의 공격을 준비하던 것이다. 육지 쪽에서 돌격 부대가 맹위를 떨치는 동안, 스키피오는 병력 일부를 '넵투누스가 그들에게 길을 내주면서' 드러난 모래톱을 통해 투입했으며 이들은 운 좋게 아무도 지키지 않는 성벽을 실제로 발견했다. 그렇게 전투의 첫 날 도시가 함락되었으며, 도시 요새를 지키던 마고는 무조건 항복했다.

카르타고 인의 거점 도시가 함락되면서 무장 해제된 18척의 전함과 63척의 수송선, 전쟁 물자 전체, 상당량의 군량, 600탈렌툼(약 100만 탈러)의 전쟁 자금, 1만 명의 전쟁 포로(이 가운데 18명의 카르타고 원로회의 의원들 혹은 기사 계급이 포함되어 있었다), 그리고 카르타고의 히스파니아 동맹국들에서 끌려와 있던 인질이 모두 로마의 수중에 들어갔다. 스키피오는 공동체들이 개별적으로 로마와 동맹을 맺는다면 인질을 고향으로 돌려보내겠다고 약속했다. 그리고 도시에서 획득한 물자들은 로마군을 증강하고 군사력을 개선하는 데 사용했다. 또한 2,000명에 달하는 신카르타고의 수공업자에게 로마 군대를 위해 일한다면 종전 이후 자유를 부여하겠다고 약속했으며, 여타 민중 가운데 가능한 자들을 선발하여 노군으로 전함에 배치했다. 하지만 도시의 시민권자들에게는 시혜하여 자유와 당시 지위를 보장해 주었다. 스키피오는 페니키아 인을 이해하고 있었고 그들이 복종하게 될 것도 알았다. 당시 이베리아 반도의 동해안에서 유일하게 최적의 항구와 풍부한 은광을 가진 도시를, 물리력 이외의 것들을 통해 확보하는 것이 무엇보다 중요했다.

이렇게 스키피오의 작전은 성공을 거두었다. 하지만 무모했던 것이, 당시 스키피오도 잘 알고 있던바, 하스드루발 바르카스는 정부로부터 갈리아로 진군하라는 명령을 받고 이를 수행하기 위해 바삐 움직이고 있었기 때문이며, 또한 스키피오의 귀환이 지체된다면 이베르 강에 남았던 군대로는 카르타고 공세를 제대로 막아낼 수 없었기 때문이다. 하지만 스키피오는 하스드루발이 이베르 강에 나타나기 전에 타라코로 돌아왔다. 젊은 사령관이 기습 공격을 위해 긴급한 임무를 방기한 채 뛰어들었던 위험한 장난은, 스키피오와 넵투누스 신이 합작하여 거둔 전설적 성공 덕분에 가려졌다. 기적에 가까운 페니키아 인의 주요 도시 함락은 비범한 청년에게 걸었던 기대 전체를 정당화했거니와 다른 말은 있을 수 없었다. 스키피오에게 무기한의 군 통수권이 주어졌다. 그리고 그는 퓌레네 협곡을 지키는 하찮은 임무에 구애받지 않겠다고 결정했다. 신카르타고의 함락 이후 이베르 강 이북의 히스파니아는 완전히 로마에 복속되었으며, 이베르 강 이남의 강력한 왕국들은 카르타고와의 피호 관계를 버리고 로마와 피호 관계를 맺었다.

안달루시아 공략

스키피오는 로마 건국 545/546년(기원전 209/208년) 겨울, 해군을 해체하고 여기서 확보된 병력을 지상군 증원에 투입했다. 그리하여 이베리아 반도 북부에 대한 경계를 강화하는 한편, 남부에 대하여 지금까지보다 강력한 공세를 취할 수 있게 되었다. 로마 건국 546년(기원전 208년) 스키피오는 안달루시아로 진군한다. 여기서 하스드루발 바르카스와 조우했다. 하스드루발은 형에게 도움이 되기 위해, 오래 끌어오던 계획을 실행하려고 북쪽으로 진군하고 있었다. 바이쿨라에서 전투가 벌어졌고 로마는 여기서 승리를 거두었으며 1만 명의 포로를 잡았다. 하지만 하스드루발 측에서 보면 군대의 일부를 희생시켰을 뿐 본래 의도했던 목적은 성취되었다. 그는 전쟁 자금을 갖고, 코끼리 부대 및 최정예 부대와 함께 히스파니아 북부 해안에 이르렀으며, 대서양 해안을 따라 아직 누구도 차지하지 않은 듯한 퓌레네 서쪽 협곡을 통과하여 계절이 불순해지기 전에 갈리아에 도착했고 겨울 숙영지를 마련했다.

자신의 방어 임무를 공격과 연결시키려 했던 스키피오의 결정은 미숙하고 어리석은 것이 분명했다. 아버지 스피키오와 백부는 물론 가이우스 마르키우스와 가이우스 네로마저 더구나 훨씬 부족한 자원으로도 완수해낼 수 있었던 히스파니아 군단의 방어 임무는, 강력한 군대를 이끌고 있던 의기양양한 사령관의 성에 차지 않았던 것이다. 한니발이 로마에 대한 양면 공격을 마침내 실행으로 옮기면서 로마 건국 547년(기원전 207년) 로마가 겪은 절체절명의 위기는 근본적으로

스키피오의 이런 오판 때문이었다. 하지만 신들은 사랑하는 사내의 잘못을 승리의 월계관으로 가려주었다. 이탈리아에서 위기의 순간은 무사히 지나갔다. 이중적 의미의 바이쿨라 승전 소식에 로마는 기뻐했으며 히스파니아에서 새로운 승전보가 전해지면서, 아주 유능한 군사령관이 이끄는 히스파니아–카르타고의 핵심 전력과 이탈리아에서 치른 전투를 더 이상 기억하지 않았다.

히스파니아 점령

하스드루발 바르카스가 멀리 떨어지게 되면서, 히스파니아에 잔류하던 두 사령관은 잠정적으로 퇴각하기로 결정했다. 기스고의 아들 하스드루발은 루시타니아로 퇴각했고 마고는 발레아레스 군도까지 물러섰다. 또한 그들은 아프리카에서 새로운 병력이 보강될 때까지, 무티네스가 시킬리아에서 큰 성과를 얻을 때 그랬던 것처럼 마시니사의 경무장 기병대만 히스파니아에 남겨두고 히스파니아를 휩쓸도록 결정했다. 이로써 히스파니아 동해안 전체가 로마의 무력 앞에 굴복하게 되었다. 이듬해(로마 건국 547년, 기원전 207년) 실제로 아프리카에서 한노가 군대를 인솔해왔고, 마고와 하스드루발도 다시 안달루시아로 진군했다. 마르쿠스 실라누스 홀로 마고와 한노의 합동군을 물리치고 한노를 포로로 잡았다. 하스드루발은 이에 들판에서의 전투를 포기하고 병력을 나누어 안달루시아 도시들로 분산시켰다(이 도시들 가운데 스피키오는 같은 해에 오린기스 하나만 되찾는다). 카르타고 인은 이제 정복된 듯했다. 하지만 다음 해(로마 건국 548년, 기원전 206년)에 이르러 그들은 강력한 군대를 다시 전장으로 파견했다. 코끼리 32마리와 기병 4,000명과 보병 7만 명으로 구성된 부대의 대부분은 물론 히스파니아에서 급조된 병력으로 채워져 있었다. 바이쿨라에서 전투가 또 벌어졌다. 로마의 병력은 카르타고 병력의 절반에도 못 미쳤고 개중 상당수는 히스파니아 인이었다. 스키피오는 먼 훗날 비슷한 경우에 웰링턴이 그랬듯, 히스파니아 병력이 전투에 참가하지 못하도록 그들을 배치했다. 이것이 이탈을 막는 유일한 방법이었던바, 대신 그는 로마 병력을 히스파니아 병력보다 앞에 배치했다. 그날의 대가는 혹독했지만 로마 인이 마침내 승리했고 당연히 카르타고 군대는 하스드루발과 마고가 각각 가데스로 탈출한 것에서 보여주듯 완패하여 붕괴된 것이나 다름없었다.

이제 이베리아 반도에서 로마 인에 상대할 자는 없었다. 자발적으로 로마에 합류하지 않았던 소수의 도시 중 일부는 강압적으로 굴복되었으며 일부는 가혹하고 잔인한 처벌을 받았다. 스키피오는 이제 아프리카 해안까지 쉬팍스 왕을 찾아가, 아프리카 원정의 문제를 놓고 쉬팍스 왕과, 더 나아가 마시니사 왕과도 자리할 수 있게 되었다. 아프리카 원정은 어떤 목적으로도 정당화될 수 없는 아주 무모한 작전이었지만, 적어도 이런 소식은 궁금해하던 수도 로마의 사람들을 즐겁게 했을 것이다. 마고가 지배했던 가데스만 페니키아에 남아 있었다. 카르타고 통치가 종식되고 로마에서 온 손님들도 떠나면 예전과 같이 자유를 누리게 되리라는 희망이 도처로 확산되던 차에, 로마인이 카르타고의 유산을 물려받음으로써 헛된 희망으로 드러났고, 전체 히스파니아에서 이제까지 로마의 동맹이었던 도시들이 앞장서 로마에 대해 봉기를 일으킬 것 같은 순간이 잠시 있었다. 로마군의 총사령관이 와병 중이고, 오랫동안 체납된 급료 때문에 군단의 일부가 반란을 일으킨 시점이었기 때문에 전국적인 봉기의 호기였다. 하지만 스키피오는 사람들이 생각한 것보다 빨리 회복되어 군대 반란을 능숙하게 막아냈다. 이어 민족적 봉기에 앞장선 공동체도 즉시 봉기의 기반이 다져지기 전에 진압했다.

가데스 함락

가데스는 물론 아무것도 유지할 수 없는 상황에 이르자, 카르타고 정부는 마고에게 군대든 군자금이든 닥치는 대로 전함에 모아 가능한 한 빨리 이탈리아 전쟁의 새로운 전기를 마련할 것을 명령했다. 스키피오는 이를 막을 수 없었는바, 그가 자신의 전투 함대를 해체한 일이 그런 불행을 초래했던 것이다. 카르타고의 침입 재개에 맞서 로마 방어의 의무를 또다시 스키피오가 맡게 되었지만 그는 신들에게 의지해야만 했다. 하밀카르의 막내아들들은 아무런 방해도 없이 이베리아 반도를 출발했다. 이후 가데스도, 그러니까 히스파니아에서 가장 오래된 마지막 남은 페니키아 근거지도 유리한 조건 하에서 새 주인에게 항복했다. 히스파니아는 13년 전쟁을 거쳐 카르타고의 속주에서 로마의 속주로 바뀌었다. 히스파니아에서는 패배를 거듭해도 결코 굴복하지 않는 봉기 세력이 향후 수백 년간 로마에 대항하여 전쟁을 이어가겠지만, 그 순간만큼은 누구도 로마에 대항하지 않았다. 표면적인 평화가 시작되는 시점에 스키피오는 군 통수권을 반납하고, 자신의 공적과 새로 획득한 영토를 로마에서 직접 보고할 기회를 포착했다(로마 건국 548년, 기원전 206년 말).

이탈리아 전쟁

시킬리아에서 마르켈루스가, 희랍에서는 푸블리우스 술키피우스가, 히스파니아에서는 스키피오가 전쟁을 종식시키는 동안 이탈리아 반도에서도 거센 전투가 끊이지 않았다. 칸나이 전투 이후, 칸나이 전투의 손익이 점차 잊혀가던 때인 로마 건국 540년(기원전 214년) 초, 전쟁 5년째에 이르러 로마 인과 카르타고 인의 대치 상황은 이러했다.

군대의 주둔 상황

로마 인은 한니발 철수 이후 북부 이탈리아를 다시 점령하여 3개 군단을 동원하여 이 지역을 방어했다. 2개 군단은 켈트 지역에 배치하고 나머지 군단은 피케눔에 예비 병력으로 두었다. 가르가누스 산괴와 볼투르누스 강에 이르는 남부 이탈리아는, 요새와 항구 대부분을 제외하고 한니발이 장악하고 있었다. 한니발은 주력 부대를 아르피에 두었다. 아풀리아에 주둔한 한니발에 맞서 티베리우스 그락쿠스가 4

개 군단과 함께 루케리아와 베네벤툼의 요새에 주둔하고 있었다. 한니발이 지역 주민을 무력으로 완벽하게 굴복시켰으며, 카르타고 인이 그곳 항구도 모두(메사나의 로마 인들이 지키고 있던 레기온을 제외하고) 차지해 버린 브루티움 지역에는 한노가 지휘하는 두 번째 카르타고 부대가 주둔해 있었고, 일단 이들과 대치 중인 로마군은 없었다.

4개 군단으로 구성된 로마의 주력 부대는 두 집정관 퀸투스 파비우스와 마르쿠스 마르켈루스의 지휘 하에 카푸아 탈환 작전을 이제 막 전개하고 있었다. 나아가 수도에 두 예비 군단이 배치되었고, 모든 항구에는 수비대가 배치되었고, 특히 타렌툼과 브룬디시움에는 마케도니아 군대의 상륙을 막고자 1개 군단이 보강되었다. 마지막으로 대적할 해군력이 없는 상태에서 바다를 지배할 강력한 전투 함대가 준비되었다. 여기에 시킬리아, 사르디니아, 히스파니아에 주둔 중인 로마 군단까지 더하면 로마 군대의 총규모는 (남부 이탈리아로 이주한 시민들이 거기에 구축한 요새를 수비하기 위해 소집한 병력은 제외하더라도) 최소 20만 명은 되었을 것이다. 그중 1/3은 그해에 징집된 신병이었고 절반가량은 로마 시민이었다. 17세에서 46세까지 복무할 수 있는 모든 남자는 무장을 했고, 전쟁 중이었지만 경작할 수 있었던 농토는 노예와 노인과 부녀자가 맡았다.

이런 상황에서 재정이 아주 열악해지는 것은 당연한 일이었다. 주요 과세 항목인 토지세 수입은 매우 불규칙하게 들어왔다. 하지만 병력 및 재정의 결핍에도 불구하고 로마 인은 쉽게 빼앗겼던 것을, 온갖 고생 끝에 가까스로라도 탈환할 수는 있었다. 페니키아 병력이 줄어드는 반면, 로마 병력은 매년 증가하고 있었다. 또 남부 이탈리아의 로마 요새처럼 자력으로 버티지도 못하고 한니발이 모자라는 병력 때문에 지켜주지도 못하던 이탈리아 연맹, 그러니까 캄파니아, 아풀리아, 삼니움, 브루티움에 맞서 로마는 매년 조금씩 영토를 수복하고 있었다. 또 마지막으로 로마는 마르쿠스 마르켈루스가 정립한 전투 방식에 따라, 장교의 역량을 개발하고 월등한 로마 보병의 능력을 충분히 활용할 수 있었다. 한니발은 여전히 승리를 기대할 수 있었지만, 더 이상 트라시메누스 호수나 아우피두스 강에서와 같은 승리는 아니었다. 시민 장군의 시대는 끝났던 것이다. 한니발은 필립포스가 오래전에 약속한 상륙 시까지 혹은 형제들이 히스파니아에서 풍부한 도움의 손길을 뻗칠 때까지 기다리는 수밖에 없었고, 그때까지 군대와 피호민이 가능한 한 피해를 입지 않도록, 또 사기를 잃지 않도록 지키는 것이 그가 할 수 있는 유일한 것이었다. 그렇게 시작된 끈질긴 방어전 속에서도, 한니발처럼 격렬하고 대담하게 공격전을 전개한 장군은 역사상 없다. 동일인이 상반된 성격의 소명 두 가지를 공히 완벽하게 수행했다는 것은 심리학적으로나 군사학적으로나 매우 놀라운 일이다.

남부 이탈리아의 충돌

무엇보다 전쟁은 캄파니아에서 치러졌다. 한니발은 주요 거점 도시를 방어하기 위한 적기에 모습을 전장에 나타냈고, 도시 봉쇄를 저지했다. 하지만 그는 로마가 점령한 캄파니아 도시들 중 어느 곳도 강력한 로마 수비군으로부터 빼앗을 수 없었고, 볼투르누스 강을 건너 회군하기 위해 중요했던 카실리눔조차도 두 집정관의 완강한 방어에 부딪혀 점령할 수 없었다. 덜 중요한 도시 몇 곳을 빼앗았을 뿐이다. 또 마케도니아 군대가 안전하게 상륙할 곳으로 눈여긴 타렌툼을 점령하려 했던 한니발의 시도가 수포로 돌아갔다. 그 사이 한노가 이끌던 브루티움 주둔 카르타고 부대는 루카니아에서 아풀리아 주둔 로마군과 여러 차례 격돌했다. 티베리우스 그락쿠스는 여기서 전과를 올렸다. 그는 베네벤툼과 멀지 않은 곳에서 거둔 승전을 기념하여, 군역을 강요당한 노예 군단이 세운 두드러진 전공을 치하하여 인민의 이름으로 그들에게 자유와 시민권을 수여했다.

로마군의 아르피 수복

다음 해(로마 건국 541년, 기원전 213년) 로마군은 풍요롭고 중요한 아르피를 수복했다. 도시민은 로마 병사들이 도시에 잠입하자, 로마군과 공동 전선을 구축하여 카르타고 주둔군에 대항했다. 한니발 군사동맹의 연대는 대체로 느슨해졌다. 주요 카푸아 인 상당수, 브레티움 도시 대다수가 로마에게 넘어갔다. 심지어 카르타고 군대의 히스파니아 부대는 히스파니아에서 온 전령으로부터 고향의 상황을 알게 되자 카르타고 군을 이탈해 로마군으로 들어갔다.

한니발의 타렌툼 함락

로마 건국 542년(기원전 212년)은 새로운 정치적·군사적 실책들 때문에 로마군에게 좋지 않은 해였다. 한니발은 그것들을 여지없이 이용했다. 한니발이 대희랍의 도시들과 맺고 있던 기존의 연합은 큰 역할을 하지 못했다. 다만 로마에 있던 타렌툼과 투리이 인질들은 자국의 사절들과 합심하여 탈출을 감행했으나 곧 로마군에게 다시 잡혔는데, 로마군의 어리석은 복수심은 한니발이 단순한 음모 이상을 꾀하도록 만들었다. 탈출하려던 모든 인질을 처형한 것은 로마 인의 귀중한 담보를 포기한 것이었고, 분노한 희랍인들은 그때부터 한니발에게 성문을 어떻게 열까 생각했다. 실제로 타렌툼은 시민의 협력과 로마 사령관의 방심 때문에 카르타고 군에게 점령되었다. 로마 주둔군은 요새에서 가까스로 버틸 수 있었다. 타렌툼의 선례를 헤라클레이아, 투리이, 메타폰티온도 따랐다. 메타폰티온의 로마 주둔군은 타렌툼의 아크로폴리스에 갇힌 로마군을 구하기 위해 도시를 떠났다. 이와 동시에 마케도니아 군의 상륙이 가져올 위험이 임박함에 따라 로마는 그간 거의 소홀히 했던 희랍 전쟁에 다시금 주목하고 힘쓸 필요가 있겠다고 생각했다. 그 일은 운이 좋게도 쉬라쿠사이를 접수하고 히스파니아 전쟁의 상황이 유리했기에 가능했다.

카푸아 주변의 전투

주된 전장인 캄파니아의 전투는 승패가 오락가락하고 있었다. 카푸아 근처에 진을 친 로마 군단은 도시를 포위했다고 할 수 없었지만, 인구가 밀집된 카푸아에서 토지 경작과 과실 수확이 제대로 이루어지지 않았고, 급기야 외부의 물자 공급이 시급해졌다. 그리하여 한니발은 상당한 곡물 수송대를 조직하여 캄파니아 인에게 베네벤툼에서 수령하도록 지시했다. 그러나 그들은 이에 태만하게 응했고, 로마 집정관들 퀸투스 플라쿠스와 아피우스 클라우디우스는 수송대를 엄호하던 한노를 공격하여 심각한 손실을 입히며 한노의 진지와 수송 곡물 전부를 빼앗을 수 있었다. 이어서 두 집정관이 도시를 포위했는데, 티베리우스 그락쿠스는 포위망을 뚫고 도시로 들어가기 위해 다가오는 한니발을 막고자 아피우스 대로에 자리를 잡고 있었다. 그러나 용맹스러운 사령관은 미심쩍은 어떤 루카니아 인의 수치스러운 간계로 쓰러졌고, 대체로 그의 해방 노예들로 이루어져 있던 군대가 지휘관이 죽자 뿔뿔이 흩어짐에 따라, 그 죽음은 곧 부대 전체의 궤멸을 의미하게 되었다. 그리하여 한니발이 카푸아로 가는 길을 확보해 기습적으로 등장하니 두 집정관은 이제 막 둘러싸기 시작했던 포위 공격을 풀지 않을 수 없었다. 로마 기병대는 한니발의 도착 전에 이미, 한노와 보스타르의 지휘 하에 카푸아에 주둔하고 있던 페니키아 기병대와, 못지않게 훌륭한 캄파니아 기병대에게 완전히 격파되었다. 졸지에 하급 장교에서 사령관까지 진급한 마르쿠스 켄테니우스 휘하의 정규 부대들과 그 밖의 루카니아 비정규 부대들이 궤멸한 것, 또 부주의하고 오만한 법무관 그나이우스 풀비우스 플라쿠스가 아풀리아에서 당한 완패는 이 해에 발생한 일련의 사건들에 정점을 찍었다.

그러나 로마군은 끈질기게 버팀으로써 적어도 결정적인 시점에 한니발의 조기 승리를 좌절시킬 수 있었다. 한니발이 아풀리아로 가기 위해 카푸아를 떠나자마자, 로마군은 다시 카푸아 주위로 모였다. 푸테올리와 볼투르눔에는 아피우스 클라우디우스가, 카실리눔에는 퀸투스 풀비우스가, 놀라를 관통하는 도로에는 법무관 가이우스 클라우디우스 네로가 각각의 주둔지를 마련했다. 주둔지들을 서로 연결하는 강력한 봉쇄선 안으로는 전혀 접근할 수 없었다. 식량이 불충분했던 대도시는, 포위가 계속되고 외부 지원이 포위망을 뚫지 않는다면 이내 항복할 수밖에 없음을 느꼈다. 로마 건국 542/543년(기원전 212/211년) 겨울이 끝나자 식량도 거의 동났다. 철저한 감시가 이어지던 로마 봉쇄선을 간신히 돌파할 수 있던 긴급 사절단은 당시 타렌툼에서 요새를 포위하던 한니발에게 신속한 지원을 요청했다. 그러자 한니발은 코끼리 33마리와 정예 부대를 이끌고 타렌툼에서 출발하여 캄파니아로 강행군했다. 칼라티아의 로마군 진지들을 점령하고, 카르타고 진지를 카푸아 바로 옆 티파나 산기슭에 구축했다. 그러면 지난해처럼 로마 사령관들이 포위를 풀리라고 확신했던 것이다. 그러나 진지와 봉쇄선을 요새처럼 강화할 시간적 여유가 있던 로마군은 꿈쩍하지 않고 눌러 앉은 채로 성벽에서, 캄파니아 기병대와 누미디아 기병대가 봉쇄선을 향해 양쪽에서 돌진해오는 것을 지켜볼 뿐이었다. 한니발은 봉쇄선 돌파 공격을 진지하게 수행할 생각을 하지 못했다. 그의 진격으로 곧 다른 로마 부대들이 캄파니아로 모여들 것이라고 예측했기 때문이고, 또 로마군보다는 일찍이 조직적인 약탈로 황폐화된 땅에서 군량 조달이 어려워 버티기 힘든 판이었기 때문이다. 이에 맞서 할 수 있는 것은 아무것도 없었다.

한니발이 로마로 진군하다

한니발은 중요한 도시를 구하기 위해, 창의적으로 착안해낸 마지막 위기 탈출 작전을 감행했다. 즉 자신의 계획을 캄파니아 인들에게 알리며 끝까지 버티도록 격려한 후, 해위(解圍)군을 이끌고 카푸아에서 출발하여 로마로 이어진 도로로 들어섰다. 그는 이탈리아 전쟁 초기에 보인 것과 같은 능숙함과 과감함으로 상대적으로 약체인 부대를 이끌고 적군과 요새들 사이를 뚫었으며, 삼니움을 통과하고 발레리우스 대로를 따라 북상하여 티부르 강을 건넜고, 아니오 강까지 전진하여 다리를 건너 맞은편 강둑에 진지를 설치했다. 수도 로마에서 7.4킬로미터 정도 떨어진 곳이었다. 당시 로마 인이 느낀 공포는 대대로 이어져 손자의 손자들도 '성문 앞 한니발' 이야기에 공포를 느낄 정도였다. 하지만 실질적 위험은 없었다. 도시 부근의 시골 농가 및 농지들을 적이 황폐화시켰다. 적들을 향해 출정한 수도 로마의 두 군단은 한니발의 로마 성곽 포위를 막아냈다.

스키피오가 신카르타고에서 감행한 것과 같은 기습 공격으로 로마를 초토화시킬 생각은 한니발에게 전혀 없었고, 로마에 대한 진지한 포위 공격은 더더욱 없었다. 그의 유일한 희망은 로마에 대한 자신의 위협만으로 로마 포위군의 일부가 포위를 풀고 카푸아에서 로마로 행군하도록 계기를 만드는 것이었다. 그리하여 그는 잠시 머문 후 다시 출발했다. 그가 퇴각했을 때 로마 인은, 전조와 현현으로써 사악한 인간을 물리쳤으니 이는 기적을 행하는 신의 은총이라고 생각했다. 사실 로마 군단은 그를 퇴각시킬 힘이 부족했다. 이를 믿던 사람들은 나중에, 한니발이 로마와 가장 근접한 지점, 그러니까 카페나 성문에서 아피우스 대로를 따라 두 번째 이정표가 있던 지점에 '적을 되돌려 보내는 수호신 *Rediculus Tutanus*'을 위한 제단을 세우기까지 했다. 하지만 실제로 한니발이 철수한 까닭은 애초의 작전 계획에 따른 것이었으며, 그는 이어 카푸아를 향해 진군했다. 하지만 로마 사령관들은 적장이 예상했던 실수를 저지르지 않았는바, 로마 군단은 카푸아 전선에서 조금도 움직이지 않았던 것이다. 한니발이 로마로 향했다는 소식이 전해지자 소규모 병력만 움직였다. 한니발은 이를 알았을 때 갑자기 방향을 바꾸어, 로마에서부터 경솔하게도 그를 계속 따라오던 푸블리우스 갈바를 공격했다. 그간 교전을 피하던 한니발이 공격하여 그의 군영을 쓸어버렸다.

카푸아의 무조건 항복

하지만 이것은 작은 보상에 지나지 않았다. 이제 카푸아의 함락은 피할 도리가 없게 되었다. 이미 카푸아 시민은, 특히 귀족들은 오랫동안 미래를 불안해 하고 있었다. 원로원과 시정부는 거의 전적으로, 로마에 대한 성향이 적대적인 민중파 지도층에 의해 통제됐다. 지위고하를 막론하고 카푸아 인과 카르타고 인들에게 절망감이 만연했다. 카푸아의 원로 28명은 자결했다. 나머지 사람들은 무관용의 잔혹한 적에게 분별을 기대하며 도시를 넘겼다. 피의 재판이 이어진 것은 당연했다. 쟁점은 소송 절차를 간단히 처리하는지 서서히 진행하는지에 국한되어 있었는바, 국가 반역자를 카푸아 이외의 지역까지 확대하여 색출하는 것이 현명하고 적절한지, 아니면 사건을 신속히 마무리해야 마땅한지의 문제였다. 아피우스 클라우디우스와 로마 원로원은 전자를 원했지만, 다소 인간적인 후자가 지배적이었다. 카푸아 장교 및 관리 53명이 대리집정관 퀸투스 플라쿠스의 명령에 따라 칼레스와 테아눔의 광장에서 태형을 당한 후 참수되었다. 나머지 원로들은 투옥되고 시민 상당수가 노예로 팔렸으며 부유층 재산은 몰수되었다. 유사한 재판이 아텔라와 칼라티아에서도 진행되었다. 벌은 가혹했다. 하지만 카푸아 반란의 심각성을 고려하면, 그리고 바람직하지는 않아도 당시의 일반적인 전쟁 관례를 고려하면, 납득이 되는 수준이었다. 반란 때 카푸아에서 로마 시민이 살해된 일 때문에 로마 시민이 함락 직후 그런 판결을 내린 것은 아닐까? 하지만 로마가 이 기회를 빌미로, 캄파니아 주정부를 철폐함으로써 이탈리아의 두 대도시 간에 오래도록 팽팽히 내재되어 있던 경쟁심을 충족시키고, 시기와 질투의 대상이던 경쟁자를 정치적으로 완전히 와해한 일은 온당하지 않았다.

로마 인의 우세

카푸아 함락의 여파는 굉장했다. 무엇보다 그것이 단순한 기습 공격의 성과가 아니라 갖은 노력으로써, 농성전을 2년간 전개한 한니발을 물리친 성과이므로 더욱 굉장했다. 6년 전 한니발의 카푸아 함락이 이탈리아에서 로마의 세력이 상실됨을 알리는 신호였듯, 이 사건은 로마의 세력이 부활함을 알리는 신호가 되었다. 한니발은 이 소식이 연맹 도시에 미칠 영향을 줄이고자 레기온이나 타렌툼 요새를 함락시키려 했으나 헛수고였다. 레기온을 겁주기 위한 기습 공격은 아무런 성과가 없었다. 타렌툼 요새는 타렌툼-카르타고 함대가 항구를 봉쇄시킨 이래 물자 부족이 심각했지만, 로마 해군이 더욱 강력한 함대를 투입하여 타렌툼-카르타고 함대의 보강을 막은 데다 한니발의 점령 지역이 군대를 먹이기에 충분하지 않았기 때문에, 바다 쪽에서 타렌툼 요새를 포위 공격하는 이들이나 요새 쪽에서 방어하는 이들이나 물자가 모자라긴 마찬가지였으므로 끝내 항구를 버리고 철수했다. 더 이상 어떤 성과도 없었다. 행운 자체가 카르타고 장군을 비켜가는 듯 했다.

  카푸아 함락의 결과, 이탈리아 연맹 도시들이 그간 한니발에게 보내던 신뢰와 존경을 거두고 손상되는 체면에도 아랑곳없이 비굴한 조건으로 로마 연방에 재가입하려는 공동체의 이탈이 한니발로서는 직접적인 피해보다 더욱 쓰라렸다. 한니발이 가진 선택권은 흔들리는 그 도시들부터 재차 군사 점령하는 것이었다. 이 경우 가뜩이나 약해진 군대를 더욱 소진시키고 신뢰하던 병사들을 소규모 단위로 분열해 반란의 희생물로 만들 여지마저 있었다. 로마 건국 544년(기원전 210년) 살라피아 점령 당시 그는 누미디아 정예 기병 500명을 그렇게 잃었다. 다른 선택권은 못 미더운 도시들을 약탈하고 불태워 아예 적의 수중으로 들어가지 않도록 막는 것이었지만 이탈리아 동맹자들의 사기를 꺾을 우려가 있었다.

카푸아 함락으로 로마 인은 마침내 이탈리아 전쟁이 종식되었다고 확신했다. 그들은 상당 규모의 전력을 히스파니아로 파견하여, 스키피오 집안의 두 장군이 전사하면서 위기에 처한 로마 군대를 보강했다. 그리고 개전된 이래 최초로 병력 축소를 승인했는바, 그때까지 매년 징병의 어려움에도 불구하고 증원을 거듭하여 마지막에는 23개의 군단을 보유했던 것이다. 따라서 이듬해(로마 건국 544년, 기원전 210년) 로마는 이탈리아 전쟁을 어느 때보다 수월하게 수행했다. 물론 시킬리아 전투를 끝낸 후 주력군의 명령권을 다시 넘겨받은 마르쿠스 마르켈루스가 내륙에서 요새 탈환 전투를 전개하며 카르타고 인과 승패를 결정짓지 못하고 있었지만 말이다. 타렌툼 요새를 두고 벌인 전투에서도 승패를 결정하지 못했다. 아풀리아에서 한니발은 대리집정관 그나이우스 풀비우스 켄투말루스를 헤르도네아이에서 제압하는 데 성공했다. 이듬해(로마 건국 545년, 기원전 209년) 로마 인은 한니발에게 넘어갔던 도시들 중 두 번째로 큰 도시 타렌툼을 되찾는 데 이르렀다. 마르쿠스 마르켈루스는 특유의 은근과 끈기로 한니발을 상대했던 이틀간의 전투에서 첫 날 패퇴했으나, 다음 날 수많은 희생을 치르면서 간신히 승리했다. 그 사이 집정관 퀸투스 풀비우스는 이미 흔들리던 루카니아 인과 히르피니 인들에게 입장을 바꾸어 카르타고 점령군을 로마에 넘기라고 설득했다. 한니발이 적에게 설득된 레기온 수색대 때문에 궁지에 몰린 브루티움을 도우러 급히 출발해야 했을 때, 노장 퀸투스 파비우스(이때가 그의 다섯 번째 집정관직이었다)는 타렌툼을 되찾으라는 명령에 따라 근처 메사피아 지역으로 이동했고, 타렌툼 점령군 중 브루티움 군대가 반란을 일으켜 타렌툼을 그에게 인계했다. 점령군이나 시민을 발견하는 족족 죽였고 집들을 파괴했다. 타렌툼인 3만 명이 노예로 팔려갔으며 3,000탈렌툼(500만 탈러)이 로마 국고로 압류되었다. 이것이 80세 노장의 마지막 교전이었다. 한니발은 모든 상황이 종료되었을 때 도착해 다시 메타폰티온으로 돌아갔다.

한니발의 수세

따라서 한니발이 가장 중요한 정복 성과들을 희생시키고, 점차 이탈리아 반도의 남서 지역에 갇히게 되었음을 깨달을 즈음, 이듬해(로마 건국 546년, 기원전 208년) 집정관으로 지명된 마르쿠스 마르켈루스는 유능한 동료 티투스 퀸크티우스 크리스피누스와 협력해 결정적인 공격을 감행함으로써 종전하려는 희망을 품었다. 노장은 60세의 나이를 아무렇지 않게 여겼다. 한니발을 물리치고 이탈리아를 해방한다는 한 가지 생각에만 몰두했다. 하지만 운명은 다음 세대 장군을 위해 승리의 월계관을 유보해 두었다. 대수롭지 않던 정찰 도중 베누시아 인근에서 두 집정관은 아프리카 기병대의 공격을 받았다. 마르켈루스는 40년 전 하밀카르와 맞붙던 때처럼, 14년 전 클라스티디움에서 싸웠던 때처럼 중과부적을 버티다 끝내 낙마해 전사했다. 크리스피누스는 전장을 벗어났으나 전투에서 입은 부상 때문에 곧 사망했다(로마 건국 546년, 기원전 208년).

전쟁의 압박

전쟁 11년째가 되었다. 몇 년 전까지만 해도 국가 존립을 위협하던 위험은 사라진 듯했다. 하지만 로마 인은 끝없는 전쟁에 해마다 가중되는 부담을 느꼈다. 공공 재정은 말할 수 없을 정도로 파탄 지경이었다. 칸나이 전투(로마 건국 538년, 기원전 216년) 이후 저명한 사람들로 구성된 3인 재무위원회(*tres viri mensarii*)가 설립되었다. 목적은 이 난세에 공적 자금을 지속적이고 신중하게 관리 감독하기 위해서였다. 재무위원회는 최선을 다했지만, 어떤 재정 조치도 실효를 거두지 못하는 상황이었다. 전쟁 초기 로마 인은 동전 크기를 줄였으며, 은화의 교환율은 종전보다 1/3이상 높였고, 금화는 금 자체의 가치를 상회했다. 곧 이것으로도 충분하지 않았다. 공급업자들에게 외상으로 거래하고, 이들의 필요성 때문에 이들의 비리를 묵인할 수밖에 없었다. 물론 그들의 과도한 횡령을 참다못해 조영관들이 민회에 고발하여 극악무도한 일부를 본보기로 삼으려는 일까지 발생했다. 또 사람들은 재산가의 애국심에도 호소했으며, 물론 이들도 상대적으로 고통을 적잖이 겪었지만 호소에 응했다. 재산 등급이 높은 계급 출신의 병사들은 물론 하급 장교 및 기사 계급 전체는 자발적으로든 군인 정신에 의해

서든 봉급 수령을 포기했다. 공동체에 의해 베네벤툼 전투의 공적으로 해방된 노예들의 원소유자들은, 보상금을 지불하겠다는 3인 재무위원회에게 보상금을 종전까지 위원회에 맡기겠다고 회신했다(로마건국 540년, 기원전 214년). 국민 축제 거행과 공공건물 보수를 위한 국고가 고갈되자, 이 업무를 주관하던 단체들은 하던 일을 잠정적으로 보수를 받지 않은 채 계속하겠다고 선언했다(로마 건국 540년, 기원전 214년). 제1차 카르타고 전쟁 때처럼 부유층이 자발적으로 모은 기금으로 전함과 선원을 준비했다(로마 건국 544년, 기원전 210년).

이런 후원금이 전부 소진되기에 이르렀으며, 타렌툼을 정복한 해에는 오랫동안 아끼던 최후의 비상금(114만 4,000탈러)에까지 손대야만 했다. 하지만 그럼에도 불구하고 가장 필수적인 비용조차 지불할 능력이 되지 못했다. 특히 먼 지역에 나가있는 병사들에게 급여를 중단하는 상황은 우려스러울 정도였다. 더구나 재정 압박이 국가의 가장 큰 물질적 위기는 아니었다. 도처의 전답을 휴경지로 놀린다는 것이 문제였다. 전쟁 피해를 입지 않은 곳조차 일손이 부족했다. 곡물 1메딤노스(약 52리터)의 가치는 도시 평균의 3배인 15데나리온(3과 1/3탈러)까지 치솟았다. 이집트에서 곡물이 공급되지 않았다면, 그리고 무엇보다도 시킬리아에서 재개된 풍요로운 농업(제3권 214쪽)이 심각한 위기를 막지 않았다면, 많은 수가 아사했을 것이다. 이런 상황이 소농층을 어떻게 붕괴시키고 힘겹게 저장된 비축물을 어떻게 탕진하며, 번성하던 마을을 거지와 도둑의 소굴로 어떻게 바꾸는지를, 더욱 상세한 것까지도 잘 알려진 유사한 전황을 통해 알 수 있다.

동맹들

이런 물질적 위기보다 걱정스러운 것은, 재산과 고혈을 빨아먹는 전쟁에 대한 연방 도시들의 반감이 점차 고조되었다는 점이다. 비(非)라티움 공동체의 반감은 큰 문제가 아니었다. 라티움 공동체가 로마를 지지하는 한, 비라티움 공동체는 별 도리 없음을 전쟁 자체가 입증하고 있었던 것이다. 많든 적든 비라티움 공동체가 거부감을 가질 수 있었지만, 이제 라티움 공동체도 동요하기 시작했다. 마침내 에트루리아, 라티움, 마르시 지역, 북부 캄파니아 등 전쟁 피해를 직접적으로 입었던 라티움 공동체 대부분이 로마 건국 545년(기원전 209년)에 앞으로 병력 지원은 물론 납세도 않을 것이며 로마 인의 이해관계가 걸린 전쟁이니 만치 로마 인이 알아서 치르라고 로마 원로원에 선언하는 일이 벌어졌다. 로마는 굉장히 당황했다. 하지만 그 순간 거부 의사를 밝힌 공동체를 제압할 수단마저 없었다.

다행히 모든 라티움 공동체의 행동이 그렇지는 않았다. 이와 반대로 켈트 지역과 피케눔 지역과 남부 이탈리아 지역의 식민지들이, 애국심이 투철한 강력한 프레겔라이의 주도 아래, 더욱 긴밀하고 충실하게 로마를 지지할 것이라고 선언했다. 이들 공동체는, 현 전쟁에서 자신들이 수도보다 훨씬 위험하다는 것을, 로마만 아니라 이탈리아에서의 라티움 주도권을 위한 전쟁이라는 것을, 실로 이탈리아 민족을 위한 독립 전쟁이라는 것을 정확히 알고 있었다. 또한 앞서 공동체의 부분 이탈은 반란이 아니라, 그들의 근시안적 태도와 고갈된 여력을 나타내는 것이었다. 그렇다고 해서 그들이 페니키아와 동맹한 것도 아닌바, 이에 대한 거부감이 강했다. 로마 인과 라티움 인 사이에 불화는 계속되었지만, 지역 복속민에 대한 응징에 소홀하지는 않았다. 아레티움에서 곧 심상치 않은 움직임이 있었다. 한니발과 관련하여 조직된 에트루리아 인의 음모가 발각되고 너무나 위험한 상황이었기에 로마 군단이 출동했다. 군과 경찰력은 어려움 없이 소요를 진압했다. 하지만 이것은, 라티움의 성채가 더 이상은 두려움의 대상이 못될 때 지역에서 벌어질 법한 일을 적나라하게 보여준 사례였다.

하스드루발의 접근

이토록 어렵고 긴장된 상황에 갑작스러운 소식이 전해졌다. 하스드루발이 로마 건국 546년(기원전 208년) 가을 퓌레네 산맥을 넘었고, 내년에는 이탈리아에서 하밀카르의 두 아들과 전쟁을 치르게 될 것이라는 소식이었다. 한니발이 진영에 눌러앉아 긴 세월을 버틴 것이 헛되지 않았다. 고향의 당파적 반대와 필립포스의 좁은 소견으로 거부된 것을 마침내 동생이 가지고 왔던 것이다. 하스드루발도 한니발처럼 아버지 하밀카르의 정신을 이어받았다. 앞서 페니키아 금으로 모집된 리구리아 인 8,000명은 기꺼이 하스드루발과 연합했다. 첫 전투에서 승리한다면 하스드루발은 형처럼 켈트족을, 그리고 에트루리아 인도 대로마 항전에 참여시킬 수 있으리라 기대한 것 같다. 이탈리아 인은 11년 전과 달랐다. 국가와 개인들의 힘이 소진된 상태였고, 라티움 동맹은 느슨해졌으며, 뛰어난 군사령관도 전장에서 한니발을 제압하지 못하고 있었다. 실로 스키피오는 저지른 과오의 결과들이 자신과 조국을 비켜갔을 때, 수호신의 은혜에 감사했을 수 있다.

새로운 무장: 하스드루발과 한니발의 진군

극한의 위기 상황인 양 로마는 다시금 23개 군단을 소집했다. 지원자들을 무장시켰을 뿐만 아니라, 법적으로 병역에서 면제된 자들까지 징집 대상으로 삼았다. 하지만 뜻밖의 사건이었다. 적군은 물론 우군의 예상보다 빠르게 하스드루발이 알프스 산맥을 넘은 것이다(로마 건국 547년, 기원전 207년). 이제 그런 통과에 익숙해진 갈리아 인들은 돈을 받고 고갯길을 열고 군대가 필요로 하는 물품도 주었다. 로마에서 알프스 고갯길의 출구를 봉쇄하려 했지만 이번에도 늦었다. 로마군은 하스드루발이 이미 파두스 강변에 도달한 것, 예전 자신의 형이 성공했듯 갈리아 인을 병사로 모집한 것, 또 플라켄티아를 포위한 것 등을 알게 되었다. 집정관 마르쿠스 리비우스는 신속히 북부 군단으로 갔다. 적시에 그곳에 등장했다. 에트루리아 인들과 움브리아 인들이 들끓고 있었고, 개중 카르타고 군에 지원한 자들은 그 카르타고의 군사력을 보강했기 때문이다.

　동료 집정관 가이우스 네로는 베누시아의 법무관 가이우스 호스틸리우스 투불루스를 불러, 4만 명의 부대를 이끌고 한니발의 북행을 막기 위해 함께 길을 서둘렀다. 한니발은 브루티움의 모든 병력을 취합하여 레기온에서 아풀리아 방향의 대로를 타고 전진하다가 그루멘

톰에서 집정관과 조우했다. 처절한 전투가 벌어졌다. 네로는 자기가 이겼다고 선언했다. 하지만 한니발은, 손실은 있었지만, 자신에게 익숙한 우회 행군으로 적에게서 벗어나 방해 받지 않고 아풀리아에 이를 수 있었다. 그는 여기에서 머물렀고 처음에는 베누시아에, 다음에는 카누시움에 진을 쳤다. 추격해온 네로는 그 두 곳에서 마주보고 진영을 꾸렸다. 한니발이 자의로 머물며 전진하지 않은 것이지 로마군의 방해 때문이 아니라는 점은 분명하다. 그가 북쪽으로 더 가지 않고 바로 여기에 진지를 설치한 이유는 한니발과 하스드루발의 협의 때문이거나 하스드루발의 행군 경로에 대한 한니발의 추정 때문일 것이다. 그런데 여기서 양측 군대가 적극적으로 행동하지 않고 대치하는 동안, 한니발 진영이 학수고대하던 하스드루발의 급전(急傳)이 네로의 전초기지에 걸려 적에게 넘어갔고, 이 전갈을 통해 하스드루발이 플라미니우스 대로를 따라 움직이고 있음이 밝혀졌다. 우선 해안선을 따라 남하하다가 파눔에서 아펜니노 산맥을 넘어 나르니아로 이동하여 한니발을 만나려 했던 것이다. 네로는 두 카르타고 부대의 합류 지점으로 선택된 나르니아로 수도의 예비 부대를 즉시 파견했다. 카푸아 주둔군이 수도로 이동해 수도에서 새로운 예비 부대로 편성되었다. 동생의 의도를 모르는 한니발이 아풀리아에서 계속 기다릴 것이라 확신하며 네로는 소수 정예의 병력 7,000명을 이끌고 북쪽으로 신속히 행군하여 가능하다면 동료 집정관과 함께 하스드루발을 공격한다는 대담한 작전을 세웠다. 계획은 그럴싸했다. 그가 남겨둔 로마 군단의 현 수준 역시 한니발의 공격에 버틸 수 있고 또는 한니발을 뒤따라 이동해도 결전의 장소에 동시에 도착할 수 있을 만큼 강했기 때문이다.

메타우로스 강 전투: 하스드루발의 죽음

네로는 적을 기다리는 동료 마르쿠스 리비우스를 세나 갈리카에서 만났다. 두 집정관은 하스드루발을 향해 즉시 나아갔다. 마침 그는 메타우로스 강을 건너고 있었다. 하스드루발은 전투를 피하려 했고 우회하여 로마군으로부터 벗어나려 했다. 그러나 안내자들 때문에 곤경에 빠졌다. 그는 낯선 지형에서 길을 잃어 행군 중에 로마 기병대의 공격을 받았다. 그곳에서 상당히 오래 지체하다가, 뒤늦게 당도한 로마 보병과 불가피하게 교전했다. 하스드루발은 히스파니아 병사들을 우익에 배치하고 그 앞에 코끼리 10마리를, 갈리아 병사들은 자신이 포기한 좌익에 배치했다. 우익에서 일진일퇴를 거듭하는 전투였는데, 이때 명령권자인 집정관 리비우스는 처음에 심한 수세에 내몰렸다. 그때 네로가 자신의 전략을 전술적으로 구사하여, 움직이지 않고 버티는 적을 그대로 둔 채, 로마 군단을 우회하여 히스파니아 부대의 측면을 기습함으로써 전세를 역전시켰다. 처절한 전투는 유혈이 낭자한 승리로 끝났다. 후퇴하지 않은 카르타고 군대는 전멸했고 진영이 무참히 짓밟혔다. 하스드루발은 자신이 지휘한 전투가 패배한 데 대해 아버지처럼 기병으로서 명예로운 죽음을 택했다. 장교로서도 사내로서도 한니발의 형제다웠다.

한니발: 브루티움으로 퇴각

전투 다음 날 네로는 다시 행군하여 자리를 비운 지 열나흘이 되기도 전에 돌아와, 아풀리아로부터 어떠한 소식도 받지 못하여 움직이지 않던 한니발과 마주섰다. 전갈은 오히려 로마 집정관이 가지고 왔다. 집정관은 적의 전초기지에 한니발 형제의 머리를 던지게 했다. 전쟁을 조롱하던 천하무적의 한니발에게 파울루스, 그락쿠스, 마르켈루스의 명예스러운 죽음을 그렇게 시신들로 복수했다. 한니발은 헛된 희망이었음을, 모든 것이 끝났음을 알았다. 아풀리아와 루카니아를, 메타폰티온까지 포기하고 브루티움 지역으로 퇴각했다. 브루티움 지역의 항구들이 유일한 퇴각 수단이었기 때문이다. 사령관들의 분투와 전례 없는 행운 덕에 로마는 위험에서 벗어났다. 한니발이 이탈리아에 체류함으로써 끈질기게 이어지던 위험이, 칸나이 전투 이후와 맞먹던 심각한 위험이 제거된 것이다. 로마는 환호했다. 업무가 재개되고, 모든 이는 전쟁 위험이 사라졌다고 느꼈다.

소강상태의 이탈리아 전쟁

완전히 끝장을 내는 것에 로마 인은 그다지 조급해 하지 않았다. 국가와 시민 모두 과도한 도덕적·물질적 긴장으로 기진맥진한 상태였다. 사람들은 그저 안위를 즐겼다. 육군과 함대는 감축되었다. 로마와 라티움의 농부들은 황폐화된 집 마당으로 다시 돌아왔다. 국고는 캄파니아 영토의 일부를 매각하여 채워졌다. 국가행정이 재정비되고 만연한 무질서는 제거되었다. 자발적으로 모였던 전쟁 기금을 환급하기 시작했고, 라티움 공동체의 체불에 대해서는 높은 이자를 적용해 그간의 의무를 속행하라고 압박했다.

이탈리아 전쟁은 소강상태로 접어들었다. 한니발이 그때부터 4년간 브루티움 지역에서 여전히 주도권을 잡고 훨씬 우위의 로마라는 적에 대항하여 요새를 지켰으며 이탈리아에서 추방되지도 않았다는 사실은 그의 전략적 재능과 로마 사령관들의 무능을 여실히 증명했다. 물론 그가 점차 수세에 몰리기는 했다. 로마군과 벌였던 소모적인 전투들 때문이라기보다 브루티움 동맹들이 갈수록 까다롭게 굴어, 결국 그는 자신의 군대가 주둔하고 있던 도시들에만 의존할 수밖에 없었기 때문이다. 그리하여 투리이를 자발적으로 포기했다. 로크리는 레기온에 주둔해 있던 푸블리우스 스키피오의 도모에 의해 다시 수복되었다(로마 건국 549년, 기원전 205년).

한니발의 계획은 한때 무시하던 카르타고 정부에 의해 결국 그 정당성을 인정받기에 이르렀는바, 카르타고 정부는 이제 로마군의 상륙에 대한 공포 때문에 먼저 나서서 계획을 다시 수용했던 것이다(로마 건국 548과 549년, 기원전 206과 205년). 그리하여 카르타고 정부는 리뷔아 농장과 카르타고 점포를 소유하던 사람들의 불안을 잠시나마 가라앉히기 위해, 이탈리아 전쟁을 재개하라는 명령과 함께 지원 병력과 보강 재원을 이탈리아의 한니발과 히스파니아의 마고에게 보냈다. 또한 필립포스로 하여금 동맹을 갱신하고 이탈리아에 상륙하도록 설득하기 위한 사절단을 마케도니아로 보냈다(로마 건국 549년, 기원전 205

년). 그러나 너무 늦었다. 필립포스는 겨우 몇 달 전 로마와 강화조약을 맺었던 것이다. 카르타고의 정치적 멸망이 필립포스 자신에게 편하지는 않았지만, 그래도 공공연히 로마에 대적하는 일은 하지 않았다. 로마 인의 설명에 따르면 필립포스가 사비로 편성한 작은 마케도니아 부대만 아프리카에 갔다. 하지만 이어진 상황들로 보건대 이에 대한 명확한 증거들이 없었던 것 같다. 마케도니아의 이탈리아 상륙은 전혀 고려되지 않았다.

마고의 이탈리아 상륙

하밀카르의 막내아들 마고는 자신의 임무를 진지하게 받아들였다. 처음에 미노르카로 인솔했던 히스파니아 군대의 잔여 병력을 데리고 로마 건국 549년(기원전 205년) 게누아에 상륙하여 도시를 파괴하고, 늘 그렇듯 황금과 모험에 이끌려 몰려드는 리구리아 인과 갈리아 인에게 무기를 들라고 선동했다. 심지어 에트루리아 전역에서 교섭했는바, 당시 이 지역에는 정치적 재판이 끊이지 않았다. 하지만 그가 데리고 온 병력은 이탈리아 본토에 대하여 본격적인 작전을 펼치기에 너무 적었으며, 마찬가지로 한니발도 약해져 남부 이탈리아에서 그의 영향력은 승승장구하던 때에 미치지 못했다. 카르타고 지도층은 조국을 구하는 것이 가능할 때는 원치 않았다가, 더 이상은 불가능한 시점에 이르러서야 원했던 것이다.

스키피오의 아프리카 원정

로마에 대한 카르타고의 전쟁은 마무리되었지만, 이제 카르타고에 대한 로마의 전쟁을 시작해야 한다는 데 의문을 제기할 자가 로마 원로원에 없었을 것이다. 불가피한 일이었음에도 사람들은 아프리카 원정을 기피하고 있었다. 이를 위해서는 무엇보다 유능하고 인기 있는 장군이 필요한데 당시 그런 사람이 없었기 때문이다. 탁월한 군사령관들은 전사했거나, 전혀 새롭고 오래 걸릴 전쟁을 감당하기엔 퀸투스 파비우스와 퀸투스 풀비우스처럼 나이가 너무 많았다. 세나 전투의 승리자 가이우스 네로와 마르쿠스 리비우스가 이런 임무에 제격이었겠으나 둘 다 굉장할 정도로 인기가 없는 귀족이었다. 그래서 이들에게 명령권을 부여하면 그 결과가 과연 성공적일지 모두 걱정했다. 능력만으로 선택받았던 것은 그것이 불안의 시대였기 때문이었다. 걱정도 걱정이지만 이들이 과연 민중에게 새로운 열정을 일으킬 만한 인물이냐는 것이 문제였다. 그때 히스파니아에서 푸블리우스 스키피오가 돌아왔다. 대중적 인기를 누리던 이 인물은 인민이 부여한 임무를 매우 성공적으로 완수했으며 혹은 완수한 것으로 보였다. 그는 이듬해(로마 건국 549년, 기원전 205년) 집정관으로 선출되었고, 히스파니아에서 구상한 아프리카 원정을 이제 실행하리라 결심하며 집정관직을 시작했다.

하지만 원로원의 신중파는 체계적인 준비를 주장하며 아프리카 원정은 한니발이 이탈리아에 남아있는 한 불가능하다 여겼고 원로원 대다수도 젊은 군사령관에게 호의적이기만 하지는 않았다. 그의 희랍적 세련미와 최신의 교양과 사상을 완고하고 고루하기까지 한 원로원 의원들은 곱지 않게 보았으며, 그가 히스파니아에서 보여준 전쟁 및 병사 훈련 방식에까지 의구심을 버리지 않았다. 스키피오가 막하 장교들에게 지나치게 관용적이라는 소문이 낭설이 아니었음을 보여주는 사건이 발생했다. 그것은 가이우스 플레미니우스가 로크리에서 저지른 추행 사건이었는바, 매우 불쾌하게도 스키피오의 감독이 나태해서 이 사건에 간접적인 원인을 제공한 꼴이 되었던 것이다. 또 원로원에서 아프리카 원정 준비 및 총사령관 임명 건을 다룰 때 새 집정관은 사견에 관습과 국헌이 상충될 때마다 거리낌 없이 무시하고 극단적인 경우 정부 의견보다 자신의 명성과 대중적 인기를 위해 처신하리라는 인상을 각인시켰기에 원로원 의원들은 그를 기피했으며, 깊이 걱정했다. 과연 그런 최고 사령관이 목전의 최후 전쟁과 카르타고와의 휴전 협정에서 의무를 제대로 수행할지 우려했으며, 이런 우려는 그의 독단적인 히스파니아 원정 때문에 쉽게 가라앉지 않았다.

하지만 양측은 문제를 지나치게 확대하지 않을 만큼 자신들이 충분히 신중한 존재임을 보여주었다. 원로원도 아프리카 원정이 필연적이며 지연시키기만 하는 것은 현명하지 않다는 점을 모르지 않았다. 또한 스키피오가 장군으로서 능력이 탁월해 이런 전쟁을 이끄는 데 최적의 인물이며, 그가 원한다면 인민에게 요구하여 명령권 시한을 필요한 만큼 연장할 수 있으며 인민으로 하여금 마지막까지 전력투구하여 싸우게 만들 사람임을 모르지 않았다. 원로원 대다수는, 스키피오가 최고 정무관으로서의 예의를 형식적으로나마 갖추고 원로원의 사전 결의에 따르겠노라 말하게 한 후, 그가 제출한 요구안을 받아들이기로 결정했다. 스키피오는 그해 당장 시킬리아로 출발하여, 전함을 건조하고 원정 물자를 확보하며 원정 병력을 모집해야 했고 이듬해 아프리카에 상륙해야 했다. 그에게는 시킬리아에 주둔하고 있던 두 개 군단(칸나이 전투의 잔여 병력으로 구성된 군단)이 주어졌는데, 섬 전체를 지키는 데는 적은 병력과 전함만으로도 충분했기 때문이다. 그밖에 의용군을 모집할 수 있는 권한이 주어졌다. 사실 원로원은 아프리카 원정을 조직했다기보다 조직하도록 허락만 한 것 같다. 스키피오는 지난날 레굴루스에게 주어졌던 자원의 절반도 확보하지 못했고, 지난 몇 년간 원로원이 의도적으로 축소한 정도의 병력만 갖게 되었다. 원로원 대다수가 생각하기에 아프리카 군단은 열등한 병사와 의용군으로 구성된 가망 없는 부대로서 이들을 잃는다 해도 원로원은 아쉬울 것 없는 그런 병력이었다.

스키피오가 아닌 다른 사람이었다면 아프리카 원정에 다른 방법을 강구하거나 아예 감행해서는 안 된다고 말했을 것이다. 하지만 스키피오는 간곡히 바라던 명령권을 확보할 수 있다면 어떤 조건이든 받아들일 자신이 있었다. 다만 그는 인민에게 직접적인 피해가 돌아가지 않도록 가능한 한 세심하게 주의를 기울였는바, 원정에 대한 지지를 잃지 않기 위해서였다. 원정 비용의 상당 부분은 함선의 건조 비용이었는데 일부는 에트루리아 도시들의 자발적 성금으로 마련되었고 (사실 이것은 아레티움 등 친카르타고 성향의 도시들에 징벌 차원에서 부과된 전쟁세였다), 일부는 시킬리아 도시들이 부담했다. 함선들이 40일 만에 출항 준비를 마쳤다. 이탈리아 각처에서 7,000명에 이르는 의용군이 지도자의 인솔 하에 모여들었다. 스키피오는 로마 건국 550년(기원전 204년) 이른 봄, 고참 병사들로 구성된 강력한 두 개 군단(약 3만 명), 전함 40척과 수송선 400척을 이끌고 아프리카로 출발하여, 우티카 근처의 '아름다운 곳*to Kalon*'에 상륙했다. 어떤 저항도 없었다.

아프리카의 대비

카르타고 인들은, 지난 몇 년 동안 로마군이 아프리카 해안에 상륙하여 저지른 약탈 행위에 이어 본격적으로 공격하리라고 벌써 오랫동안 예상하고 있었다. 이를 저지하기 위해 이탈리아-마케도니아 전쟁이 재개되도록 움직였을 뿐만 아니라 아프리카에서 로마를 맞을 대비책을 준비하고 있었다. 서로 경쟁자 관계였던 베르베르족의 두 왕, 키르타(오늘날의 콩스탕틴)의 마시니사(마쉴리족의 수장)와 시가(오랑 서쪽, 타프나 강 하구)의 쉬팍스(마사이쉴리족의 수장)가 있었는데, 이들 중 훨씬 강력했으며 이제까지 친로마적 성향이었던 후자를 조약과 정략 결혼을 통해 카르타고로 돌려놓았다. 쉬팍스의 숙적이자 카르타고의 오랜 동맹자였던 마시니사는 버려졌다. 그는 쉬팍스와 카르타고 연합군을 맞아 패퇴했으며 영토를 내줄 수밖에 없었다. 소수의 기병대만 이끌고 사막으로 물러났다. 쉬팍스가 제공할 지원병 외에 카르타고 군대는 2만 명의 보병과 6,000명의 기병과 140마리의 코끼리 부대(당시 한노가 수도 방어를 위한 코끼리를 포획하러 파견되었다)로 구성되어 수도 방어 준비를 마쳤으며, 히스파니아에서 입증된 하스드루발(기스고의 아들)이 지휘를 맡았다. 항구에는 강력한 전함들이 준비되어 있었다.

이어 소파테르가 이끄는 마케도니아 보병, 일군의 켈티베리아 용병 등이 참전할 예정이었다.

스키피오의 해군 진영

스키피오가 상륙했다는 소문을 듣자 마시니사는 즉시 스키피오의 진영에 달려갔다. 마시니사는 얼마 전 히스파니아에서 스키피오를 상대했다. 하지만 영토를 잃은 군주는 자신의 유능함 이외에 로마 인에게 제공할 만한 것이 없었다. 리뷔아 인은 징병과 세금으로 지쳐 있었지만, 과거 유사한 경우의 쓰라린 경험 때문에 로마 지지를 바로 선언하지는 못했다. 이렇게 스키피오의 원정이 시작되었다. 스키피오는 상대적으로 열세인 카르타고 군대를 상대하면서 늘 우세를 유지했으며, 성공적인 기병대 전투 후 우티카를 포위 공격하러 진군했다. 하지만 알려진 바에 따르면 5만 명의 보병과 1만 명의 기병과 함께 쉬팍스가 도착하자, 포위 공격을 중단하고 방어가 용이한 우티카와 카르타고 사이의 곶에 요새화된 해군 진영을 구축해야 했다. 여기서 스키피오 장군은 로마 건국 550/551년(기원전 204/203년) 겨울을 보냈다. 봄이 되었을 때 그는 운 좋게 한 번의 공격으로 상당히 불편한 위치에서 벗어나게 되었다.

카르타고 진영에 대한 기습 공격

아프리카 인들이 스키피오가 진심보다는 속임수로 제안한 강화 협상에 만족했던 날 밤, 두 진영이 공격을 당했다. 누미디아 인의 갈대 막사가 불길에 휩싸였고 카르타고 인이 도우러 갔을 때 카르타고 진영도 동일한 운명을 맞았다. 도망자들은 무방비 상태에서 로마 군단에 학살되었다. 이 야간 기습은 다른 전투들보다 치명적이었다. 그럼에도 카르타고 인은 용기를 잃지 않았고, 상황을 파악한 자들이 마고와 한니발을 부르자고 제안했을 때 이를 겁쟁이의 조언으로 여겨 거부했다. 바로 그때 켈티베리아와 마케도니아 지원군이 도착했다. 카르타고 인들은 우티카로부터 5일 행군 거리에 있는 '대평원'에서 전투를 벌이기로 결정했다. 스키피오도 이를 즉시 받아들였고 그의 노병과 의용군들은 한데 모여 있던 카르타고와 누미디아 군대를 가볍게 흩어 버렸다. 한편 켈티베리아 인은 스키피오에게 일말의 동정도 기대할 수 없음을 알고 더욱 강력히 저항하다 전멸되었다. 아프리카 인은 두 번을 연패한 후에는 육상에서 전투를 계속할 수 없었다. 카르타고 전함이 로마 해군 진영에 시도했던 공격의 결과가 그리 나쁘지 않았지만 그렇다고 결정타를 날린 것은 아니었다. 하지만 이때 로마는 쉬팍스를 포로로 잡음으로써 보상을 받았는데, 이것은 스키피오에게 전례없는 행운이 되었다. 그리고 쉬팍스가 개전 초기 카르타고 인에게서 맡았던 역할을 이후 마시니사가 로마 인을 위해 맡게 되었다.

강화협정

이러한 패전 이후, 지난 16년 동안 침묵해야 했던 카르타고의 화친파는 다시 고개를 들었으며, 바르카스 정권과 애국당파들에 공공연하게 반기를 들었다. 이들은 기스고의 아들 하스드루발을, 그가 자리를 비운 사이, 사형 판결을 내리고 축출했으며, 다른 한편 스키피오에게 휴전과 강화를 요구했다. 스키피오는 히스파니아 소유지와 지중해 도서를 양도할 것, 쉬팍스의 영토를 마시니사에게 이양할 것, 20척을 제외한 모든 전함을 인도할 것, 그리고 전쟁배상금 4,000탈렌툼(약 700만 탈러)을 지불할 것을 요구했다. 하지만 이런 조건은 카르타고에게 전례 없이 유리해 보였기에, 스키피오 자신의 이익에 비춘 제안인지 로마의 이익에 기초한 제안인지 그들로서는 당장 의문이었다. 카르타고의 전권 대사는 당국의 인준을 조건으로 강화 조건을 수용했으며, 이 문제와 관련하여 카르타고 특사가 로마로 출발했다. 하지만 카르타고 애국 당파는 전쟁을 그리 쉽게 포기하려 들지 않았다. 명예로운 행동에 대한 믿음, 위대한 사령관에 대한 신뢰, 로마가 보여준 전례 등은 애국 당파로 하여금 제 입장을 고수하도록 부추겼다. 더욱이 강화가 이루어지면 화친파가 국정을 좌우함에 따라 애국 당파는 몰락할 수밖에 없음은 두말할 것도 없었다. 시민에게는 애국 당파가 우세했다. 마침내 강화 교섭에 반대 의사를 밝히도록, 그사이 결정적인 최후 노력을 다해보자고 사람들은 결정했다.

마고와 한니발에게도 서둘러 아프리카로 귀환하라는 명령이 내려졌다. 마고는 지난 3년 동안(로마 건국 549~551년, 기원전 205~203년)

북부 이탈리아에서 반(反)로마 동맹을 결성하려 했지만, 그 시점에 인수브레스족의 영토(밀라노 근처)에서 훨씬 우세한 두 개의 로마군에게 패배했다. 로마 기병은 후퇴하고 보병이 수세로 몰려, 승리는 카르타고의 편을 드는 듯했다. 바로 그때 적의 코끼리 부대를 향해 로마 병사 한 무리가 대담하게 공격했고, 존경받는 명장 마고의 중상으로 전세가 갑자기 역전되었다. 결국 페니키아 군대는 리구리아 해안으로 퇴각했다. 여기서 마고는 명령을 받아 귀환을 결정했다. 귀환 도중 부상이 악화되어 죽었다.

한니발의 아프리카 귀환

필립포스와의 마지막 협상이 한니발에게, 리뷔아로 돌아가는 것보다 이탈리아에 주둔하는 것이 조국에 이익이라는 희망을 새로 주지만 않았어도, 그는 귀환 명령에 앞서 스스로 귀향했을 것이다. 마지막 시점에 주둔했던 크로톤에서 한니발은 귀환 명령을 받고 주저 없이 따랐다. 한니발은 타던 말을 죽이는 한편 바다 건너 따라가기를 거부하는 이탈리아 출신 병사들도 그렇게 다룬 후, 크로톤의 정박지에 오랫동안 대기하던 수송선에 올랐다. 로마 인들은 안도의 숨을 쉬었다. 그도 그럴 것이 누구도 감히 몰아내지 못하던 맹수 리뷔아 사자가 제 발로 이탈리아를 떠났기 때문이다. 이를 계기로 로마 장군들 중 유일한 생존자로서 난세를 명예롭게 견뎌낸 90세의 퀸투스 파비우스에게 원로원과 시민들은 사초관(莎草冠)을 주었다. 사초관은 로마 관습에 따르면 구원받은 군대가 자신들을 이끈 장군에게 주던 것으로 공동체의 이름으로 수여하는, 로마 시민에게 주어질 수 있는 최고의 영예였는바, 이렇게 마지막 훈장을 받은 노장은 같은 해에 세상을 떠났다(로마 건국 551년, 기원전 203년).

한니발은 정전 협정의 보호와 무관하게, 다만 그의 신속한 행보와 행운 덕분에 무사히 렙티스로 떠날 수 있었다. 마지막 남은 하밀카르의 '사자 혈통'이 36년이나 떠나 있던 고향 땅을 밟았다. 이젠 완전히 허사가 돼버렸지만 당시 위대한 인생 여정을 시작하기 위해 아직 소년이었을 때 서쪽을 향해 떠났던 고향으로, 카르타고 해를 한 바퀴 돌며 길고긴 승리의 여정을 마치고 돌아왔다. 피하기를 원했고 피해왔던 일이 현실로 다가온 지금, 그는 가능한 한 구하며 돕고 싶었다. 그리고 불평도 원망도 없이 이를 실행했다.

전투 재개

한니발이 도착하자 애국 당파는 공공연하게 자신들을 드러냈다. 하스드루발에 대한 불명예스러운 판결은 무효화되었다. 노련한 한니발은 누미디아 족장들과 새로운 교섭을 시작했고, 사실상 체결된 강화협정에 대해 평민회를 통해 비준을 거부했을 뿐만 아니라, 아프리카 해안에 정박한 로마 수송선들을 약탈함으로써, 심지어 로마 사절단을 태운 로마 전함을 공격함으로써 정전협정을 무력화시켰다. 당연히 격분한 스키피오는 튀니스 진영에서 출발하여(로마 건국 552년, 기원전 202

년) 바가라다스(오늘날의 메트 샤르다)의 비옥한 계곡을 통과했다. 그러면서 그는 촌락의 투항을 더 이상 받아들이지 않고 농장 및 도시 거주민들을 잡아 노예로 팔아버렸다. 스키피오는 벌써 내륙 깊이 침공하여 나라가라 부근(시카 동쪽, 오늘날 튀니스와 알제리 국경의 엘 케프)에 있었다. 그때 스키피오를 상대하기 위해 하드루멘툼에서 출발한 한니발은 스키피오와 만났다. 사적인 회합에서 카르타고 장군은 로마 장군에게서 더 좋은 조건을 얻으려 했다. 하지만 스키피오는 이미 양보할 만큼 양보한 상태라 정전협정 위반을 눈감아 줄 수 없었다. 한니발의 이런 행보에는 애국 당파가 강화에 무조건 반대하는 것이 아님을 많은 사람에게 보이려는 의도만 있었던 것 같다. 따라서 회담은 성과 없이 끝났다.

자마 전투

자마(시카에서 멀지 않은 곳)[1]에서 결전이 벌어지게 되었다. 한니발은 보병을 3개 전열로 배치했다. 제1진은 카르타고 용병이, 제2진은 아프리카와 카르타고 시민군이, 제3진은 이탈리아에서부터 따라온 고참병들이 포진했다. 전열 앞에는 코끼리 80마리가 있었다. 전열 양 날개에 기병대가 위치했다. 이와 마찬가지로 스키피오도 로마 군단의

---

[1] 자마라는 지명을 가진 두 장소 중에 더 서쪽, 그러니까 하드루멘툼 서쪽 89킬로미터 떨어진 지점일 것이다(*Hermes* 20, 1885, S. 144, 318). 시점은 로마 건국 552년(기원전 202년) 봄이거나 여름이다. 소위 일식을 근거로 10월 19일로 단정하는 것은 무의미하다.

자마 전투(기원전 202년)

1단계

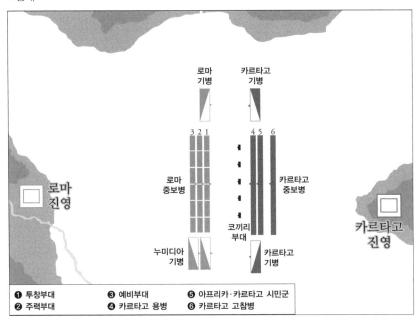

2단계

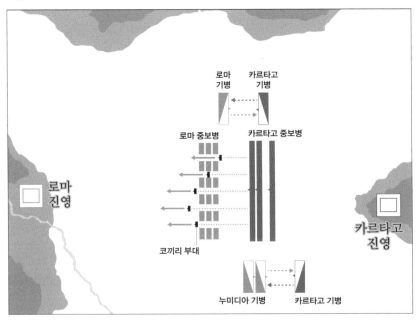

3단계

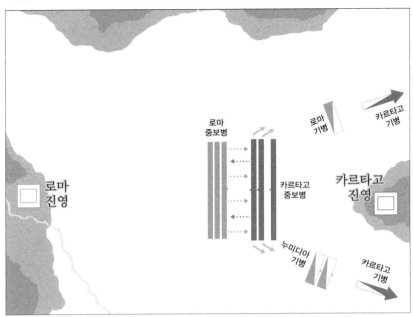

로마
중보병

로마
기병

카르타고
기병

카르타고
중보병

카르타고
진영

로마
진영

누미디아
기병

카르타고
기병

4단계

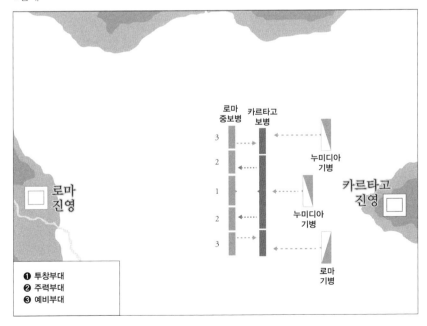

로마   카르타고
중보병   보병

3

2   누미디아
                     기병
1

2   누미디아
            기병
3

로마
진영

카르타고
진영

로마
기병

❶ 투창부대
❷ 주력부대
❸ 예비부대

일반적인 방식에 따라 3개 전열로 군단을 배치했다. 그리고 각각에 명하여, 전열은 유지하되 코끼리들이 전열을 가로질러 통과할 수 있게 놓아두라고 지시했다. 이것은 완벽하게 성공했다. 그뿐만 아니라 코끼리들이 측면으로 우회하면서 양 날개의 카르타고 기병대를 혼란에 빠뜨렸고, 마시니사 기병대의 보강으로 적에 비해 훨씬 우세했던 스키피오의 기병대는 카르타고 기병대를 맞아 가볍게 승기를 잡았으며 곧 후퇴하는 적을 추격하게 되었다.

보병의 전투는 더욱 격렬했다. 양측 제1진의 격전이 오랫동안 지속되었다. 매우 치열했던 백병전에서 양측은 마침내 뒤엉켰고, 제2진의 지원을 받아야 했다. 로마 군단은 제2진의 지원을 확보한 반면, 카르타고 시민군은 동요했고 제1진의 카르타고 용병은 그들에게 배신당했다고 믿었다. 용병과 시민군 사이에 결국 난투극이 벌어졌다. 한편 한니발은 제1진과 제2진의 잔여 병력을 양 날개로 서둘러 빼내고 이탈리아 핵심 전력을 전선 전체에 투입했다. 반면 스키피오는 전투력이 여전한 제1진을 중앙에 집중적으로 투입하는 한편, 제2진과 제3진을 좌우 전열에 세워 전선을 구축했다. 한 장소에서 또다시 더욱 끔찍한 살육이 시작되었다. 한니발의 노병들은 수적 열세에도 불구하고 절대 동요하지 않았다. 그때 로마 기병대와 마시니사 기병대가 도망치는 적의 기병대를 추격하다 돌아와 이들을 사방에서 포위했다. 이로써 전투가 끝났으며, 카르타고 군은 전멸되었다. 14년 전 칸나이에서 패배했던 바로 그 로마 병사들이 자마에서 정복자를 상대로 패배를 설욕한 것이었다. 한니발은 몇 사람만 데리고 하드루멘툼으로 도망쳤다.

강화협정

이날 이후 카르타고가 전쟁을 계속한다는 것은 어리석은 일일 수 있었다. 로마 사령관은 방어 병력도 보급 물자도 없던 적의 수도를 즉시 포위 공격할 수 있었다. 그리고 불의의 사건들이 발생하지만 않는다면, 한니발이 로마에 안기려던 운명을 거꾸로 카르타고에 안길 수도 있었다. 스키피오는 그렇게 하지 않았다. 평화를 보장했다(로마 건국 553년, 기원전 201년). 물론 이전과 같은 조건은 더 이상 아니었다. 지난 협상에서 이미 로마와 마시니사를 위해 요구한 양보 사항 이외에 카르타고 인에게 50년 동안 매년 200탈렌툼(34만 탈러)의 전쟁배상금이 부과되었다. 그리고 카르타고 인들은 로마 또는 그 동맹국에 대항하여 아프리카 밖에서는 절대로 전쟁을 수행하지 않을 것과, 아프리카 내에서도 자신들 영역 밖에서는 로마의 허락 하에서만 전쟁을 수행할 것을 자청했다. 이것은 사실상 카르타고가 조공 의무를 부담하며 정치적 독립을 상실하는 결과를 가져왔다. 경우에 따라서는 카르타고 인들이 전함을 로마 함대에 제공해야 할 의무까지 부담해야 했던 것으로 보인다.

스키피오는 로마가 수행했던 가장 엄혹했던 전쟁을 종결했다는 명예를 포함하여 최고 명령권을 후임자에게 넘겨주지 않으려고 적에게 너무 유리한 조건을 보장했다는 이유로 고발되었다. 첫 번째 강화 조건이 그대로 실행되었다면 고발이 사실무근이 아니었을 수도 있다. 그러나 두 번째 강화 조건과 관련해서는 고발이 정당화될 수 없을 듯했다. 당시 로마의 정황은, 인민의 총아인 그가 자마 전투의 승리 이후 소환을 진지하게 염려할 정도는 아니었다(승리 이전에 그를 교체하려는 제안을 이미 원로원이 민회에 냈는데 민회는 그 제안을 단호히 배척한 바 있다). 또한 강화 조건들 자체로 부당한 고발임을 알 수 있었다.

그리하여 손발이 묶이고 강력한 이웃이 옆에 존재하게 된 이후로 도시 카르타고는—경쟁은커녕—로마를 정점으로 하는 서열 관계에서 이탈하려는 시도조차 하지 않았다. 더군다나 방금 끝난 전쟁은 카르타고가 아니라 오히려 한니발이 감행한 것이며 카르타고 애국 당파의 원대한 계획은 향후 다시 재현되지 못할 것임을 누구나 알고 있었다. 복수심에 불타던 이탈리아 인은, 인도된 전함 500척만이 화염 속에 사라졌을 뿐 그토록 증오하던 도시는 멀쩡하다는 사실은 생각도 못했다. 사무친 감정과 촌스러운 판단력은, 목숨을 빼앗은 적군만이 실제로 제압된 것이라는 주장을 고집했으며, 로마 인을 떨게 했던 범죄를 더욱 철저히 응징하기를 거부하는 자를 비난했다. 하지만 스키피오는 다르게 생각했다. 우리는 이 사안에서 고귀하고 고상한 동기가 아닌 저열한 이유들이 스키피오에게 영향을 미쳤다고 판단할 아무런 근거도 정당성도 갖고 있지 않다. 소환이나 변화무쌍한 인생에 대한 염려 또는 마케도니아 전쟁의 발발에 대한 현실적인 걱정 등이, 그간 모든 일에 경이로울 정도로 성공적이었던 굳세고 믿음직한 사내로 하여금 불행한 도시에 대한—50년 뒤에 그의 입양 손자가 넘겨받은, 하지만 당장 실행될 수도 있던—사형집행을 막은 것은 아니었다. 오히려 지금 이 순간 정치적 결단까지 떠맡은 두 위대한 사령관이 강화를 제안하고 받아들여, 승자의 광포한 복수심과 패자의 완고함 및 어리석음에 정당하고 합리적인 한계를 두려 했다고 보는 편이 훨씬 개연적일 것이다. 위대한 두 맞수는 공히 고귀한 영혼과 정치가적 재능을 갖고 있었다. 한니발은 불가피한 일에서 대범하게 수용하는 모습을 보여주었으며, 그에 못지않게 스키피오는 승리의 과도함과 무례함을 현명하게 자제하는 모습을 보여주었다. 관대하고 중도적인 스키피오는 도시 카르타고의 정치적 역량이 소멸된 시점에, 상업과 농업의 유서 깊은 요충지를 완전히 파괴하는 것이, 당시 문명의 주된 기둥 하나를 사악하게 뽑아버리는 것이 도대체 조국에 무슨 이익일지 자문하지 않았을까? 로마 지도자들이 이웃 문명의 사형집행자임을 자처하고 민족의 오명을 눈물로 씻어낼 수 있다고 가볍게 믿는 시대는 아직 오지 않았던 것이다.

전쟁의 결과

이렇게 제2차 카르타고 전쟁, 또는 로마 인이 더욱 정확한 이름을 붙인바 한니발이 17년간 이끌었던 한니발 전쟁은 헬레스폰토스에서 헤라클레스 기둥까지 섬들과 대륙을 황폐화시키며 끝났다. 전쟁 전 로마는 정치적 목표를 자연적 경계 내에서 이탈리아 반도 및 도서와 연안을 통치하는 것 이상으로 잡지 않았다. 지중해 국가에 대한 지배권 또는 지배 패권을 확립하겠다는 생각은 없었으며, 다만 위험한 맞수를 무력화시키고 이탈리아에 편안한 이웃 민족만 옆에 두겠다는 생각으로 종전했음은 강화 체결 과정에서의 아프리카 처리를 통해 명백하게 증명된다. 전쟁의 기타 결과들, 특히 히스파니아 정복이 이러한 생각에 잘 부합하지 않는다는 지적은 옳다. 그러나 승리를 거둠으로써 애초의 의도를 넘어가게 되었을 뿐, 히스파니아의 점령은 사실상 우연의 결과였다고 말할 수 있다. 이탈리아 지배권을 로마 인이 확립했다. 그것을 절실하게 추구했기 때문이다. 지중해 지역에 대한 패권과, 그로부터 생겨날 통치권은 의도치 않은 여건상 로마 인이 갖게 된 것이다.

이탈리아 외부

전쟁의 직접적 결과는 이탈리아 밖에서 히스파니아가—물론 반란이 계속될—로마의 속주로 편입된 것, 그때까지 종속 도시였던 쉬라쿠사이가 로마 속주 시킬리아에 병합된 것, 극히 중요한 누미디아 족장들이 카르타고 대신 로마의 보호권으로 들어오게 된 것, 마지막으로 카르타고가 강력한 무역 국가에서 무력을 상실한 상업 도시로 바뀐 것 등이다. 한마디로 지중해 서부에 대한 로마의 확고한 지배권과, 제1차 카르타고 전쟁에서 암시되었다시피 계속된 발전에 따른 지중해 동부와 서부의 불가피한 분쟁이었다. 그리하여 알렉산드로스 왕국의 갈등에 대한 로마의 결정적인 개입이 임박했다.

이탈리아 내부

전쟁으로 이탈리아에서는 켈트족부터 확실히 몰락의 길에 접어들었다. 이들에 대한 사형집행은 시간문제였다. 로마 연방 내에서 라티움 민족의 영향력이 더욱 공고해진 것은 전쟁의 결과였다. 동요도 있었지만 라티움 민족의 내적 단결은 공동체적 신뢰로써 극복된 위기에 전체적으로 더욱 단단해졌으며, 이를 통해 라티움 민족이 아닌 이탈리아 인, 또는 라티움화되지 않은 이탈리아 인, 특히 에트루리아 인과 남부 이탈리아의 사비눔 인의 압박도 이겨냈다. 처벌이나 복수는 가장 강력한 도시 카푸아와 브레티움 지역에, 그러니까 한니발의 최초 동맹자와 최후 동맹자에게 가장 가혹하게 부과되었다. 카푸아의 도시 체제는 궤멸되었고 이탈리아의 제2도시에서 제1농촌으로 강등되었다. 도심을 갈아엎어 평지를 만들어야 한다는 주장도 있었다. 원로원은 소수의 이방인 및 친로마적 캄파니아 인의 소유지를 제외한 토지 전체를 공유지로 선포하고, 분할하여 소농에게 기한부로 빌려주었다. 실라루스 강의 피케눔 인도 유사한 방식으로 처벌했다. 도시를 쟁기로 갈아엎었으며 거주민을 주변 농촌들로 강제 소산시켰다.

브루티움 인의 운명은 더욱 가혹했다. 이들은 집단적으로 로마 인의 농노처럼 되었으며 무장할 권리가 영원히 박탈되었다. 한니발과 연합한 여타 공동체도 큰 대가를 치렀다. 희랍계 도시들도 로마를 꾸준히 지지했던 소수만 제외하고 마찬가지였다. 캄파니아의 희랍계 도시들도 레기온도 그러했다. 아르피 인은 물론 대다수 아풀리아와 루카니아와 삼니움 도시들도 사정은 다르지 않고 토지 대부분을 빼앗겼다. 이렇게 몰수한 토지 중 일부에는 새로운 식민 도시들을 세웠다. 로마 건국 560년(기원전 194년) 일련의 로마 식민 도시들이 남부 이탈리아 최고의 항구도시들에 세워졌으며, 이중 언급할 만한 곳은 시폰툼(오늘날의 만프레도니아)과 크로톤에 세워진 식민 도시다. 또 예전 피케눔의 남부 지역에 식민 도시 살레르눔이 세워져 피케눔을 압박했다. 무엇보다 푸테올리는 곧 휴양지를 찾는 귀족들의 거주지가 되었으며 아시아와 이집트에서 오는 사치품의 무역항이 되었다. 투리이의 라티움 요새에는 코피아*Copia*라는 새 이름이 붙었으며(로마 건국 560년, 기원전 194년), 브레티움 지역의 부유한 도시 비보*Vibo*에는 발렌티아라는 새 이름이 붙었다(로마 건국 562년, 기원전 192년). 삼니움과 아풀리아의 다른 지역에는 아프리카에서 승리한 노병들이 개별적으로 정착했다. 나머지 땅은 국유지가 되었으며, 농부들의 농장과 농토는 로마 귀족들 소유의 목초지로 바뀌었다.

그밖에 이탈리아 반도의 모든 공동체에서 명망을 누리던, 하지만 친로마적 성향이 아닌 인물들은, 정치재판과 재산 몰수를 거치면서 점차 배제되었다. 이탈리아 전역에 걸쳐 비라티움계 공동체는 그 이름이 사라졌으며 이제 로마의 신하가 되었다고 느꼈다. 한니발의 축출이 이탈리아의 두 번째 굴종으로 받아들여졌는바, 승자의 분노와 오만이 특히 이탈리아의 비라티움계 공동체에 기승을 부렸기 때문이다. 이 시기에 만들어진 중립적이며 세련된 로마 희극에서조차 이런 분위기를 엿볼 수 있다. 진압된 카푸아와 아텔라는 로마 희극의 방자한 농담에 무방비로 노출되었고, 아텔라는 로마 희극의 무대가 되었다. 아주 끈질긴 쉬리아 민족조차 견뎌내지 못할 지독한 환경 속에서도 캄파니아 노예들이 견디는 법을 배웠다고 조롱하는 여타 희극 작가들의 이런 냉혹한 농담에서 승자의 경멸과 짓밟힌 민족의 회한이 묻어난다. 당시 돌아가는 상황을 보면 늦추지 않는 경계심을 확인할 수 있는바, 이어지는 마케도니아 전쟁 동안 원로원은 이탈리아를 감시했고 로마에 의해 식민 도시들이 추가로 건설되었다. 주요 식민 도시들로는 베누시아(로마 건국 554년, 기원전 200년), 나르니아(로마 건국 555년, 199년), 코사(로마 건국 557년, 기원전 197년), 칼레스(로마 건국 570년, 기원전 184년 직전) 등이 있었다.

전쟁과 기아가 이탈리아 인구에 얼마나 큰 손실을 가져왔는지는 로마 인구의 감소가 말해준다. 전쟁 동안 로마 인구는 1/4 가까이 줄었다. 한니발 전쟁의 전사자가 전체적으로 30만 명에 이른다는 것은 전혀 과장이 아닌 듯하다. 전사자 대다수는 당연히 로마 시민이었는데, 이들이 전투원의 중심이자 실질적 다수였기 때문이다. 특히 원로원 의원이 무시무시할 정도로 줄었음을 보여주는 것은 칸나이 전투 이후 원로원 의원의 충원인데, 원로원 의원 123명이 전사했으며 새로이 원로원 의원 177명을 힘겹게 특별 지정함으로써 원로원이 정상 기능을 되찾을 수 있었다. 이탈리아 반도 곳곳에서 그리고 사방의 외국 땅에서 17년 동안 전개된 전쟁이 국민 경제를 파탄 지경으로 흔들어 놓았음은 자명하다. 세부적으로 조사하기엔 전승된 자료가 상당히 부족하다. 재산 몰수를 통해 국고가 늘었으며, 특히 캄파니아 지역은 이때 이래로 로마 국고의 원천이 된 것은 사실이지만, 이러한 국유지 확대 정책을 통해 민중의 생활수준은 다른 때에 국유지 불하를 통해 누렸던 것에 비하면 크게 후퇴한 수준이었다. 번창하던 상당 지역은—400

여 지역으로 추산된다—파괴되고 황폐화되었으며, 힘겹게 축적된 자본은 고갈되었으며, 인민의 사기는 군영 생활로 인해 바닥까지 떨어졌으며, 도시와 농촌의 도덕규범은 수도에서 작은 촌락에 이르기까지 극심하게 파괴되었다. 노예들과 낙담한 사람들은 도적떼가 되었는데 심각성을 알려주는 것은, 아풀리아에서 한 해 동안(로마 건국 569년, 기원전 185년) 노상 강도죄로 7,000명이 유죄 판결을 받았다는 사실이다. 반(半)야만의 목축 노예들을 통한 목초지 확대는 결국 회복 불능의 농지 황폐화에 기여했다. 이탈리아 농업은 이제 존립의 위기에 처했는바, 로마 인민은 전쟁 동안 처음으로 자국 곡물이 아닌 시킬리아와 이집트의 수입 곡물로 식량을 공급할 수 있다는 사실을 알게 되었다.

그렇지만 이런 거인 전쟁에서 살아남도록 신들이 허락한 로마 인은 과거에 대해 자부심과 확신으로 미래를 바라볼 수 있게 되었다. 그들은 겪은 것도 많았고, 실수도 많았다. 하지만 군복무 가능한 청년들이 거의 십 년간 방패와 창검을 내려놓지 못했던 로마 인민은 많은 것을 용서받을 수 있다. 서로 경쟁하며 유지된 것이기는 하지만 그래도 전반적으로 평화와 우애 속에 지켜진 상이한 민족의 평화 공존은—오늘날 민족 발전의 목표일 듯하다—고대 세계에는 드문 일이었다. 당시에는 때리는 자 아니면 맞는 자가 있었을 뿐이다. 승자들의 각축전에서 로마가 승자가 되었다. 로마 인이 승리를 올바로 이용할 수 있었는지—라티움 민족을 더욱더 확고히 로마에 결속시키고 이탈리아 전체를 점차 라티움화하며, 속주의 피정복자들을 노예처럼 부리는 것이 아니라 신하로 통치하고 국가체제를 개혁하며, 흔들리는 중산층을 새롭게 다지고 확대하는 등의 일을 수행할 수 있었는지—를 많은 사람은 물을 것이다. 만약 그렇게 할 수 있었다면 이탈리아는 행복한 시대를 만날 것이다. 그리하여 각자의 노동으로써 정의로운 사회관계 속에 확고히 뿌리내린 행복이, 그리고 당시 문명 세계 전체를 통치하는 확고한 정치권력이 세계 전체의 구성원 모두에게 합당한 자긍심을 부여할 것이고, 모두에게 자긍심에 부합하는 목표를 제공할 것이고, 모두에게 재능에 부합하는 진로를 열어 줄 것이다. 그렇게 할 수 없을 때는 당연히 그 반대일 것이다. 하지만 비관적인 목소리와 어두운 전망은 순간 침묵했다. 사방에서 전사와 승자들이 고향으로 돌아왔고, 감사 축제와 구경거리, 병사 및 시민에게 바쳐지는 선물들이 일상이 되었으며, 갈리아와 아프리카와 희랍에서 풀려난 전쟁 포로에게 귀향이 허락되었다. 마침내 젊은 정복자는 화려하게 장식된 수도 로마의 대로에서 화려한 개선식을 거행했으며, 쓰고 있던 승리의 월계관을 물심양면으로 도움이 되었다던 신에게 바쳤다.

제7장
한니발 전쟁에서 제3차 카르타고 전쟁까지

파두스 강 유역의 정복

알프스 산, 그러니까 오늘날 통용되는 이탈리아 경계까지 로마 지배권의 팽창, 켈트족 영역의 식민지 건설과 정복 사업은 한니발 전쟁으로 중단되었다. 중단된 곳에서 다시 시작한다는 사실은 자명했으며 켈트족도 잘 알고 있었다. 카르타고와 강화조약을 맺은 해(로마 건국 553년, 기원전 201년) 우선 위험을 느낀 보이이족 영토에서 전쟁이 이미 발생했다. 급조된 로마 시민군에 대항하여 거둔 초반의 승리, 마고 원정 당시 북부 이탈리아에 남겨진 카르타고 장교 하밀카르의 설득 덕분에 이듬해(로마 건국 554년, 기원전 200년)에, 우선적으로 위협에 직면했던 종족들, 그러니까 보이이족과 인수브레스족뿐만 아니라 전반적인 봉기가 일어났다. 리구리아 인이 위협에 맞서 무장했고, 케노마니족의 청년들도 사태에 신중하게 대처하려는 당국의 목소리가 아닌, 위험에 처한 동족의 호소에 귀를 기울였다.

'켈트족을 막아선 두 빗장' 중 플라켄티아부터 정복되었고, 주민 가운데 생존자는 2,000명 미만이었다. 크레모나는 포위 공격을 받았다. 구할 수 있는 한 구하기 위해 로마 군단은 서둘러 출정했다. 크레모나 앞에서 큰 전투가 있었다. 페니키아 출신 지도자의 숙련된 전투 지휘 능력도 휘하 군대의 결점을 보완해 줄 수는 없었다. 켈트족은 몰려드는 로마 군단을 막아내지 못했다. 전장을 뒤덮은 수많은 전사자 중에는 카르타고 장교도 끼어있었다. 그럼에도 불구하고 켈트족은 전투를 이어갔다. 크레모나를 정복했던 로마 군단이 이듬해(로마 건국 555년, 기원전 199년) 부주의한 지휘관의 심각한 실책으로 인해 인수브레스족에게 거의 전멸되었다. 로마 건국 556년(기원전 198년)에야 플라켄티아는 급한 대로 다시 복구되었다.

하지만 목숨이 걸린 전쟁에서 협력했던 동맹이 내부적으로 분열되기 시작했다. 보이이 인과 인수브레스 인이 갈등을 보였다. 케노마니 인은 동맹을 이탈했을 뿐만 아니라, 동족의 수치스러운 배신에 대해 로마 인에게 용서를 구걸했다. 이를 위해 케노마니 인은, 인수브레스 인이 로마 인과 만키우스 산에서 전투할 때, 동족 동맹군을 후위에서 공격하고 섬멸하는 로마 인에게 도움을 주었다(로마 건국 557년, 기원전 197년). 전의를 상실한 채 궁지에 몰렸던 인수브레스 인은 코뭄 *Comum* 함락과 동시에 특별 강화조약을 맺는 데 만족했다(로마 건국 558년, 기원전 196년).

로마가 케노마니 인과 인수브레스 인에게 제시한 조건은, 이탈리아 연방국이 부담하는 의무보다 훨씬 가혹한 것이었다. 특히 이탈리아 인과 켈트인 사이의 차별을 법적으로 명시하고, 두 켈트족의 누구도 로마 시민권을 획득하지 못하도록 규제하는 것도 로마 인들은 잊지 않았다. 하지만 이들 파두스 이북 켈트족에게 터전과 민족적 국헌을 허락했으며, 도시가 아닌 부족 공동체를 유지하도록 했는데, 조공을 부과하지는 않은 것 같다. 이들은 파두스 강 남쪽에 위치한 로마 정주 지의 보루 역할을 해야 했는바, 정기적으로 쳐들어오는 알프스의 약 탈자 및 북부 거주민들을 이탈리아에서 몰아내야 했다. 한편 이 지역 에서 라티움화는 급속도로 진행되었고, 이에 대한 켈트족의 저항은 문명화된 사비눔과 에트루리아 인의 저항보다 훨씬 덜했다. 로마 건 국 586년(기원전 168년)에 죽은 라티움의 유명 희극작가 스타티우스 카이킬리우스는 해방된 인수브레스 인이었다. 폴뤼비오스는 로마 건 국 6세기 말경 이 지역을 방문했는데, 어느 정도 과장은 있겠지만, 알 프스 산 아래 소수의 마을을 제외하고 켈트족으로 남은 지역이 없었 다고 주장하고 있다. 이들에 비하면 베네티 인은 민족성을 오랫동안 유지했음이 분명하다.

알프스 이북 켈트족의 유입

이 지역에서 로마 인의 주된 노력은 알프스 이북 켈트족의 유입을 통 제하고, 반도와 대륙의 자연 경계가 정치적 경계로도 기능하도록 만 드는 데 있었다. 로마라는 이름에 대한 두려움이 인근의 알프스 이북 갈리아에까지 퍼졌다는 것을, 알프스 이남 켈트족이 궤멸되거나 정복되는 중에도 알프스 이북 켈트족이 어떤 행동도 취하지 않았음을 통해 알 수 있다. 그뿐만 아니라 알프스 이북 지역 —— 제네바 호수와 마인 호수 사이에 있는 헬베티아 인들, 그리고 카린시아 지방과 스튀리아 지방에 거주하는 카르니 인과 타우리스키 인을 먼저 생각할 수 있다 —— 에 거주하는 사람들이, 알프스 이남에 평화적으로 정착하려는 일부 켈트족의 시도에 대해 불평하는 로마 사절단에게 이런 사실이 없다고 공식적으로 부인한 것을 통해서도 알 수 있다. 또 이 이민자들이 처음에는 로마 원로원에 토지 불하를 간청하려 찾아 왔다가, 알프스 이북으로 돌아가라는 엄중한 경고를 듣자 곧장 복종했으며, 아퀼레이아에서 그리 멀지 않은 지역에 세운 도시가 다시 파괴되는 것을 지켜보았다는 굴욕적인 상황을 통해서도 알 수 있다(로마 건국 568년, 575년, 기원전 186년, 179년).

지혜로운 엄정함으로 로마 원로원은, 알프스 관문을 향후 켈트족에게는 열어주지 않는다는 기본 원칙에 어떤 예외도 인정하지 않았다. 나아가 원로원은 이탈리아 내에서 이런 식의 이주를 선동하는 로마 복속민을 무겁게 처벌했다. 아드리아 해의 가장 안쪽에 위치한, 이제까지 로마 인에게 거의 알려지지 않은 통로를 통해 이루어진 이런 시도 때문에, 나아가 한니발이 서쪽에서 쳐들어온 것처럼 자신이 위치한 동쪽에서 이탈리아로 침공하려는 마케도니아 필립포스의 계획에 따라 이탈리아의 최북단 구석에 요새가 건설되었다(로마 건국 571~573년, 기원전 183~181년). 최북단의 이탈리아 식민지 아퀼레이아 요새를 통해 로마 인은 이방인에게 이쪽 방면의 이주로를 영원히 차단했고,

인근을 항해하는 선박에게 무엇보다 편안한 항구를 확보했으며, 인근 해역에서 뿌리 뽑히지 않던 해적선들을 통제했다. 아퀼레이아 요새의 건설로 로마는 이스트리아 인과 전쟁하게 되었다(로마 건국 576~577년, 기원전 178~177년). 일부 요새의 공략과 아이풀로 왕의 죽음으로 이내 종전되었다. 이 전쟁에서 주목할 만한 것은, 로마 요새를 소수의 야만인이 기습 공격했다는 소식이 로마 함대에, 이어 이탈리아 전체에 불러일으킨 공포심뿐이다.

파두스 강 이남의 식민화

로마 원로원이 이탈리아의 편입을 결정한 파두스 강 이남에서는 사태가 다르게 진행되었다. 이에 직접적인 영향을 받은 보이이 인은 굳은 결의로써 처절하게 저항했다. 심지어 그들은 파두스 강 건너편 인수브레스족이 다시 무장하게 했다(로마 건국 560년, 기원전 194년). 당시 어떤 집정관은 자신의 진지에서 봉쇄되어 패배할 뻔했다. 플라켄티아는 분노한 원주민의 지속적인 공격을 힘겹게 버텨냈다. 무티나에서 결국 마지막 전투가 있었다. 전투는 길고도 피비린내 났는데 결국 로마군이 승리했다(로마 건국 561년, 기원전 193년). 그리고 이후의 전투는 전쟁이라기보다 노예사냥이었다. 보이이 지역에서 유일한 자유 지대는 로마군 진영이었다. 생존해 있던 형편 좋은 주민들은 그곳으로 피신하기 시작했다. 승리한 군대는 그리 과장하지 않고, 보이이족 중 아이와 노인이 남았을 뿐이라고 로마에 보고할 수 있었다. 보이이족은 정해진 운명에 그렇게 속절없이 굴복했다. 로마 군단은 영토 절반을 양도하라고 요구했다(로마 건국 563년, 기원전 191년). 거부할 수 없었다. 그러나 남은 절반에서도 보이이 인은 곧 사라졌는데, 정복자들과 융합되어 버린 것이다.[1]

로마 군단이 토지를 정리하여 확보한 후, 지난 몇 년간의 불안에 휩쓸려 식민시 주민 대부분이 사라진 플라켄티아와 크레모나 요새로, 다시 조직된 새로운 주민들이 보내졌다. 세노네스족의 과거 영토와 인근에 포텐티아(오늘날의 레카나티; 앙코나 근처; 로마 건국 570년, 기원전 184년)와 피사우룸(오늘날의 페사로; 로마 건국 570년, 기원전 184년), 새로 획득된 보이이 지역에서 보노마(로마 건국 565년, 기원전 189년), 무티나(로마 건국 571년, 기원전 183년), 파르마(로마 건국 571년, 기원전 183년) 등이 요새로 건설되었다. 그중 무티나 식민시는 이미 한니발 전쟁 전에 설치되기 시작했고 완공만 한니발 전쟁에 의하여 중단되었던 것이다. 언제나처럼 요새 설치와 군사 도로 건설은 밀접히 결합되

---

[1] 스트라본에 따르면, 이탈리아의 보이이 인이 로마 인에 의하여 알프스 너머로 쫓겨 오늘날의 헝가리 슈타인암앙거와 외덴부르크 지역의 보이이 인 주거지를 건설했다고 한다. 보이이 인은 아우구스투스 시기에 도나우 강을 건너온 게타이족에 의하여 공격받고 전멸했으며, 다만 주거지는 그 지역에 '보이이 인의 황무지'라는 이름을 남겼다. 이는 로마 측에서 오히려 절반을 자진 양도했다고 보고하는 로마 연대기 작가들의 믿을 만한 서술과 부합하지 않는다. 이탈리아 보이이 인의 소멸을 설명하기 위해, 사실상 폭력적인 추방을 상정할 필요는 없다. 여하튼 전쟁이나 식민화에 별 영향을 받지 않은 다른 켈트족도 상당히 빠르게 이탈리아 종족 속으로 완전히 사라졌다. 다른 한편으로 여타 보고는 오히려 노이지들러 호수 변의 보이이 인이, 게르만 종족들이 남쪽으로 밀어붙이기 전까지 바이에른과 보헤미아에 거주의 토대를 갖던 동일한 핵심 종족에서 기원한다고 설명한다. 그러나 보르도에서, 파두스 강에서, 보헤미아에서 발견되는 보이이 인이 명칭의 유사성만 가지는 것이 아닌 실제로 한 종족에서 흩어져 나온 가지라는 주장은 언제나 의심스럽다. 스트라본의 가정에는, 옛 사람들이 키브리족, 베네티족 등에 관하여 —종종 사려 깊지 못하게—명칭의 동일성으로부터 행했던 추론 외에 아무런 근거가 없다.

어 있다. 플라미니우스 대로는 북쪽 종료 지점 아리미눔부터 아이밀리우스 대로라는 이름으로 플라켄티아까지 연장되었다(로마 건국 567년, 기원전 187년). 게다가 로마에서 아레티움까지 이르는 카시우스 대로는 이미 오래전부터 있던 지방 국도였는데, 로마 건국 583년(기원전 171년)에 로마가 인수하여 군사 도로로 다시금 확장한 것이다. 로마 건국 567년(기원전 187년)에 아레티움에서 아펜니노 산맥을 넘어 보노니아에 이르러, 새로이 아이밀리우스 대로에 연결되는 구간이 건설됨으로써 로마와 파두스 강 유역 요새들과의 이동 거리가 단축되었다. 이러한 철저한 조치를 통해 켈트족 지역과 이탈리아 지역의 경계였던 아펜니노 산맥은 사실상 소멸했고, 경계선 역할은 파두스 강이 맡게 되었다. 파두스 강 이남에는 계속 이탈리아의 도시 행정이, 파두스 강 이북에는 켈트 식의 행정 체제가 근본적으로 지배했다. 그리고 아펜니노 산맥과 파두스 강 사이 지역이 여전히 켈트족 지역이라고 여겨졌지만, 공허한 이름에 불과했다.

리구리아

주로 여러 지파로 갈린 리구리아 종족이 계곡과 언덕들을 점하던 북서 이탈리아의 산악 지역에서 로마군은 유사한 방식을 취했다. 우선 아르노 강 북쪽의 거주자들은 섬멸되었다. 아르노 강과 마그라 강 사이의 아펜니노 산맥에서 살면서 한편으로 피사이 지역을, 다른 한편으로 보노니아와 무티나 지역을 계속 약탈하던 아푸아니 인이 이에 해당한다. 이때 로마군의 칼 아래 쓰러지지 않은 자들은 남부 이탈리아의 베네벤툼 지역으로 이주되었다(로마 건국 574년, 기원전 180년). 그리고 로마 건국 578년(기원전 176년) 로마 인은 리구리아족에게 빼앗겼던 식민도시 무티나를 다시 빼앗았으며, 로마의 강력한 조치로 파두스 강 계곡과 아르노 강 계곡 사이의 중간 산악 지역에 살던 리구리아 종족은 완전히 제압되었다. 과거 아푸아니 종족 지역 중 오늘날의 스페찌아에서 멀지 않은 곳에 로마 건국 577년(기원전 177년) 루나 요새를 설치했고, 이 요새는 알프스 이북 종족을 막는 아퀼레이아와 같은 기능을 수행하여, 리구리아 인을 봉쇄했다. 또한 루나 요새는 이후 로마 인과 마살리아 및 히스파니아 여행자들에게 정규 정박지를 제공했다. 로마에서 루나에 이르는 해안 도로인 아우렐리우스 대로와, 루카에서 플로렌티아를 지나 아레티움으로 가는 횡단 도로가 아우렐리우스 대로와 카시우스 대로 중간에 건설된 시기도 이때일 것이다.

제노아 주변의 아펜니노 산맥과 지중해 쪽 알프스 산맥에 정주하던 서부 리구리아 종족과는 전쟁이 계속됐다. 그들은 육지와 바다에서 약탈을 일삼던 불편한 이웃이었다. 피사이 인과 마살리아 인은 그들의 습격과 해적선에 적잖은 피해를 입었다. 하지만 지속적인 갈등 속에서도 결과가 확고해지지 않았는바, 확고한 결과를 추구하지 않은 것 같다. 통상적 해로 이외에도 알프스 이북 갈리아와 히스파니아를 연결하는 육로를 확보하기 위해 로마 인은 루나로부터 마살리아를 지나 엠포리아이까지 이르는 거대한 해안 도로를 알프스까지 뚫으려고 힘썼다. 마살리아 인은 알프스 너머에서 로마 함선들에게는 항행을 가능케 해주고, 육상 통행자에게는 해안 도로를 보호해주는 임무를 담당했다. 험난한 계곡과 바위산들로 가득한 내륙에는 가난하지만 능숙하고 솜씨 좋은 주민이 살고 있었고, 이 지역을 로마군은 주로 병사와 장교의 훈련을 위한 전쟁 학교로 이용했다.

코르시카와 사르디니아

로마군은 리구리아 인과 벌인 유사 전쟁 행위를, 코르시카 인과 또—더욱 대규모로—사르디니아 내륙 주민을 상대로 벌였다. 사르디니아 내륙 주민은 자신들에게 행해진 약탈을 해안 습격으로써 보복하고자 했다. 로마 건국 577년(기원전 177년) 티베리우스 그락쿠스의 사르디니아 원정은 역사적인 사건으로 남아 있는데, 그가 사르디니아 속주에 '평화'를 가져다 주어서가 아니라 8만 명에 이르는 섬 주민을 도륙하거나 나포했다고 주장했기 때문이고, 또 '사르디니아 노예처럼 헐값의'라는 속담이 생길 정도로 막대한 규모의 노예를 그곳에서 로마까지 끌고 왔기 때문이다.

카르타고

아프리카에 대한 로마 정책은 본질적으로 로마의 옹졸하고 근시안적 판단에 근거하여, 카르타고 국력의 회복을 저지하고 패전국을 로마의 선전포고라는 다모클레스의 칼 아래 묶어두려는 데 있었다. 강화조약은, 카르타고 인에게 예전 영토를 그대로 보장하는 한편, 이웃 부족인 마시니사 인에게도 과거 그들이나 그 선조들이 카르타고 영토 내에 가지고 있던 소유권을 보장하도록 규정했는바 이는 사실 분쟁을 막기 위해서라기보다 조장하기 위해 삽입된 듯하다. 이것은 강화조약을 통해 로마가 카르타고에게 지운 의무 사항에서도 똑같이 나타나는데, 카르타고에게 로마 동맹국에 대한 전쟁 행위를 금지했다. 따라서 조약 문구대로라면 카르타고는 자국의 영토임이 분명한 지역에서도 이웃 민족 누미디아를 몰아낼 권리를 갖지 못했다. 이 조약에 따라 전반적으로 아프리카 국경 분쟁의 소지를 열어둔 상황에서, 분쟁 당사자이면서도 분쟁 조정자로 상전 노릇하는 강력하고 우악스러운 이웃을 모시게 된 카르타고의 입장은 매우 곤혹스러웠다. 가장 불쾌하다고 상상할 수 있는 것보다 실제로 훨씬 불쾌한 상황이었다. 로마 건국 561년(기원전 193년) 카르타고는 자국 영토가 어처구니없이 침략 당하는 것을 지켜보았다. 소(小)쉬르티스의 엠포리아이라는 가장 비옥한 농토를 누미디아 인이 약탈하고 차지해버렸다. 이런 침범은 지속적으로 이루어졌다. 평야는 누미디아 인의 손에 들어갔고, 카르타고 인은 상당 부분의 영토를 간신히 유지하고 있을 뿐이었다.

하지만 카르타고 인은 로마 건국 582년(기원전 172년), 최근 2년 동안 70개의 마을을 다시 침범한 것은 강화조약 위반이라고 선포했다. 사신들이 로마에 계속 갔다. 카르타고 인은 로마 원로원에, 자신들이 무력을 행사할 수 있도록 승인하거나, 아니면 집행 권한을 가진 법원을 설치해주거나, 아니면 영토를 새로 조정하여 포기해야 할 영토를 적어도 명확히 해달라고, 아니면 국토를 리뷔아 인에게 야금야금 빼앗기느니 차라리 즉시 로마 신하국이 되는 편이 낫겠다고 호소했다. 하지만 로마 정부는 로마 건국 554년(기원전 200년)에 이미 로마 피호국이 카르타고를 희생시키고 영토를 확장하리라 예측했거니와 그 피호국이 먹잇감을 먹어치우는 일에 이견을 갖지 않았다. 물론 로마 정부는, 과거 자신들을 핍박했던 이들에게 지금 이렇게 괴롭힘으로써 복수하려는 리뷔아 인이 지나치지 않도록 제지하고는 했다. 하지만 로마 인은 애초 그러한 고통을 겪으라고 마시니사를 카르타고의 이웃으로 세웠던 것이다. 모든 호소와 탄원에도 불구하고 결과는 다만, 로마에서 파견된 감독관이 아프리카에 도착하여 오랜 시간 조사한 후 아무 결론도 내리지 않고 떠나거나 로마에서 심리가 이루어져도 마시니사 사신들은 본국 지시가 없다며 사건 심리를 지연시키는 것뿐이었다. 카르타고가 이러한 상황에 체념하고 권력자가 원하건 말건 계속해서 온갖 감언이설을 통해, 특히 곡물 수송을 통해 로마의 호의를 사려 애쓸 수 있던 것은 오직 인내심 덕분이었다.

한니발

하지만 패배자의 이런 복종이 인내와 체념 때문만은 아니었다. 카르타고에는 아직 애국 당파가 있었고 이들을 이끄는 사람은, 운명이 아무리 가혹했을지라도 여전히 로마 인이 두려워하는 사내였다. 애국 당파는 로마와 동방 패권국들과의 예측 가능한 분쟁을 이용하여 전쟁을 재개할 기회를 포기하지 않았다. 또한 하밀카르와 그 아들들의 계획이 근본적으로 카르타고의 과두 정체에 의해 실패했으므로, 한니발은 새로운 전쟁을 위해 무엇보다 조국을 내부적으로 개혁하려고도 했다. 위기를 극복하려는 힘, 그리고 한니발의 분명하고 대담하며 인간을 압도하는 정신이 정치적 경제적 개혁을 이끌었다. 이 위대한 장군을 한때 과두 정체 지지자들은 그가 로마의 함락을 고의로 포기하고 이탈리아에서 노획한 전리품을 은닉했다는 이유로 형사재판에 회부했는데, 이는 범죄에 가까운 그들의 어리석음을 완벽히 보여주는 일이었다.

이런 부패한 과두 정체가 그의 제안에 따라 철폐되고 민주 정체가 도입되었는데(로마 건국 559년, 기원전 195년 이전) 이는 당시 시민사회의 상황에 부합하는 것이었다. 국가재정은 체납 세금이나 은닉 재산의 강제징수를 통해, 그리고 징수 제도의 개선을 통해 빠르게 정상화되었으며 그 결과 시민에게 특별 세금을 부과하지 않고도 곧 전쟁배상금을 로마에 지불할 수 있었다. 로마 정부는 당시 아시아의 위대한 군주와 만만치 않은 전쟁을 막 시작하려는 참이었기에 이런 카르타고의 상황을 예의 주시했다. 로마 군단이 아시아에서 싸우는 동안 카르타고 함대가 이탈리아에 상륙하여 제2차 한니발 전쟁이 발발할 수도 있다는 두려움은 허무맹랑한 것이 아니었다. 로마 인을 비난할 수는 없을 것인바, 그들은 한니발을 인도하라고 요구하기 위해 카르타고로 사신단을 파견했다(로마 건국 559년, 기원전 195년). 신음하던 카르타고의 과두 정체 지지자들이 로마로 편지를 거듭 보내, 그들을 무너뜨린 사내를 반로마적 정서를 가진 세력과 은밀히 내통한다며 국가 반역자로 밀고했던 것이다. 이는 비난받을 일이었으나 고발은 정확했을 것이다. 사신단 파견은 막강한 로마 민족이 카르타고의 일개 판관에 두려움을 갖고 있음을 굴욕적으로 시인한 셈이었고, 당연하고도 존경스럽게도 자마 전투의 위대한 승자는 이런 굴욕적인 조치에 대해 원로원에 이의를 제기했다. 이 사안은 무엇보다 있는 그대로의 진실을 드러냈다. 그만큼 한니발은 아주 탁월한 재능을 소유한 인물이었으므로, 로마의 감상적인 정치가들 이외의 누구도 그가 카르타고 정부의 수장 노릇을 하게끔 용인할 수 없었던 것이다.

적국의 정부로부터 상당한 인정을 받았다는 사실에 한니발은 놀라지 않았다. 로마에 대항하여 끝까지 싸운 것은 카르타고 정부가 아니라 한니발이었듯 패자의 운명을 견뎌내야 하는 것도 한니발이었다. 카르타고 인이 인정하고 고맙게 생각할 일은, 한니발이 신속하고 현명하게 오리엔트로 도망함으로써 카르타고 인이 심각한 오명을 역사에 남기지 않을 수 있도록, 다만 역사상 가장 위대한 카르타고 시민을 조국에서 추방하고 재산을 몰수해 가옥을 파괴하는 정도의 오명만 남기도록 도와주었다는 점이다. 신은 사랑하는 자에게 무한한 즐거움과 한없는 시련을 동시에 준다는 의미심장한 말이 한니발에게 꼭 들어맞았다.

카르타고에 계속되는 로마의 도발

한니발에 대한 강경 조치보다 큰 책임을 져야 할 일은, 로마 정부가 한니발의 망명 이후에도 카르타고를 의심하고 괴롭히기를 멈추지 않은 일이다. 예전처럼 당파가 들끓었지만 세계의 운명을 바꿔놓을 수도 있던 인물이 쫓겨난 뒤로 애국 당파는 아이톨리아와 아카이아에서처럼 카르타고에서도 별 다른 세력을 갖지 못했다. 당시 패전국을 움직이던 생각들 가운데 가장 합리적인 것은 당연히, 마시니사와 화해하여 이들을 압제자가 아니라 카르타고의 보호자로 만든다는 생각이었다. 하지만 민족주의적 애국 당파는 물론 친리뷔아 애국 당파도 권력을 얻지 못했으며 여전히 정부는 친로마적 과두 정체 지지자들 몫이었다. 이들은 미래에 대한 모두의 생각에 주의를 기울이지 않았다. 이들을 붙들던 유일한 생각은 물질적 풍요를 누리며 로마의 보호 아래 카르타고의 자치권을 유지하는 것이었다. 따라서 이에 관한 한 로마는 안심할 수도 있었을 것이다. 그런데도 로마 민중은 물론 일반적인 통치 계급도 한니발 전쟁이 심어준 공포를 떨쳐내지 못했다.

또 이제 로마 상인들은 카르타고를 질투 어린 눈으로 바라보았는바, 정치권력은 사라졌지만 카르타고가 상업적 피호 관계를 확보하여 확고한 부를 축적하고 있었기 때문이다. 카르타고 정부는 로마 건국 553년(기원전 201년) 강화조약에서 약속된 배상금 총액을 이미 로마 건국 567년(로마 건국 187년) 일시불하겠다 제안했고, 이에 배상금 자체보다 카르타고에게 계속해서 배상금 지불 의무를 지우는 데 더 관심이 있던 로마 인들은 당연히 거절했으며, 다만 이로부터 자신들의 온갖 노력에도 불구하고 카르타고는 파괴되지 않았으며 파괴되지 않을 것이라 확신하게 되었다. 카르타고가 반란을 획책한다는 믿기 힘든 소문이 계속해서 로마에 떠돌았다. 한니발의 밀사, 튀로스의 아리스톤이 아시아 전함을 카르타고에 정박하는 문제로 카르타고 시민을 준비시키기 위해 카르타고에 왔다는 소문이 있었다(로마 건국 561년, 기원전 193년). 또 카르타고 원로회의가 야간에 몰래 수호신의 신전에 모여 페르세우스 사신의 말을 청취했다는 소문도 있었다(로마 건국 581년, 기원전 173년). 또 카르타고에 마케도니아 전쟁을 위해 건조된 엄청난 수의 전함이 있다고 사람들은 말하기도 했다(로마 건국 583년, 기원전 171년). 이런 것들은 기껏해야 일부 몰지각한 사람의 경솔한 생각에 지나지 않았다. 하지만 매번 로마인을 자극해 가혹 행위를 유도하고, 마시니사를 자극해 다시금 간섭하도록 했다. 터무니없고 황당한 소문일수록, 제3차 카르타고 전쟁이 있어야 카르타고를 끝장내겠다는 생각을 굳혔다.

누미디아 인

페니키아 인들이 오래전 고향 땅에서처럼 선택의 땅에서도 이렇게 세력을 잃어가는 동안, 근처에 새로운 국가가 성장하고 있었다. 태고 이래로 북아프리카 해안에는 오늘날처럼 스스로를 쉴라 혹은 타마지그트라고 부르는 민족이 살고 있었다. 이들을 희랍인이나 로마 인은 유목민이라는 뜻으로 노마데스 혹은 누미디아 인이라 불렀고, 아랍인은 베르베르 인이라 불렀다. 스스로를 '목자(牧者)'(샤위)라 표시했고, 우리는 관례적으로 베르베르 또는 카빌레라고 불러왔다. 지금까지 조사된 바에 따르면 그들의 언어는 어떤 나라와도 유사성이 없다. 카르타고 통치 시기 이 종족은 카르타고나 인근 해안의 거주민을 제외하고 완전한 독립을 유지했고, 오늘날 아틀라스 산맥의 거주민처럼 기본적으로 유목 및 유랑 생활을 고집했다. 그렇다고 해서 페니키아 문자 및 문명에 문외한은 아니었으며, 베르베르 인은 자녀들을 카르타고에서 교육 했고 페니키아 귀족 가문과 혼인시켰다.

로마 정책은 아프리카를 직접 점유하려 하지 않았다. 대신 로마의 보호권에서 벗어날 정도로 강력하지는 않되, 아프리카에서 영향력이 줄어든 카르타고를 억누르며 카르타고의 자유로운 운신을 막아줄 만큼은 강력한 나라를 하나 육성하는 쪽을 선택했다. 이런 국가를 로마인은 아프리카 군주에서 찾았다. 한니발 전쟁 무렵 북아프리카 본토인들을 3명의 왕이 지배하고 있었다. 또 각 왕들에게 그곳 방식에 따라 수많은 지방 토호가 복종의 의무를 지고 있었다. 마우리타니아의 왕 보카르는 대서양 연안에서 몰로카트 강까지(오늘날 모로코와 프랑스 경계의 믈루이아)를 다스렸다. 마사이쉴리의 왕 쉬팍스는 몰로가트 강에서부터 지금의 오랑 주와 알제 주에 걸쳐 길게 이어진 해안 산악 지대(오늘날 지젤리와 보나 사이의 일곱 곳)를 지배했다. 마쉴리의 왕 마시니사는 해안 산악 지대로부터 카르타고 국경의 오늘날의 콩스탕틴까지 다스렸다. 이들 중 가장 강력한 왕은 시가_Siga_ 출신의 쉬팍스로 로마와 카르타고의 지난 전쟁에서 패해 이탈리아로 잡혀갔으며 투옥 중 사망했다. 쉬팍스의 넓은 영토는 마시니사에게 실질적으로 복속됐다. 쉬팍스의 아들 베르미나는 굴욕적인 탄원을 통해 로마로부터 아버지의 영토 중 일부를 돌려받았다(로마 건국 554년, 기원전 200년). 하지만 더 오래된 로마 연방에게서 카르타고 공격수라는 특수 지위를 가져오지는 못했다.

마시니사

마시니사는 누미디아 왕국을 세웠다. 선택이든 우연이든 그는 그의 역할에 가장 적당한 사람이었다. 육체적으로 건강하고 연만한 나이까지도 몸이 유연했으며, 아랍인처럼 절제된 금욕 생활을 했고, 어떤 고생도 견뎌내며 아침부터 저녁까지 동일한 장소에 서 있고 24시간 승마할 수도 있었다. 젊은 시절의 마시니사는 모험으로 가득 찬 운명을 겪었으며, 히스파니아 전장에서 병사와 장군으로서 시험대에 올랐고, 수많은 가정사를 다스리며 국가의 질서를 유지하는 힘든 기술을 보유한 자였다. 강력한 보호국에게 무분별하게 굽실거리면서 또 연약한 이웃 나라들은 가차 없이 짓밟을 준비가 되어 있었다. 무엇보다 그가 교육 받고 교류하던 명문가가 있는 카르타고의 상황을 정확히 알고 있었으며, 자신과 자기 민족에 대한 압제자에게 아프리카적 증오심을 갖고 있었다. 주목할 만한 이 인물은 쇠잔한 듯한 민족의 부활을 이끄는 영혼이었으며, 민족적 탁월함과 결점을 동시에 갖춘 사내였다. 행운은 그에게 모든 면에서 은혜를 베풀었으며, 특히 업적을 쌓을 충분한 시간을 허락했다. 그는 90세(로마 건국 516~605년, 기원전 238~149년)까지 살았고, 재위 60년 만에 죽었다. 최후까지 육체와 영혼이 건강했다. 그는 한 살배기 아들과, 가장 강한 사내이자 당대 가장 훌륭하고 행복한 왕이었다는 명성을 남겼다.

누미디아의 확장과 문명화

로마 인들이 아프리카 관리에 마시니사를 어떤 계산으로 참여시켰는지, 그리고 카르타고 영토를 빼앗아 영역을 넓히도록 허락한 로마의 암묵적 동의를 마시니사가 어떻게 지속적으로 이용했는지는 앞서 설명됐다. 사막 지역에 이르는 내륙 전체는 자연스럽게 아프리카 지배자에게 돌아갔고, 풍요로운 도시 바가*Vaga*를 포함한 바그라다 강(오늘날의 메제르다) 상류 계곡도 마시니사 왕에게 복속되었다. 또 왕은 카르타고 동쪽에 위치한 시돈 인의 오랜 도시 렙티스 마그나 등 해안 지역을 차지했다. 그래서 마시니사 왕의 영토는 마우리타니아에서 퀴레네 국경까지 확장되었는바, 이로써 육지에서 카르타고를 에워쌌으며, 사방으로 근접한 거리에서 카르타고 인을 압박했다. 그가 카르타고를 미래의 수도로 생각하고 있었음은 의심의 여지가 없으며, 리뷔아 당파는 그곳에서 두드러진 활약을 했다.

카르타고의 손해는 영토의 축소만이 아니었다. 유랑하던 목동들은 이제 자신들의 위대한 왕을 통해 전혀 다른 국민이 되었다. 너른 들판을 경작지로 만들고 아들들에게 상당 규모의 토지를 상속한 왕을 모범 삼아 그들도 정주하여 농토를 일구기 시작했다. 또 왕은 목동을 시민으로 만들었듯 약탈꾼은 병사로 만들었는데, 이들은 로마로부터 로마 군단과 함께 참전할 자격을 얻었다. 왕은 후계자들에게 꽉 찬 국고와 잘 훈련된 군대 및 전함까지 물려주었다. 그의 거주지 키르타(콩스탕틴)는 강력한 국가의 활기찬 수도가 되었으며, 미래의 카르타고-누미디아 왕국을 염두에 두고 베르베르족의 왕궁이 열정적으로 받아들인 페니키아 문화의 중심지가 되었다. 지금까지 억압되었던 리뷔아 민족은 이로써 눈을 뜨게 되었으며 렙티스 마그나와 같은 오래된 페니키아 도시들에도 리뷔아의 풍습과 언어가 유입됐다. 베르베르 인과 로마의 비호 아래 페니키아 인과 동등하다고, 아니 우월하다고 느끼기 시작했다. 카르타고 사신들은 로마에서, 카르타고는 아프리카에서 외래인이며 아프리카 땅은 리뷔아 인에게 속한다는 말을 들어야 했다. 평균화된 제국 시대에도 생명력을 유지하던 북아프리카의 페니키아-리뷔아 문명은 카르타고보다 마시니사의 산물에 가깝다.

히스파니아의 상황

히스파니아 해안에 연한 엠포리아이, 사군툼, 신카르타고, 말라카, 가데스 등의 희랍인 및 페니키아 인의 도시들은 홀로 남을 경우, 원주민과의 대결에서 스스로를 보호할 수 없었기에 로마의 지배에 더더욱 순응했다. 같은 이유에서 마살리아는 여타 도시보다 더 중요하고 강한 수비력을 갖췄지만, 그럼에도 불구하고 로마라는 강력한 지지자를 얻는 일을 소홀히 하지 않았으며, 로마 인은 마살리아를 이탈리아와 히스파니아 사이의 기착지로 여러 번 이용했다.

반면 원주민은 로마 인에게 형언할 수 없을 정도의 골칫거리였다. 이베리아 민족 문명의 단초가 없지는 않았지만, 그러한 문명의 특성에 대해 표상을 명확히 갖는 것은 불가능하다. 이베리아 인들 사이에는 민족 문자가 널리 퍼져 있었다. 이 문자는 이베르 계곡 문자와 안달루시아 문자로 양분되며, 이 두 종류는 다시 여러 다양한 변종들로 나뉜다. 이 문자의 기원은 아주 오래전이고 페니키아 알파벳보다는 고(古)희랍 알파벳에서 기원하는 것으로 보인다. 심지어 투르데타니아 인(오늘날의 세비야 근처)에게는 태고부터 기원하는 운문, 운율에 맞춘 6,000행의 법전, 역사 기록까지 있었다고 전해진다. 이 종족은 히스파니아의 모든 종족 중 가장 문명화되었다고 알려졌으며, 또한 전쟁에 원칙적으로 외국 용병을 고용했던 가장 비(非)호전적 종족이라고 일컬어진다. 이들의 지역을 염두에 두고 폴뤼비오스는 히스파니아에서 농업 및 목축업이 번창한 지역이라고 불렀던 것 같다. 그래서 수출이 안 될 경우 곡물과 육류가 그곳에서 헐값에 팔렸다고 하며, 이들의 찬란한 왕궁에는 '보리 술'이 가득한 금은 항아리가 있었다고 한다.

로마 인이 가져온 문화 요소들을 적어도 히스파니아 인의 일부가 열정적으로 받아들여, 해외의 다른 어떤 속주보다 일찍이 히스파니아에서 라티움화가 이루어졌다. 예컨대 이미 이 시기에 이탈리아 식 온탕 목욕이 원주민 사이에 도입되어 있었다. 로마 화폐도 이탈리아 밖 어느 곳보다 히스파니아에서 먼저 통용되었을 뿐만 아니라, 모방되어 주조되기도 했는데 은광이 풍부했기에 충분히 이해될 만한 사항이다. 소위 오스카의 은(오늘날의 아라곤의 우에스카)이라 불리던, 이베리아 문자가 새겨진 히스파니아 데나리온 화폐는 로마 건국 559년(기원전 195년)에 언급되는데, 가장 오래된 로마 데나리온의 조폐 방식을 모방한 것을 볼 때 조폐 시작의 시기를 아주 나중으로 잡을 수는 없다.

히스파니아 반도 남부와 동부 지역에서 원주민의 성향이 로마 문명과 로마 지배를 받아들일 준비가 되어 있었기에, 로마 문명과 지배가 이곳 어디에서도 심각한 어려움을 겪지 않았지만, 이에 반해 문명이라는 것 자체를 모르던 수많은 거친 종족들이 살던 서부 및 북부와 내륙 전체는—예컨대 인테르카티아에서는 로마 건국 600년(기원전 154년)경에도 금과 은의 사용이 알려져 있지 않았다—서로 관계가 좋지 않은 것은 물론 로마 인에게도 적대적이었다. 이런 자유로운 히스파니아 남자들 못지않게 여자들에게도 전사적 용맹함이 두드러졌다. 아들을 전투에 보내는 경우, 어머니는 조상 이야기를 들려줌으로써 용기를 고무시켰다. 그리고 가장 용맹한 남자에게 가장 아름다운 처녀는 요청이 없어도 기꺼이 신부가 되어주었다. 용맹함에 대한 상을 획득하기 위해, 또 법적 분쟁의 해결을 위해 결투는 통상적이었다. 제후의 친척 사이에서 벌어지는 상속 분쟁조차 이러한 방식으로 처리되었다. 유명한 전사가 적의 전열 앞에 나아가 호명하며 적 한 명에게 도전하는 일도 드물지 않았다. 패자는 승자에게 외투와 검을 바쳤으며 친절하게 식사를 대접하기도 했다. 한니발 전쟁 종료 후 20년이 지나, 작은 켈티베리아 공동체 콤플레가(오늘날의 따호께옌)는 로마 사령관에게 사신을 보내, 각 전사자에게 말 한 필과 외투와 검을 보내라며 그러지 않을 경우 곤경에 빠지게 될 것이라 통지하기도 했다. 무장의 명예를 자랑스럽게 여겼으며, 무장 해제의 굴욕 앞에 연명하려 하지 않았다. 또 이들 히스파니아 인은 모든 징병에 응하여 무장하고 타인들의 싸움에 끼어들어 목숨을 거는 경향이 있었다. 관행에 정통한 로마 사령관이 켈티베리아의 투르데타니아 인에게 보수를 받고 로마군에 대적해 싸우고 있는 용병에게 보낸 통지는 주목할 만하다. 로마 사령관은 그들에게 집으로 돌아가든지 두 배의 보수를 받고 로마 군대에 들어오든지, 또는 전투의 일시와 장소를 정할 것을 요구했다고 한다. 그들은 고용주가 없을 때면 완전히 캄파니아 인처럼 더 평화스러운 지역들을 약탈하기 위해, 도시들을 접수하고 점령하기 위해 제멋대로 무리를 지어 움직였다.

히스파니아 내륙이 얼마나 거칠고 불안했는지는 신카르타고 서쪽에 유폐시키는 것이 로마 인에게 중벌로 여겨졌다는 사실, 경미한 소요 발생 시에도 멀리서 히스파니아를 관할하는 로마 사령관들이 6,000명에 이르는 호위대를 인솔했다는 사실에서 드러난다. 또 퓌레네 산맥의 동쪽 끝에 위치한 희랍-히스파니아계 연합 도시 엠포리아이에서 희랍인들이 히스파니아의 이웃들과 벌였던 희한한 거래가 이를 더욱 분명히 보여준다. 히스파니아 구역을 성벽으로 구분하고 따로 반도 끝에 살던 희랍 구역의 주민들은 성벽을 매일 밤 시민군의 1/3을 동원하여 지켰고, 유일한 성문을 감시하는 임무는 상설 고위직에게 맡겼다. 히스파니아 인은 희랍 구역에 결코 들어올 수 없었고, 희랍인이 원주민과 상품 거래를 할 때는 강력한 호위대를 대동했다.

로마 인과 히스파니아 인의 전쟁

불안과 전쟁 욕구, 즉 엘 시드와 돈키호테의 정신으로 가득 차 있던 원주민을 로마 인이 제어하고 순화했다는 이야기도 있다. 군사적 제어와 순화는 어렵지 않은 과제였다. 히스파니아 인이 그들의 성벽 아래에서든 한니발의 지휘 하에서든, 그리고 혼자서든 공개적인 전장

어디에서도 경시할 만한 적은 아님이 증명되었다. 그들의 짧은 검과 가공할 만한 돌격 종대는 심심치 않게 로마 군단마저 흔들어 놓았고, 후에는 로마군도 이런 전술을 도입했다. 그들이 군사적으로 기율을 갖추고 정치적으로 연합할 능력이 있었다면, 강압적인 타자 통치를 벗어날 수 있었을 것이다. 그러나 그들의 용맹은 정규군보다 게릴라의 그것이었는바, 그들에게 정치적 이해라는 개념은 전혀 없었다. 그리하여 히스파니아에 참된 전쟁은 발발하지 않았지만 참된 평화도 없었다. 카이사르가 후에 적확하게 지적한 것처럼 히스파니아 인은 평화 시에 결코 조용하지 않았고, 전쟁 시에 결코 용맹하지 않았다. 로마 군사령관은 반도(叛徒)들을 아주 쉽게 토벌했던 반면, 히스파니아를 실질적으로 안정화·문명화시키기 위해 로마 정치인들이 적절한 수단을 생각해 내기란 아주 어려웠다. 적절하고 유일한 수단인 전반적 라티움화를 수반하는 식민 사업은 이 시기 로마 정책의 전체 목표에 반했기 때문에, 로마의 정치인은 그저 그때그때 임시방편만으로 히스파니아 인에 대응할 수밖에 없었다.

로마의 히스파니아 주둔군

로마 인이 한니발 전쟁 동안 히스파니아에서 획득한 영토는 본래 크게 두 개로 나뉜다. 오늘날의 안달루시아, 그라나다, 무르키아와 발렌시아를 포괄하는 과거 카르타고의 속주와, 이베르 강 유역과 오늘날의 아라곤과 카탈루니아 등 지난 전쟁 때 로마군의 주둔지가 있던 지역이다. 이 두 지역에 '서히스파니아'와 '동히스파니아'라는 로마 속주가 세워진다. 로마 인은 켈티베리아라는 이름으로 불리던 내륙 지방(오늘날의 카스티야)이 점차 로마 영향권에 들어오도록 애썼고, 서부 지역 거주민(오늘날 포르투갈과 에스파니아에 걸쳐 있는 에스트레마두라 지역의 루시타니아 인)에 대해서는 로마 영역에 침입하지 못하도록 막는 데만 주력했으며, 북부 해안의 칼라이키아 인, 아스투리아 인, 칸타브리아 인과는 전혀 접촉하지 않았다.

그런데 쟁취한 결과를 유지하고 지키기 위해 영구적 주둔군의 투입은 불가피했다. 동히스파니아의 총독에게는 특히 켈티베리아 인의 통제가, 서히스파니아의 총독에게는 루시타니아 인의 격퇴가 매년 큰 문젯거리였던 것이다. 따라서 4개의 로마 군단, 약 4만 명의 병사를 여기에 주둔시킬 필요가 있었다. 그럼에도 불구하고 이에 덧붙여 종종 병력 보충을 위해 로마의 피정복 지역에서 지역 보병을 징집하기도 했다. 이것은 두 가지 측면에서 의미심장하다. 이때 최초로, 적어도 대규모로는 최초로 이 지역에서 군사적 점령이 상시화된 것이며, 그 결과 군복무도 최초로 장기화되었다. 로마의 전통적인 방식은 단기간의 전쟁 필요에 따라 군대를 파견하며 매우 중대하고 심각한 전쟁 상황이 아니면 징집한 병사들을 1년 이상 군대에 붙들어두지 않는 것이었으나, 이는 바다 건너 멀리 혼란스러운 히스파니아를 지키는 일에 적합하지 않음이 확인되었다. 군대를 철수시키는 것은 절대적으로 불가능한 일이었고, 병사들의 대규모 교대도 매우 위험한 일이었다. 로마 시민은 다른 민족을 지배하는 일은 피지배자들뿐만 아니라 지배자에게도 고통임을 알기 시작했고, 혐오스러운 히스파니아 복무에 대해 불평했다. 신임 사령관들은 충분한 근거를 대며 주둔 병력의 대규모 교대를 허락하지 않았고, 이에 대해 병사들은 제대를 허락하지 않는 다면 자신들이 알아서 제대를 챙기겠다며 거역했다.

히스파니아에서 로마가 수행하던 전쟁 자체는 사실 부차적인 것이 었다. 스키피오의 출정(제3권 232쪽)과 함께 시작된 전쟁은 한니발 전 쟁 내내 이어졌고, 카르타고와의 강화조약(로마 건국 553년, 기원전 201 년)과 함께 이베리아 반도에서 전투가 멈추었다. 하지만 잠시 동안이 었다. 로마 건국 557년(기원전 197년) 히스파니아의 두 속주에 반란이 일어났다. 서히스파니아의 총독은 궁지에 몰렸고, 동히스파니아의 총 독은 완패하여 전사했다. 전쟁을 진지하게 받아들일 필요가 있었다. 그래서 유능한 법무관 퀸투스 미누키우스가 초반의 위기를 잘 이겨내 고 있었지만, 로마 원로원은 로마 건국 559년(기원전 195년) 집정관 마 르쿠스 카토를 히스파니아로 파견하기로 결의했다. 실제로 로마군이 엠포리아이 항구에 상륙했을 때 동히스파니아 전체에 반란군이 넘쳤 는데, 이 항구도시와 내륙의 일부 요새가 아직 로마의 수중에 남아있 다는 것이 놀라울 뿐이었다. 반란군과 로마 정규군 사이에 대격전이 벌어졌으며, 치열한 육박전까지 치른 끝에 예비부대를 동원한 로마의 전술이 승리를 거두었다. 이후 동히스파니아 전체가 항복 의사를 밝 혀왔다. 그러나 이는 진지하게 받아들여지지 않았다. 집정관이 로마 로 귀환하면 곧바로 반란이 재개되리라는 풍문이 돌았던 것이다. 하 지만 뜬소문이었다. 카토는 두 번에 걸쳐 항복 권고를 받아들이지 않 은 공동체를 순식간에 제압하여 공동체 전체를 노예로 팔고, 동히스 파니아에서 히스파니아 인들의 무장 해제를 명했으며, 퓌레네 산맥에서 괴달키비르 강에 이르는 모든 원주민 도시들은 같은 날 도시 성곽을 철거하도록 지시했다. 누구도 이 명령이 어디까지 미치는지 알지 못했으며 알아볼 시간도 없었다. 거의 모든 공동체가 명령에 복종했고, 불복하던 일부도 로마 군단이 성문 앞에 나타나자 대부분 전쟁 위험을 감수하지 않았다.

이런 강력한 조치들은 지속적인 효과를 나타냈다. 그럼에도 불구하고 '평화의 속주'에서 거의 매년 어떤 계곡이나 요새는 강제 진압의 대상이 되어야만 했으며, 루시타니아 인이 지속적으로 서히스파니아로 쳐들어와 때로 로마 인에게 쓰라린 패배를 안겨주었다. 예를 들어 로마 건국 563년(기원전 191년) 로마 군단은 대패하여 군단 요새를 버리고 안전 지대로 급히 도망쳐야 했다. 법무관 루키우스 아이밀리우스 파울루스가 로마 건국 565년(기원전 189년)[2]에 거둔 첫 승리와, 용맹한 법무관 가이우스 칼푸르니우스가 타구스 강을 건너가 로마 건국 569년(기원전 185년) 루시타니아 인을 상대로 거둔 두 번째의 훨씬 값진 승리로 인해 얼마간 평화가 찾아왔다. 동히스파니아에서는 당시까

---

[2] 이 법무관에 관해 이하와 같은 포고령이 담긴 동판이 지브롤터 해협 근처에서 최근 발굴되었는바, 이 동판은 현재 파리의 박물관에 보관되어 있다. "*L. Aimilius L. f. inpeirator decreivit, utei quei Hastensium servei in turri Lascutana habitarent, leiberei essent. Agrum oppidumqu[e], quod ea tempestate possediscent, item possidere habereque iousit, dum populus senatusque Romanus vellet. Act. in castrei a. d. XII k. Febr.* 루키우스 아이밀리우스, 루키우스의 아들, 사령관은 다음과 같이 포고한다. 라스쿠타(발굴 동전과 플리니우스 3, 1, 15에 따라 이름이 전해지며 확실한 위치는 불명)의 탑에 거주하던, 하스타레기아(Hasta regia, 오늘날 헤레스 데 라 프론떼라 근처)의 노예는 해방될 것이다. 또한 그들이 점유하고 있던 농지와 지역을 계속 점유하고 소유할 것을 그는 로마 인민과 원로원의 뜻에 따라 명령한다. (로마 건국 564년 혹은 565년) 1월 12일 요새에서 이렇게 결정되었다." 이것은 현재 원본 형태로 보존되고 있는 로마 포고문 중 가장 오래된 것으로, 로마 건국 568년(기원전 186년) 집정관들이 바쿠스 제전과 관련해 내린 포고문보다 3년 앞선다.

지 명목상으로만 유지되던 켈티베리아에 대한 로마 통치가 확고하게 정착되었다. 퀸투스 풀비우스 플라쿠스는 로마 건국 573년(기원전 181년) 켈티베리아를 상대로 대승한 후 최소 두 개의 부족을 복속시켰다. 후임자 티베리우스 그락쿠스(로마 건국 575~576년, 기원전 179~178년)는 히스파니아의 300개 지역을 무기로써 굴복시켰을 뿐만 아니라 단순하고 자존심이 강한 이민족의 생활 방식에 개입하는 영리한 조치로써 영구적인 복속을 성취했다. 그는 켈티베리아 귀족들을 로마 군단에 복무하도록 받아들였으며 이들과 피호 관계를 맺었다. 또한 유목민에게 농지를 제공했고 이들을 도시에 모았으며(히스파니아의 도시 그라쿠리스는 이 사내의 이름에서 유래한다), 이들의 약탈 행위를 엄중하게 다스렸다. 또한 각 부족과 로마의 관계를 공정하고 현명한 계약을 통해 규율함으로써 향후 일어날 법한 폭동을 가능한 한 막고자 했다. 그의 이름은 히스파니아에서 감사의 마음으로 기억되었으며, 이후 히스파니아 지역은, 켈티베리아 인이 강제 진압을 당하는 몇 번을 제외하고는 상대적으로 평온한 편이었다.

히스파니아의 행정

두 히스파니아 속주의 행정 체계는 시킬리아-사르디니아와 유사했지만 동일하지는 않았다. 그곳에서처럼 이곳에서도 대리집정관 두 명이 행정감독을 담당했는바, 이들이 처음 임명된 때는 로마 건국 557년(기원전 197년)이었다. 그해에 국경 규제와 새 속주들에 대한 조직도 최종적으로 확립되었다. 히스파니아 총독을 2년마다 임명한다는 바이비우스 법의 합리적인 규정(로마 건국 573년, 기원전 181년)은 최고 정무관 자리에 대한 가중되는 경쟁 때문에, 그리고 특히 총독 권한에 대한 원로원의 지나친 감시 때문에 실제로 실행될 수 없었다. 특수한 상황이 아닌 한 로마 총독은 1년마다 교체되었는바, 이는 멀리 떨어져 있어 업무 파악이 쉽지 않은 속주에는 매우 비합리적인 조치였다. 종속 공동체는 철저한 납세의 의무가 있었다. 로마 인은 오히려 히스파니아에게는 시킬리아와 사르디니아의 1할세와 관세 대신, 이전에 여기에서 카르타고 인이 취했던 방식과 똑같이, 돈이나 기타 공역을 각 도시 및 부족에 부과했다. 이를 병역의무의 방식으로 부과하는 것도 로마 건국 583년(기원전 171년) 원로원은 히스파니아 공동체의 불평에 따라 금지했다. 곡물은 배상을 제외하고는 과세되지 않았고, 그 경우에도 총독은 곡물을 1/20 이상 징수하지 못했다. 나아가 이 규정에 따라 세금을 총독이 일방적으로 정할 수도 없었다.

　반면 로마 군대에 파병해야 하는 히스파니아 복속민의 의무는 평화로운 시킬리아의 상황과 매우 다른 중요성을 지녔는데, 이는 또한 개별 계약들에서도 정확히 그러했다. 또한 은화 주조에 대한 권리가 히스파니아 도시에 매우 빈번히 양도된 듯하다. 로마 정부는 독점적인 주조권을 시킬리아에서처럼 엄격하게 요구하지도 않은 것 같다. 전반적으로 로마는 히스파니아 복속민이 매우 필요했으므로 가능한 한 조심스럽게 속주 헌법을 도입하고 집행했다. 특히 로마의 총애를 받는 공동체는 해안 지역의 희랍계, 페니키아계 도시들이거나 로마가 건설한 대규모 식민 도시들로 사군툼, 가데스, 타라코 등이 있었다. 이 지역은 히스파니아 반도의 로마 지배권을 받쳐주는 기둥으로서 로마 연방에 편입되었다. 대체로 히스파니아는 로마 공동체에 군사적으로나 재정적으로 이익보다는 오히려 부담이 되었다. 그래서 당시 해외 영토의 획득 정책이 확립되어 있지 않던 로마 정부가 그렇게 번거로운 소유물을 처분하지 않은 이유에 대한 의문이 생긴다. 가치 있던 무역 항로, 주요 철광, 이보다 중요하게는 고대 이래로 유명한 동방의 은광[3]—로마도 카르타고처럼 이를 직접 확보했고 그 운영의 틀은 마르쿠스 카토가 마련했다(로마 건국 559년, 기원전 195년)—등의 문제가 당시 이와 관련이 있었다. 하지만 로마가 히스파니아 반도를 직접 점유한 주요 이유는, 이곳에는 켈트족 영토의 도시국가 마살리아나 리뷔아의 누미디아 왕국처럼 로마를 대리할 나라가 없었다는 것이다. 또한 로마 인은 히스파니아를 방치함으로써 모험적인 군인에게 바르카스 집안의 히스파니아 제국을 부활시킬 기회를 주지는 않을까 염려했던 것이다.

---

[3] 《마카베오 기》상권 제8장 3절 이하 "에스파냐 지방에서 그곳의 은광과 금광을 점령하려고 싸웠다는 이야기도 들었다."

연표(기원전)

- 508/7년 : 타르퀴니우스 집안의 몰락. 공화정의 시작.

- 508년 : 카르타고와 첫 계약.

- 508/7년 : 에트루리아의 왕 포르센나의 로마 정복

- 507년 : 카피톨리움 언덕에 유피테르 신전 봉헌

- 506년 : 라티움 지방을 공격하던 에트루리아 인들을 아리키아에서 격퇴.

- 500년 : 사르디니아와 시킬리아 서부 지역을 카르타고가 차지. 시킬리아
  에서 참주정 유행. 클라우디우스 집안의 이주.

- 496년 : 레길루스 호수에서 라티움 사람들을 맞아 승리.

- 495년 : 볼스키와 전쟁. 볼스키 지역에 식민지 건설.

- 494년 : 상민들이 로마를 떠나 성산(聖山)으로 이탈. 호민관 제도 도입.

- 493년 : 라티움 지역 도시들과 연맹 협약.

- 486년 : 헤르니키 인들의 연맹 가입.

- 485/84년 : 볼스키 및 아이퀴에 승전.

- 483~474년 : 베이이와 전쟁.

- 480년 : 카르타고가 시킬리아 히메라에서 희랍인들에게 패함.

- 477년 : 크레메라의 명문 파비우스 집안의 몰락.

- 474년 : 퀴메 해전, 쉬라쿠사이의 히에론 1세가 카르타고 – 에트루리아 연합함대를 무찌름.

- 473년 : 메사피아와 이아퓌기아가 타렌툼과 레기움에게 승리.

- 471년 : 푸블리우스 법, 호민관을 상민회를 통해 선출.

- 458년 : 독재관 루키우스 퀸크티우스 킨키나투스가 아이퀴 인들을 물리침.

- 451년 : 12표법 제정, 450년 보강.

- 449년 : 발레리우스 호라티우스 법, 호민관을 승인.

- 447년 : 재무관 도입.

- 445년 : 카눌레이우스 상민회 의결, 시민과 상민의 통혼 허용.

- 443년 : 호구감찰관 도입.

- 438~426년 : 베이이 및 피데나이와 전쟁.

- 426년 : 피데나이 정복.

- 421년 : 삼니움이 카푸아와 퀴메를 정복함.

- 406~396년 : 베이이와 전쟁.

- 400년경 : 켈트족이 알프스를 넘어옴.

- 396년 : 켈트족이 파두스 강을 건넘.

- 395/4년 : 팔리스키와 전쟁.

- 394~92년 : 아이퀴와 전쟁.

- 391년 : 볼스키 정복. 클루시움에 출현한 켈트족과 첫 번째 조우.

- 388년 : 카밀루스 추방.

- 387년 : 에트루리아에 4개의 분구 설치. 켈트족 세노네스 인들과의 알리아 전투에서 참패. 카피톨리움 언덕을 제외한 로마 전체가 정복당함. 켈트족은 상당한 전리품을 얻고 철수.

- 387~385년 : 쉬라쿠사이의 디오뉘시오스 1세 아드리아 해역에 진출.

- 384년 : 마르쿠스 만리우스 카피톨리누스 유죄판결 받고 사형됨.

- 382년 : 프라이네스테와 전쟁.

- 380년 : 로마 재건.

- 367년 : 리키니우스−섹스티우스 법, 귀족과 평민의 평등.

- 363년 : 켈트족 남부 이탈리아까지 진출. 360년 라티움 지방에 출몰.

- 362~358년 : 헤르니키 인들과의 전쟁.

- 358년 : 로마와 라티움과 헤르니키 인들 간에 연맹 결성.

- 354년 : 삼니움과 동맹.

- 353년 : 카이레의 굴복. 100년 동안의 평화.

- 348년 : 카르타고와 제2차 협약.

- 354년 : 아우룽키 정복.

- 343년 : 카푸아와 공동방위조약.

- 343~41년 : 제1차 삼니움 전쟁.

- 340년 : 로마 패권에 반대하는 라티움 도시들의 반란.

- 338년 : 라티움 복속. 카푸아와 동맹조약.

- 334년 : 켈트족과 평화조약.

- 329년 : 볼스키 복속. 프리베르눔 정복.

- 327/26년 : 네아폴리스와 동맹. 루카니아와 동맹.

- 326년 : 포이텔루스 법, 채권소송절차 완화.

- 326~304년 : 제2차 삼니움 전쟁.

- 321년 : 카우디움 협곡에서 로마군 무조건 항복.

- 315년 : 루케리아 식민지 건설.

- 312년 : 호구감찰관 아피우스 클라우디우스 카이쿠스의 개혁. 투표권 확대. 아피우스 대로 건설.

- 311년 : 삼니움과 에트루리아의 동맹. 전함 건조.

- 310년 : 바디모니스 호수에서 에트루리아를 물리침.
- 309년 : 루키우스 파피리우스 쿠르소르가 삼니움을 물리침.
- 307년 : 집정관과 법무관 임기 연장.
- 306년 : 카르타고와 제3차 협정. 로도스와 무역협정.
- 304년 : 삼니움과의 평화. 중부와 남부 이탈리아에서의 영향력 강화.
- 303년 : 타렌툼과 협정.
- 300년 : 오굴리누스 법, 상민에게 사제직 개방.
- 298~290년 : 제3차 삼니움 전쟁.
- 298년 : 삼니움, 루카니아, 사비눔, 움브리아, 에트루리아, 켈트족 연합과 전쟁.
- 295년 : 에트루리아와 켈트족과의 센티눔 전투에서 승리.
- 294년 : 에트루리아와 강화조약.
- 291년 : 아폴리아가 패권에 들어옴. 라티움 식민지 베누시아 건설.
- 290년 : 삼니움과 강화조약. 사비눔 정복.
- 287년 : 호르텐시우스 법 통과로 신분 투쟁 종식. 상민회 의결이 법적 효력을 가짐.
- 285~282년 : 켈트족과 전쟁.

- 283년 : 세노네스 지역 점령. 세나 갈리카 식민지 건설.

- 282년 : 바디모니스 호수에서 보이이 인들과 에트루리아 인들을 물리침.

- 282~272년 : 타렌툼과 전쟁.

- 281년 : 에피로스의 퓌로스 왕과 타렌툼의 동맹. 헤라클레아에서 로마 참패.

- 279년 : 아우스쿨룸에서 퓌로스에 패함. 퓌로스에 대항하기 위해 카르타고와 동맹.

- 278~276년 : 퓌로스의 시킬리아 지배.

- 275년 : 베네벤툼 전투. 퓌로스가 이탈리아를 떠남.

- 273년 : 이집트의 프톨레마이오스 2세와 선린조약을 맺고 무역 시작.

- 272년 : 타렌툼과 강화조약.

- 268년 : 피케눔 정복. 베네벤툼과 아리미눔에 라티움 식민지를 건설.

- 264~241년 : 시킬리아를 놓고 카르타고와 전쟁(제1차 카르타고 전쟁).

- 263년: 메사나의 쉬라쿠사이 인들과 카르타고 인들이 히에론2세와 로마 동맹을 공격하다.

- 262년: 로마가 함선을 건조하여 아크라가스의 카르타고 인들을 타격하다.

- 260년: 뮐라이 해전에서 로마가 카르타고를 이기다.

- 259년: 루키우스 코르넬리우스 스키피오가 코르시카 섬을 정복하다.
- 256년: 에크노모스 곶에서 카르타고 인들을 물리치다.

  마르쿠스 아틸리우스 레굴루스 지휘 하에 아프리카로 건너가다.
- 255년: 투네스에서 로마인이 타격을 입다.

  귀향하던 함대가 폭풍으로 많은 희생을 보고 전함을 새로 건조하다.
- 254년: 로마가 파노르무스를 정복하다.
- 253년: 아프리카 해안으로 원정을 떠나다.

  귀향길에 또다시 폭풍을 만나다.
- 252년: 테르마이와 리파라 섬을 점령하다.
- 250년: 파노르무스에서 로마군이 승리하다.
- 249년: 드레파눔 앞바다에서 카르타고군이 승리하다.
- 246~240년: 하밀카르 바르카스가 시킬리아의 최고 명령권을 쥐다.
- 244~242년: 에뤽스 산 전투.
- 241년: 헌납에 의한 로마함대의 건조.

  가이우스 루타티우스 카툴루스가 에게해 섬 해전에서 승리하다.

  카르타고가 시킬리아를 포기하다.
- 241~238년: 카르타고에서의 군 반란.

- 241년: 백인대 민회의 개혁.
- 237년: 카르타고가 사르디니아를 먼저 로마에 양도하다.

  코르시카를 다시 점령하다.

  하밀카르가 히스파니아로 가다.
- 236년: 리구리아 인에게로 출정하다.
- 232년: 북부 이탈리아에서 켈트 족이 침입하다. 로마 시민에게 켈트 지역이 분배되다.
- 229~228년: 제1차 일뤼리아 전쟁.

  일뤼리아 강도떼와의 전투.
- 228년: 로마는 코린토스와 아테네에 사절을 보내다.
- 227년: 시킬리아와 사르디니아, 코르시카에서의 행정개혁.
- 226년: 로마가 하스드루발과 에브로-동맹을 맺다.
- 225년: 켈트족의 에트루리아 침입, 클루시움에서 로마군이 패배하고 텔라몬에서 승리하다.
- 224년: 보이족의 투항.
- 222년: 클리스티디움에서 인수브레스족을 무찌르다. 메디올라눔 점령.
- 219년: 제2차 일뤼리아 전쟁. 로마가 일뤼리아 해안의 주도권을 잡음.

한니발이 사군툼을 점령하다.

로마가 카르타고에 선전포고하다.

- 218~201년: 한니발 전쟁(2차 카르타고 전쟁)
- 218년: 한니발이 이탈리아로 출정, 알프스 산을 넘다.

  한니발이 티키누스에서 푸블리우스 코르넬리우스 스키피오를, 트레비아 강에서 티베리우스 셈프로니우스 롱구스를 공격하다.
- 217년: 트라시메누스 호수에서 가이우스 플라미니우스의 패배.

  한니발 남부 이탈리아로 진군.

  로마군이 사군툼 점령.
- 216년: 칸나이에서 참패
- 215년: 한니발이 마케도니아의 필립포스 5세와 쉬라쿠사이의 히에로니무스와 동맹을 맺다.
- 215~205년: 제1차 마케도니아 전쟁.
- 212년: 마르켈루스가 쉬라쿠사이를 정복하다.

  한니발이 타렌툼을 함락하다.

  로마군이 아이톨리아 인과 필립포스를 대항해 손을 잡다.
- 211년: 로마군이 카푸아를 점령하다.

"성문 앞 한니발Hannibal ad portas"이란 말 유행.

스키피오 부자가 에브로에서 패배하고 전사하다.

- 210년: 로마군이 아크라가스를 점령. 카르타고군 시킬리아를 포기하다. 푸블리우스 코르넬리우스 스키피오가 히스파니아에서 대리집정관으로 사령관이 되다.

- 209~206년: 카르타고군이 히스파니아에서 퇴각하다.

- 209년: 스키피오의 신카르타고 점령.

- 208년: 바이쿨라 전투, 하스드루발 이탈리아로 진군하다.

- 207년: 하스드루발 메타우루스 전투에서 패배하다.

- 206년: 스키피오 일리파에서 승리, 히스파니아에서 카르타고의 주도권이 끝나다.

  아이톨리아 인이 마케도니아의 필립포스와 단독강화.

- 205년: 카르타고가 필립포스와 동맹을 갱신하다.

  카르타고의 마고가 게누아에 상륙하고 리구리아 인을 선동하다.

- 204년: 스키피오의 아프리카 원정.

- 202년: 자마 전투에서 스키피오가 한니발을 이기다.

- 201년: 강화협정 ─ 카르타고가 히스파니아를 포기하고 마시니사 아래

있는 누미디아 인들이 독립하고 카르타고의 해상권이 무너지다.

- 200~197년: 제2차 마케도니아 전쟁.
- 200년: 보이이족과 인수브레스족의 봉기.
- 197년: 티투스 퀸크티우스 플라미니누스가 필립포스 5세를 테살리아의 퀴노스케팔라이에서 이기다.
  히스파니아의 두 속주가 반란을 일으키다.
- 196년: 인수브레스 정복.
  티투스 퀸크티우스 플라미니누스가 희랍 도시들의 독립을 선포하다.
  안티오코스 3세가 유럽을 건너다.
- 195년: 마르쿠스 포르키우스 카토가 히스파니아로 파견되다.
  한니발이 안티오코스 3세에게 피신하다.
- 194년: 로마인들이 희랍도시들을 점유하다.
- 192~188년: 안티오코스 3세와 아이톨리아 인이 로마를 대항해 싸우다.

찾아보기

옮긴이

김남우
연세대학교 철학과를 졸업했다. 서울대학교 인문대학 서양고전학 협동과정에서 희랍 서정시를, 독일 마인츠에서 로마 서정시를 공부했다. 정암학당 연구원으로 서울대학교 등에서 희랍 문학과 로마 문학을 가르친다. 베르길리우스의 《아이네이스 I》, 니체의 《비극의 탄생》, 키케로의 《투스쿨룸 대화》 등을 번역했다.

김동훈
서울대학교 인문대학 서양고전학 협동과정에서 희랍 문학과 로마 문학, 특히 로마 수사학을 공부했고, 총신대학교에서 신학을 공부했다. 총신대학교 강사를 지냈으며 장보댕의 《국가에 관한 6권의 책》에서 희랍어, 라티움 어와 히브리 어를 번역했다. 현재 푸른역사 아카데미에서 '서고원: 서양사 고전 원강'을 지도한다.

성중모
서울대학교 대학원 법학과에서 고전기 로마법의 소유물반환청구소송(rei vindicatio)에 관한 연구로 석사학위를, 독일 본(Bonn) 대학교 법과대학에서 민법상 첨부에 의한 손해보상청구권의 학설사적 연구로 박사학위를 취득했다. 현재 서울시립대학교 법학전문대학원에서 민법을 담당하며 민법, 로마법, 서양법사 분야에 대한 연구 및 강의를 하고 있다. 특히 로마법 사료 《시민법대전(*Corpus Iuris Civilis*)》의 일부인 〈유스티니아누스 법학제요(Institutiones Iustiniani)〉를 번역 중이다.

몸젠의 로마사 제3권—이탈리아 통일에서 카르타고 복속까지

◉ 2015년 1월 16일 초판 1쇄 발행
◉ 2021년 9월 22일 초판 4쇄 발행
◉ 글쓴이   테오도르 몸젠
◉ 옮긴이   김남우 · 김동훈 · 성중모
◉ 펴낸이   박혜숙
◉ 책임편집   정호영
◉ 디자인   이보용
◉ 펴낸곳   도서출판 푸른역사
　우) 03044 서울시 종로구 자하문로8길 13
　전화: 02) 720−8921(편집부) 02) 720−8920(영업부)
　팩스: 02) 720−9887
　전자우편: 2013history@naver.com
　등록: 1997년 2월 14일 제13−483호
ⓒ 푸른역사, 2021

ISBN　979−11−5612−035−3 94900
　　　978−89−94079−82−0 94900 (세트)